경북 동해안 Global Geopark

유네스코 세계지질공원 UNESCO

울진
영덕
포항
경주

초판발행 2025년 10월 10일

지은이 민석규 환동해지오사이언스아카데미 대표
펴낸이 박종민
펴낸곳 도서출판 나루
출판등록 2015년 12월 4일
등록번호 제504-2015-000014호
주소 포항시 북구 우창동로80

ISBN 979-11-94139-02-7 03090

* 잘못된 책은 구입하신 서점에서 교환해드립니다.
* 값은 뒤표지에 표시되어 있습니다.
* 이 책의 전부 또는 일부 내용을 재사용하려면 사전에 지은이와 출판사의 동의를 얻어야 합니다.

환동해 지오사이언스 아카데미 총서 2

경북 동해안
Global Geopark

울진·영덕·포항·경주

민석규

도서출판 나루

책을 내면서

자연의 기억을 걷다, 사람과 함께 숨 쉬는 지오파크(Geopark)의 길

경북 동해안은 그저 경치 좋은 곳을 넘어, 지구가 오랜 세월 써 내려온 자연사의 흔적이 고스란히 담긴 지질·지형의 보고입니다. 지진과 단층, 화산, 파도와 바람의 침식이 수억 년 동안 빚어낸 지질·지형 유산은 지금도 경북 동해안 세계지오파크(Global Geopark) 곳곳에 남아 있으며, 그 안에서 사람들은 터를 잡고 삶을 이어왔습니다. 돌 하나, 해안선의 굴곡마다 자연의 진화와 인간의 이야기가 겹겹이 쌓여 있습니다.

이 소중한 지질·지형 자원과 지역 문화의 결합은 2025년, 경북 동해안 지오파크가 유네스코 세계지오파크로 공식 등재되는 결실로 이어졌습니다. 이는 우리 지역의 자연유산이 과학적, 교육적, 문화적 가치를 세계적으로 인정받았다는 뜻이며, 동시에 지역사회가 세계적 기준에 맞는 삶의 질 향상과 지속 가능한 발전을 위해 성숙해 가고 있음을 보여줍니다.

유네스코 세계지오파크 인증은 단순한 명칭이 아닙니다. 국제적으로 중요한 지질·지형 유산이 존재해야 하고, 그 독창성과 학술적 가치, 보전 상태가 탁월해야 합니다. 또한 체계적인 보전과 교육, 해설 체계가 마련되어야 하며, 지역 주민의 자발적인 참여와 이해를 바탕으로 지역 경제에 기여할 수 있는 기반이 갖춰져야 합니다. 무엇보다 지질·지형을 넘어 생태, 역사, 문화, 관광이 어우러질 때 진정한 통합적 가치가 완성

됩니다. 경북 동해안 세계지오파크는 이러한 기준을 모두 갖춘, 자연과 인간이 함께 만들어낸 특별한 공간입니다.

지오파크를 우리말로 지질공원이라고 번역하는데, 지질공원이라는 단어는 자연과 인간을 아우르는 지오파크의 통합적 가치를 담을 수 없습니다. 그대로 지오파크로 사용하는 것이 적절합니다. 전 세계에서 지오파크를 지질공원으로 번역해 사용하는 나라는 대한민국과 중국뿐입니다.

울진은 경북 동해안 지오파크 가운데서도 지하 카르스트 지형인 석회암 동굴이 잘 발달한 지역입니다. 그중 성류굴은 석회암이 오랜 세월 용식작용을 거쳐 형성된 동굴로, 종유석과 석순, 동굴 호수가 어우러져 지질·지형학적으로 매우 높은 가치를 지닙니다. 특히 이곳에는 신라시대 명문이 새겨져 있고, 고려의 문인 이곡 선생이 동굴을 여행한 후 기록을 남길 만큼 예로부터 사람들에게 깊은 인상을 남겨온 장소입니다. 단순히 지질·지형의 신비를 보여주는 데 그치지 않고, 자연과 인간의 기억이 함께 축적된 문화적 공간으로서도 중요한 의미를 지닙니다.

울진은 내륙 산지와 해안이 맞닿은 복합적 지형 속에서 다양한 암석과 수문(水文) 환경이 어우러지는 독특한 특성을 보입니다. 성류굴을 비롯한 이 지역의 지질 유산은 땅속 깊은 곳에서 일어나는 자연의 경이로움을 직접 경험할 수 있도록 해줍니다.

영덕은 국내에서 가장 뚜렷한 대규모 부정합 구조를 관찰할 수 있는 지역입니다. 약 19억 년 전 선캄브리아기 변성암 위에 중생대 백악기 퇴적암이 맞닿은 대부정합 노두는 무려 18억 년의 시간 간극을 보여주는, 우리나라 최고의 부정합 지질 유산입니다. 또한 영덕 경정리 해안에 분포하는 중생대 퇴적암층에서는 다양한 생흔화석(서관구조)이 발견되어, 이곳이 과거 하천이 흘러드는 얕은 바닷가였음을 보여줍니다.

영해평야는 신생대 마이오세 시기 침강 분지였다가 융기하면서 송천이 퇴적물을 쌓아 형성한, 경북 동해안에서 가장 넓은 평야입니다. 이 넓은 토지는 고려와 조선시대 영덕 도호부 설치의 배경이 되었으며, 오랫동안 행정·군사·경제의 중심지 역할을 해왔습니다. 영덕은 이처럼 오랜 지질학적 변화와 함께 사람들의 삶과 지역 역사가 뿌리내린 땅입니다.

포항은 신생대 제3기 마이오세에 형성된 연일층군 퇴적암이 넓게 분포한 지역으로, 동해가 열린 뒤 형성된 해양 환경의 흔적을 고스란히 간직하고 있습니다. 파랑의 침식과 지반 융기로 형성된 호미곶 해안단구는 경북 동해안의 지형 발달 과정을 이해하는 데 매우 중요한 지형입니다. 이 해안단구 앞의 수중 파식대는 오랫동안 포항 해녀들의 삶의 터전이자 생계의 기반이 되어왔습니다. 그러나 수많은 암초는 항해에 큰 위험을 주었고, 이 때문에 우리나라에서 두 번째로 호미곶 등대가 세워졌습니다. 이러한 사실은 자연과 인간의 관계가 분리된 것이 아니라, 서로 영향을 주고받으며 함께 살아가고 있음을 잘 보여줍니다.

또한 포항 남구의 '불의 정원'은 마이오세 퇴적암층 내 메탄가스가 시추공을 통해 분출하며 발화한 뒤 수년째 꺼지지 않고 타오르는, 국내 유일의 천연가스 자연 연소 지점입니다. 이는 단순한 불꽃이 아니라, 포항 퇴적분지의 천연가스 저류 환경과 퇴적 조건을 실증적으로 보여주는 상징적인 장소입니다.

경주 동해안 남단 양남면 일대는 부채꼴 주상절리로 잘 알려져 있습니다. 냉각 중심이 이동하며 형성된 이 독특한 주상절리는 자연이 빚어낸 기하학적 예술 작품이라 할 만합니다. 경주의 또 다른 특징은 남산입니다. 남산은 단순한 자연 지형을 넘어 '야외 박물관'이라 불릴 정도로 신라 불교 석조미술이 집중된 공간입니다. 화강암 지형 위에 조성된 석불, 탑, 마애불 등은 유네스코 세계문화유산으로 등재되어 있으며, 자연 지형과 문화유산이 공존하는 경주의 복합적 가치를 잘 보여줍니다.

이처럼 경북 동해안 세계지오파크는 바위와 지층, 해안단구와 석회동굴이 단순한 과학적 관찰 대상에 머무르지 않고, 사람들의 삶과 기억,

지역 정체성과 함께하는 자연과 문화의 복합 유산입니다. 경북 동해안 Global Geopark의 자연과 인문환경은 경북 동해안 세계지오파크의 자연을 해설하고, 그 안에 깃든 전통과 역사, 일상과 삶의 지혜를 함께 풀어내는 이야기입니다. 자연과 인간이 함께 호흡하며 이어온 경북 동해안의 발자취를 통해, 독자 여러분이 자연의 시간을 배우고 사람의 지혜를 이해하며, 모두가 함께 걷는 지오파크의 길에서 더 나은 내일을 그려볼 수 있기를 바랍니다.

2025 포항 양백리 지광자민 정사(智光慈玟精舍)에서

지광 민석규

목차

머리글 · 4

제1장 울진 동해안 세계지오파크

1. 천연 용출 온천이 있는 덕구계곡 …………………………………… 14
2. 태백산맥의 깊은 골짜기를 뱀처럼 구불구불 흐르는 왕피천 ………… 30
3. 석회암 지하 궁전 성류굴 …………………………………………… 47
4. 평해 남대천의 광품폭포와 사구습지 ………………………………… 75
5. 기성항 화강편마암 …………………………………………………… 85
6. 금음리 섬록암 ………………………………………………………… 90

제2장 영덕 동해안 세계지오파크

1. 영해 읍성과 고래불 해안 …………………………………………… 98
2. 신생대 화석 산지 철암산 솥 바위 ………………………………… 120
3. 대진리 편마암과 영덕 대부정합 …………………………………… 124
4. 축산항과 죽도산 육계도 …………………………………………… 135
5. 경정리 중생대 퇴적암과 생흔화석 ………………………………… 141
6. 창포리의 화강섬록암과 약속 바위 ………………………………… 152
7. 오십천의 곡류 절단 흔적 용추폭포 ………………………………… 163
8. 원척리 고생대 화강암 ……………………………………………… 169
9. 용덕리 중생대 혼성암 ……………………………………………… 173

제3장 포항 동해안 세계지오파크

1. 분옥정과 혼펠스 ··· 180
2. 달전리 주상절리 ··· 185
3. 여남동 화석산지 ··· 189
4. 중생대 백악기 화산활동의 추억을 간직한 내연산 ················· 191
5. 힌디기와 천연 콘크리트 선바위 ··· 216
6. 용이 살다 승천한 전설이 서린 구룡소 ································· 222
7. 전국에서 가장 규모가 큰 호미곶 해안단구 ························· 227
8. 천연기념물 흥해읍 오도리 주상절리, 나무화석 ··················· 238
9. 타포니의 전시장 이가리 해안 ··· 252

제4장 경주 동해안 세계지오파크

1. 양남 주상절리 ··· 264
2. 문무대왕 수중릉 대왕암 ··· 279
3. 타포니의 전시장 골굴사 ··· 290
4. 불교문화 유산의 야외 박물관 경주 남산 ····························· 299

제1장
울진 동해안 세계지오파크

- 덕구계곡
- 불영사(광천의 구하도)
- 성류굴(석회동굴)
- 왕피천(감입곡류)
- 기성항 화강편마암
- 평해 사구습지
- 광품폭포(곡류절단)
- 금음리 섬록암

출처 : kakaomap

울진군은 경북 동해안 지오파크의 가장 북쪽에 위치하며, 이 지역에는 고생대 이전의 지질시대인 선캄브리아기[1]의 변성암(變成巖, Metamorphic Rock)이 가장 넓게 분포한다. 선캄브리아기는 고생대 이전의 지질시대인 시원생대를 의미한다. 이 암석은 한반도 전체 면적의 43%를 차지할 정도로 분포 면적이 광범위하지만, 경북 동해안에서는 울진 지오파크에 가장 넓게 분포한다. 울진 동해안 지오사이트를 암석별로 살펴보면, 선캄브리아기 변성암에는 감입곡류(嵌入曲流, Incised Meander)를 이루는 왕피천의 불영사 구하도(舊河道, Old River Channel), 왕피천 구하도, 기성항 화강편마암이 있다. 고생대 암석에는 고생대 오르도비스기 석회암의 화학적 풍화로 형성된 지하 카르스트 지형인 성류굴이 있다. 중생대 암석에는 쥐라기에 형성된 금음리 섬록암(Diorite)이 있다. 백악기 경상계 퇴적암 지대에 자리한 광품폭포는 동해안 지질공원의 지오사이트에 포함되지 않았지만, 울진군 평해읍 남천에서 감입곡류 절단이 진행되고 있는 단절 목에 형성되었다. 광품폭포는 감입곡류천 절단으로 상류와 하류의 고도차가 생겨 형성된 것으로, 향후 울진 동해안 지오파크에 반드시 추가해야 할 귀중한 지형 자원이다(그림1).

---

1 '선캄브리아기'란 고생대 이전 지구의 탄생부터 시생대, 원생대까지 약 40억 년의 지질시대를 말한다.

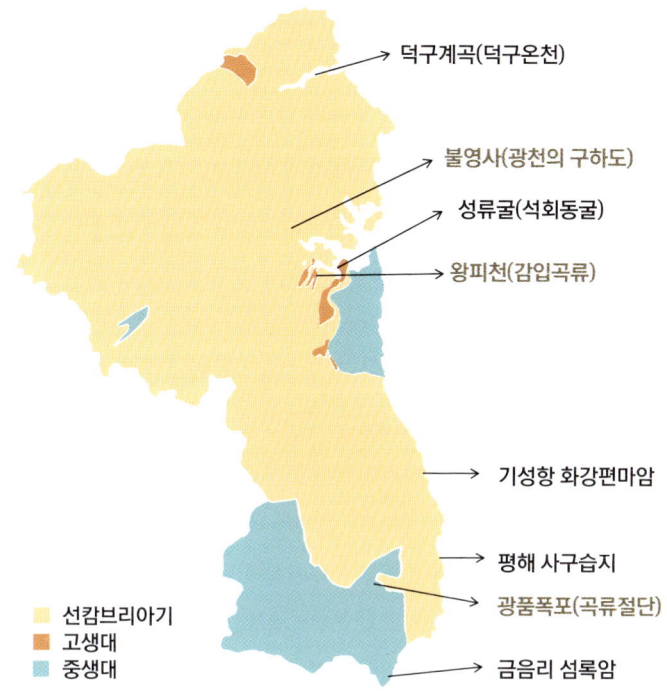

그림 1 울진군 동해안 지오파크의 암석 분포

1. 천연 용출 온천이 있는 덕구계곡

덕구계곡은 응봉산(999.7m) 자락의 원탕에서 시작되어 덕구온천 단지까지 이어지는 4km 길이의 골짜기로, 울진 군립공원에 속한다. 계곡 상류에 자리한 온정골은 사주목산(386m)에서 시작되어 북동-남서 방향 단열을 따라 직선으로 뻗어 있으며, 그 끝자락에 덕구온천 원탕이 자리한다. 직선형 계곡은 용소폭포 상류의 다리에서 방향을 바꾸어 서북서-동남동, 즉 동-서 방향으로 휘어지며, 이후 이 방향을 유지한 채 덕구온천 단지까지 이어진다. 전체적으로는 서북서-동남동 방향이지만, 북북동-남남서 방향의 단열과 편마암 구조의 영향으로 계곡의 흐름은 다소 구불구불하다(그림2).

그림 2 덕구계곡의 지형과 지오사이트(Geosite)

1) 덕구계곡의 지형 형성

덕구계곡의 지형은 변성암류에 발달한 동-서 주향의 엽리면(편마구조, 편리 등), 단층면, 암맥의 관입 접촉면 등의 영향을 받아 형성되었다. 덕구계곡 입구 금문교 아래 암반에는 서북서-동남동 방향의 단열이 발달했고, 이를 중성암맥이 관입해 있다. 이 단열은 풍화와 침식이 쉽게 일어나는 암석의 약한 지질 구조로, 용소폭포에서 계곡 입구까지 이어지는 서북서-동남동 방향 방향과 일치한다. 덕구계곡이 이 단열을 따라 형성되었음을 보여주는 노두다(그림3).

그림 3 덕구계곡 입구 하상의 바위의 단열과 암맥

선녀탕 가는 탐방로 중간 계곡 경사면에는 일제에 의해 몸통에 상처난 소나무가 서 있다. 그 아래로 서북서-동남동 방향의 단층을 따라 계곡이 뻗어 있고, 단층면을 따라 물이 흐르고 있다. 단층에 의해 기반암이 파쇄된 자리를 따라 하천이 유도된 것으로, 덕구계곡 형성에 지각 운동이 끼친 영향을 알 수 있다(그림4).

그림 4 계곡의 방향과 일치하는 단층

덕구계곡 초입에 분포하는 홍제사화강편마암에 발달한 엽리(편마구조)는 밝은 띠와 어두운 띠가 교대로 나타나는데 하천의 침식을 받아 퇴적암의 층리처럼 보인다. 지질조사에 따르면 이 엽리의 주향(走向, Strike)[2]

그림 5 퇴적암의 층리처럼 보이는 편마암의 엽리(편마구조)

---

2   주향은 지층이 수평면과 교차하는 방향, 즉 지층이 수평으로 펼쳐지는 방향이다.

은 동-서 방향이고, 경사(Dip)[3]는 북쪽으로 50 ~ 60°이다. 편마암의 엽리 방향과 계곡의 방향이 유사하다는 점은 엽리가 계곡 발달에 상당한 영향을 주었음을 시사한다. 또한, 물이 스며들기 쉬운 엽리 면을 따라 유수의 침식 작용과 풍화작용이 빠르게 진전된다. 여기에 지각 운동으로 단열까지 발달하면, 그 단열을 중심으로 풍화와 침식이 집중되면서 골짜기가 만들어진다(그림5).

2) 천연 라디에이터 화강편마암이 만든 덕구온천

덕구계곡 상류 온정골에 자리한 덕구온천의 원탕은, 우리나라 대부분의 온천처럼 마그마와 직접적인 관계가 없는 비화산성 온천으로, 지열에 의해 형성되었다. 현행 온천법에 따르면 지하수의 용출 온도가 25℃ 이상이면 온천으로 분류되므로, 많은 국내 온천은 수온이 낮아 인공적으로 가열해 사용한다. 반면 덕구온천은 용출수의 온도가 42.4℃라 별도의 가열 없이 이용된다. 이처럼 화산지대가 아닌데도 불구하고 수온이 높은 이유는, 덕구계곡에 분포하는 화강편마암 때문이다. 덕구계곡 지질공원 안내문에 '줄무늬 흰돌'로 소개된 화강편마암은 다른 암석에 비해 방사성 동위원소(우라늄, 토륨 등) 함량이 높다. 오랜 시간이 흐르면 이들 동위원소가 붕괴 되는데, 이 과정에서 발생하는 열이 지하수를 데우는 것이다. 즉, 화강편마암이 라디에이터처럼 작용하며 수온 상승을 이끌었다. 덕구온천 형성에는 계곡을 만든 단층도 중요한 역할을 했다. 이 단층은 지하 깊은 곳까지 기반암을 절단해, 방사성 동위원소의 붕괴로 발생한 지열이 올라오는 통로 역할을 한다. 단층은 바위를 가를 뿐만 아니라,

---

3   경사(傾斜, dip)는 지층이 수평면에 대해 기울어진 방향과 각도를 뜻한다.

바위를 잘게 부수기도 한다. 이처럼 단층을 따라 암석이 잘게 부서진 구간을 파쇄대(Shattering Zone))라고 하며, 이곳은 지표수가 스며들기 쉬워 지하수층이 잘 형성된다. 결국, 화강편마암이라는 '라디에이터'와 그 열을 지하수까지 전달하는 통로인 단층이 결합 되어 덕구온천이 만들어졌다. 국내 온천의 상당수도 이처럼 단층을 따라 분포한다(그림6).

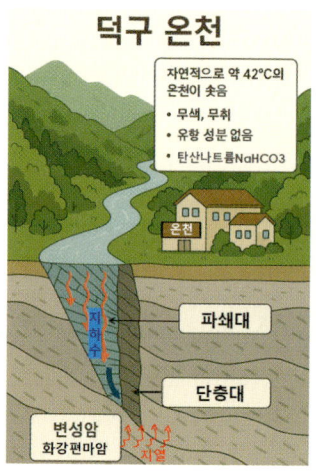 

그림 6 덕구온천 형성 원리와 원탕

덕구온천수의 pH는 9.0으로, 피부에 좋은 약알칼리성을 띠며 여러 가지 효능이 있는 것으로 알려져 있다. 알칼리 성분이 피부의 묵은 각질과 노폐물을 제거하고, 비누처럼 미끌미끌한 느낌을 주며, 피부를 매끄럽게 해주어 피부 미용 효과가 있다고 한다. 이러한 특징 때문에 '미인 온천'이라는 별칭도 있다. 이 외에도 덕구온천수는 신경통, 관절염, 피부병, 근육통 완화에 도움을 주는 것으로 알려져 있고, 마실 수도 있다.

덕구온천은 약 600년 전 고려 말기에 전해 내려오는 전설로도 유명하다. 궁술과 창술에 능했던 전모라는 인물이 멧돼지를 쫓던 중, 상처 입은 멧돼지가 계곡물에 몸을 담근 뒤 상처가 나아 쏜살같이 달아나는 모습을 목격했다고 한다. 이상히 여긴 전모가 그곳을 살펴보니, 따뜻한 온천수가 땅에서 솟아나고 있었다. 이후 온천수는 마을 사람들에게 영험한 물로 여겨져 노천탕으로 이용되었다.

원탕 아래에는 덕구온천의 전신인 노천 온천 시설이 있었으나, 협곡이 깊어 대단위 온천단지로 개발이 어려웠다. 1970년대 후반부터 개발이 본격화되었고, 1980년대 후반 현재의 덕구온천 리조트가 세워지며 대규모 시설로 발전했다. 원탕의 온천수를 리조트까지 운반하기 위해 계곡의 등산로를 따라 약 4km 길이의 송수관이 설치되었으며, '2중 보온 온천수 송수관'이라는 표지가 붙어 있다(그림7).

그림 7 온천수 송수관

3) 덕구계곡의 지오사이트

덕구계곡의 남쪽에는 선캄브리아기의 변성암인 분천편마암이, 북쪽에는 같은 시기의 홍제사화강편마암이 분포한다. 두 암석은 고원생대인 약

19~20억 년 전에 형성되었으며, 덕구계곡은 용소폭포에서 덕구 리조트까지 이 두 암석의 접촉부를 따라 발달했다. 계곡에는 용소폭포, 혼성암, 선녀탕, 화강편마암(줄무늬 흰돌), 안산암질 암맥, 검정편암(줄무늬 검정돌), 포트홀 등 다양한 지오사이트가 분포한다(그림8).

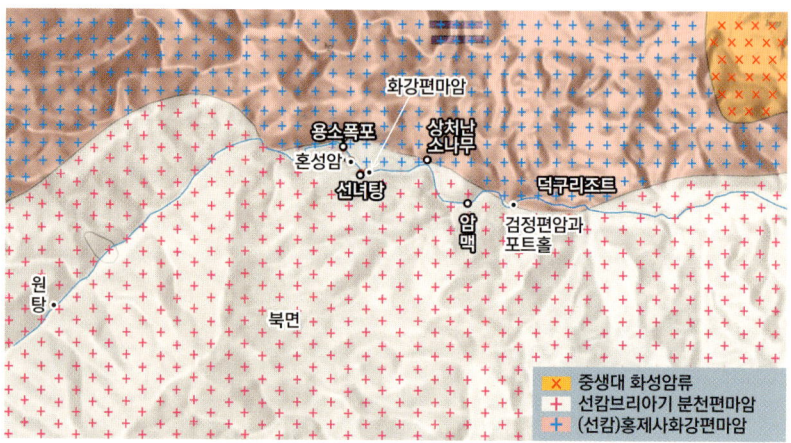

그림 8 덕구계곡의 암석 분포

그림 9 검정 편암과 편리

[**검정편암(줄무늬 검정돌)**]   덕구계곡 안내판은 편암(편리)과 편마암(편마구조)을 '줄무늬 돌(엽리)'이라 소개하고 있지만, 이 책에서는 줄무늬 돌이라는 말 대신 편암, 편마암이라는 원래의 지질학 용어를 그대로 사용해 설명한다. 덕구계곡에서 관찰되는 검정 편암은 약 20억 년 전에 형성된, 가장 오래된 암석이다. 사진에 보이는 일정한 방향의 줄무늬는 암석이 변성을 받아 편암이 되는 과정에서 형성된 편리(片利, Foliation)다(그림9).

검정 편암은 변성되기 전, 모래와 진흙 크기의 조암광물이 무질서하게 섞여 있는 구조였으나, 지하 깊은 곳에서 지각 운동으로 높은 열과 압력을 받으면서 광물이 부드럽고 길게 늘어났다. 그 결과, 교대로 층을 이루는 얇은 줄무늬(편리)가 형성되었다(그림10).

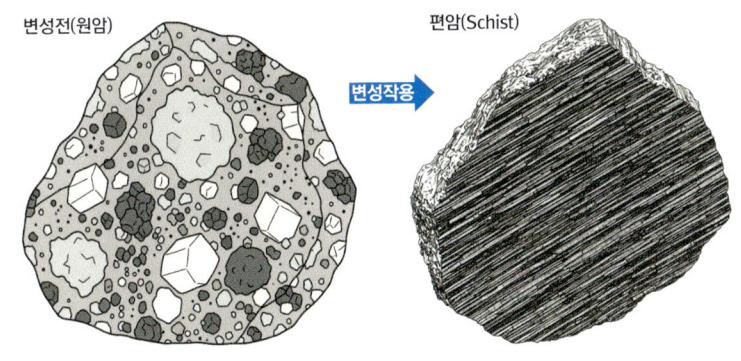

그림 10 편암의 편리 형성 과정

[**포트홀(Pothole, 돌개구멍)이 연결돼 형성된 급류**]   덕구계곡의 홍제사화강편마암과 분천편마암은 변성 과정에서 재결정화 작용을 받아 편마구조가 형성되었다. 이로 인해 암석 조직이 치밀하고 균질해져 포트홀이 잘 발달한다. 포트홀의 형성은 암석의 절리와 단열 분포에 큰 영향을 받는다.

돌개구멍은 폭포 근처나 급류를 이루는 곳에서 유수의 속도 차로 와류(渦流)가 형성될 때 잘 만들어진다. 와류에 휩싸인 조약돌이 회전하며 암반의 단열과 절리를 중심으로 마식작용을 일으키면, 포트홀은 점점 깊어지고 그 크기도 커진다(그림11).

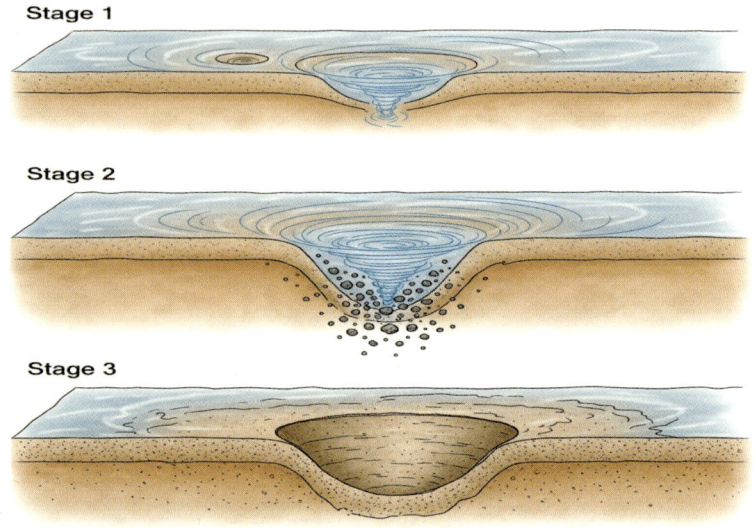

그림 11 돌개구멍의 형성 과정

와류와 함께 회전하는 자갈, 모래의 마식작용으로 형성된 돌개구멍은 시간이 흐를수록 크기가 커지고 주변의 다른 포트홀과 연결되기도 한다. 덕구계곡의 급류와 폭포 중에는 이처럼 여러 개의 포트홀이 침식 작용으로 연결돼 형성된 것들이 있다. 사진은 덕구계곡 입구의 검정 편암이 자리한 계곡 하상의 급류 모습이다. 급류의 물이 떨어지는 자리에 포트홀에서 기원한 둥근 소(沼)가 두 개가 발달했고, 소 내부에는 포트홀과 소를 만든 둥근 강자갈이 가득 들어 있다(그림12, 13).

그림 12 포트홀이 연결돼 형성된 급류

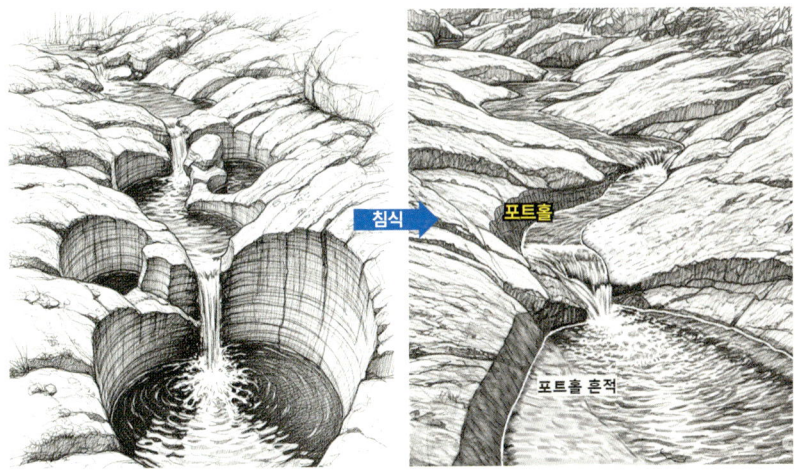

그림 13 포트홀의 침식과 연결로 형성된 급류

[안산암질 암맥(Dike)]　서강대교 아래 계곡은 북북동-남남서 방향으로 흐르며, 계곡 바닥에도 같은 방향으로 암록색 암맥이 길게 뻗어 있다.

23

1. 천연 용출 온천이 있는 덕구계곡

이는 계곡 방향과 일치하는 단열을 따라 관입한 안산암질 암맥으로, 밝은색 화강편마암과 뚜렷하게 구별된다. 암맥을 확대한 사진을 보면 매우 조밀하게 발달한 절리를 따라 풍화, 침식이 진행돼 계단모양을 이루고 있다(그림14). 관입한 마그마는 차가운 기반암과 접촉해 빠른 속도로 냉각됨으로 조밀한 절리가 발달한다. 절리가 발달한 암맥은 그 틈을 따라 수분이 쉽게 순환되기 때문에 풍화와 침식에 특히 취약하고, 그 결과 암맥을 따라 유로가 발달하게 되었다.

그림 14 계곡의 방향과 일치하는 암맥

[일제 침략이 남기 상처 난 소나무] 서강대교와 선녀탕 사이 등산로를 따라 걷다 보면, 경사면에 서 있는 여러 그루의 소나무 줄기 아래로 움푹 파인 상처가 보인다. 1941년 일제의 진주만 기습으로 시작된 태평양 전쟁 당시, 일제는 태평양 전쟁에 필요한 항공기 연료인 '송탄유(松炭油)'를 만들기 위해 우리나라 소나무 밑동에 V자 모양의 상처를 내고 송진을 대량으로 채취했다. 이렇게 생긴 깊은 상처는 70~80년이 지난 지금까지도 그대로 남아 있다. 덕구계곡의 상처 난 소나무들은 일제의 수탈을 보

여주는 역사적인 증거물로, 국립산림과학원이 피해목의 분포 지도를 제작하고 산림문화자산으로 지정해 보호하고 있다(그림15).

그림 15 상처 난 소나무

[**화강편마암**(줄무늬 흰돌)] 덕구계곡의 화강편마암은 고원생대인 약 19억 년 전에 형성된 암석이다. 조암광물의 결정이 큰 화강암이 지하 깊은 곳

그림 16 화강편마암(줄무늬 흰돌)의 편마 구조

에서 높은 열과 압력을 받아 변성되며 만들어졌다. 고온, 고압의 지하 환경에서는 밝은 띠 광물(석영, 장석)이 어두운 띠 광물(각섬석, 흑운모) 보다 먼저 녹았다가 다시 굳는다. 녹는 온도 차로 인해 흰색 광물과 검정 광물이 분리돼 각각 모이면서, 줄무늬 형태의 편마구조가 형성된다(그림16).

[**선녀탕**] 선녀탕은 작은 폭포 아래 침식으로 형성된 폭호(瀑湖, Plunge Pool)로, 서북서-동남동, 북북서-남남동 방향의 두 단열을 따라 전체적인 지형 윤곽이 만들어졌다. 폭포는 계곡을 가로지르는 북북서-남남동 단열을 따라 발달한 절벽 위에 형성돼 있으며, 물은 덕구계곡의 방향과 같은 서북서-동남동 단열을 따라 흘러 선녀탕으로 떨어진다. 이처럼 교차하는 두 단열을 따라 하천 침식이 진행되면서, 선녀탕은 직사각형 형태로 발달했다(그림17).

그림 17 선녀탕과 단열

선녀탕 일대에 분포하는 편마암은 지하 깊은 곳에서 고변성 작용을 받은 변성암이다. 사진에서 보이는 밝은 띠 구조는 광물이 높은 열과 압력 속에서 일시적으로 녹았다가 다시 굳는 재결정화 과정을 거치며 형성된 것이다(그림18).

그림 18 선녀탕의 고변성 편마암

[**혼성암**(混成巖, Migmatite)] 덕구계곡 안내문에는 혼성암을 '줄무늬 검정돌(검정편마암)'과 '줄무늬 흰돌(화강편마암)'이 뒤섞인 형태로 소개하고 있다. 실제로 계곡 곳곳에는 검정 편암과 흰색 화강편마암이 마치 색이 다른 물감들이 섞인 듯 얽혀 분포한다. 서로 다른 이 두 암석은 어떻게 함께 섞여 나타나게 되었을까? 변성 과정에서 온도와 압력이 상승하면, 암석을 구성하는 광물 중 녹는점이 낮은 성분(주로 석영과 장석)들이 먼저 녹기 시작한다. 이때 암석 전체가 녹는 것이 아니라, 일부 성분만 녹는 '부분 용융'이 일어난다. 부분적으로 녹아 생긴 마그마(액체상)는 아직 녹지 않은 고체 상태의 암석(운모, 각섬석 등) 사이로 이동하거나 스며들어 새로운 층을 형성한다. 이 마그마가 식어 굳으면, 화성암의 특징을 가진 밝은색의 층(Leucosome, 밝은 띠)이 만들어지며, 녹지 않고 남은 부분은 어두운색의 층(Melanosome, 어두운 띠)을 이룬다. 이처럼 밝고 어두운 층이 뒤섞인 혼성암 특유의 복합적인 구조가 완성된다(그림19).

그림 19 혼성암

[**포트홀이 연결돼 형성된 용소폭포**] 용소폭포는 덕구계곡 내 여러 폭포 가운데 규모와 경관 면에서 단연 으뜸이다. 용소폭포의 높이는 약 10m, 주변 협곡의 폭은 60~70m 정도이다. 절벽 아래 폭호로 물이 바로 떨어지는 일반적인 폭포와 달리, 단단한 화강편마암이 오랜 세월 동안 침식을 받아 둥근 굴곡을 이룬 암반 사이로, 물줄기가 굽이치며 흘러내린다 (그림20).

그림 20 용소폭포 전경

용소폭포는 단단한 화강편마암이 오랜 세월 침식을 받아 생긴 여러 개의 포트홀과, 그 사이에 발달한 작은 폭포들이 연결되어 형성된 계단형 폭포다. 왼쪽 그림은 용소폭포가 포트홀 사이에 걸린 폭포와 소로 이루어진 '계단형 폭포'라는 사실을 도식화한 것이다. 오른쪽은 사진은 용소폭포 상류 니이교(Kneiy Bridge)에서 하류를 보고 촬영한 영상으로, 하천 침식으로 연결된 여러 개의 포토홀을 볼 수 있다. 매끈하게 침식된 포트홀이 연결된 유로를 따라 굽이치며 흐르는 물줄기의 독특한 형상은, 이무기 전설을 낳은 배경이 되었을 것으로 보인다(그림21).

그림 21 계단형 폭포를 이루는 용소폭포

2. 태백산맥의 깊은 골짜기를
뱀처럼 구불구불 흐르는 왕피천

 울진을 비롯한 동해안 지역의 하천은 한강이나 낙동강처럼 태백산맥 서쪽으로 흐르는 대하천과 달리 유로가 짧다. 태백산맥이 지형적으로 동해안에 가깝게 위치해 분수계가 동쪽으로 치우쳤기 때문이다. 그 결과, 태백산맥에서 발원한 하천은 시작 지점에서 바다까지 흐르는 구간이 길지 않아, 유로도 비교적 짧게 형성된다. 그중에서도 규모가 작은 왕피천은 험준한 태백산맥 사이의 깊은 골짜기를 뱀이 기어가듯이 구불구불 흐르는데, 이런 곡류천을 감입곡류(嵌入曲流, Incised Meander)[4]라고 한다.

 감입곡류천은 신생대 신진기 마이오세에 일본과 한반도가 분리되고, 중간에 동해가 탄생하는 과정에서 한반도 동해안을 중심으로 태백산맥이 융기하면서 형성되었다. 지각의 융기는 지표의 표면적 증가를 초래한다. 하지만 지각은 단단한 암석으로 구성돼 있어 사람의 피부처럼 늘어날 수 없기 때문에 갈라지게 된다. 이때 생기는 균열을 단열(斷裂, Fracture)이라고 한다. 태백산맥의 융기와 판의 횡압력으로 형성된 단열은 지각이 갈라진 약한 틈이라, 주변보다 먼저 풍화와 침식이 진행된다. 그 결과 하천이 형성되거나 골짜기가 만들어진다(그림22). 태백산맥이 융기하는 과정에서 다양한 방향의 단열이 단열망(Fracture Grid)을 형성하며, 이 단열망을 따라 하천이 유도되면 아래 그림과 같은 감입곡류 하천이 형성된다. 단열망을 따라 형성된 곡류천은 '감입곡류'라는 용어보다 단열곡류(Fracture Guide Sinuosity) 또는 구조선 곡류(Fault Guided

---

[4] 평야 지대를 흐르던 자유 곡류천이 지각의 융기로 침식 작용이 활발할 때 형성되는 곡류천이다.

Meander) 라고 하는 것이 더 적절하다. 이처럼 단열을 따라 유도된 하천이 침식을 거치며 형성한 감입곡류천은, 깊은 골짜기 사이를 흐르며 일반 하천과 다른 독특한 산지 하천 경관을 이룬다(그림23).

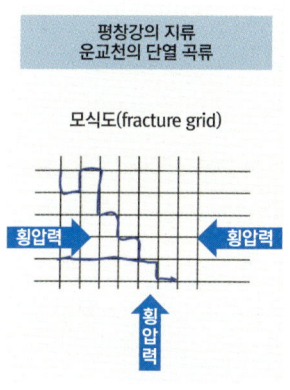

그림 22 단열을 따라 형성된 감입곡류천

그림 23 동강 전망대에서 본 감입곡류(사진, 김덕일)

융기량이 많은 태백산맥 서사면을 흐르는 남한강과 동사면을 흐르는 감입곡류 하천은 유로 변동이 잦아 구하도 발달이 탁월하다. 구하도(舊河

道, Old River Channel)의 형성 과정을 지구조 운동의 측면에서 살펴보면 다음과 같다. 태백산의 융기 과정에서, 감입곡류 하천이 흐르던 기존의 유로를 대신할 새로운 단열이 형성되거나, 기존에 닫혀있던 단열이 열리는 경우, 하천은 새롭게 열린 단열을 따라 유로를 바꾸게 된다. 이때 기존의 유로는 하천이 흘렀던 흔적만 남은 채 구하도가 된다(그림24). 태백산맥 서사면을 흐르는 남한강 상류의 정선, 영월의 동강, 서강에서 감입곡류 하천과 구하도가 모식적으로 나타난다. 이는 태백산맥이 융기하는 과정에서 형성된 수많은 단열이 형성되고, 하천의 침식 작용으로 감입곡류 구간의 유로 변동이 잦았기 때문이다.

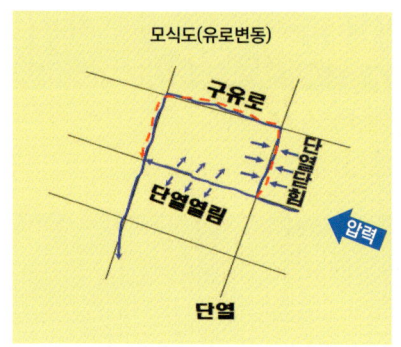 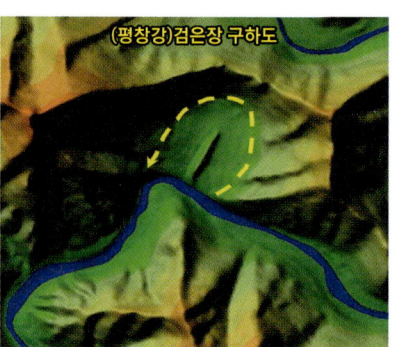

그림 24 평창강 구하도 형성 모식도

1) 왕피천의 감입곡류

울진의 왕피천은 유로연장 60.96km, 유역면적 513.7㎢이며, 주요지류로는 광천과 매화천이 있다. 왕피천과 주요지류인 광천 유로 대부분이 굴곡이 심한 감입곡류천을 이룬다. 특히 감입곡류천인 왕피천은 태백산맥을 침식해 깊은 계곡을 이룬다. 왕피천의 감입곡류 구간은 침식으로 기반암이 노출되며 만들어진 하식애, 기반암 하상, 폭포, 포트홀(돌개구멍) 등 다양한 하천 침식지형이 발달했다. 왕피천과 광천에는 규모가 큰 구하도가 형성되어, 산지가 많은 울진 지역 주민의 주요 거주 공간으로 이용되고 있다(그림25).

그림 25 왕피천 하계망과 감입곡류

 태백산맥 동사면을 흐르는 왕피천은 영월 동강이나 서강에 비해 규모는 작지만, 주요 지류인 광천과 본류인 왕피천 모두 전형적인 감입곡류 하천을 이루며, 굽이치는 골짜기마다 독특하고 아름다운 풍광을 자아낸다. 태백산맥이 융기하면서 형성된 단열과 하천의 침식 작용으로 깊은 골짜기가 만들어졌고, 그 사이를 뱀이 기어가듯이 구불구불 흐르는 감입곡류천이 아름다운 경관을 이룬다. 왕피천 계곡, 주요 지류인 광천의 불

그림 26 왕피천의 감입곡류

영사계곡은 계절마다 색채가 달라지는 자연 풍경이 파노라마처럼 장관을 이룬다(그림26).

2) 왕피천과 지류 광천의 불영사 구하도(舊河道, Old River Channel)

왕피천과 지류인 광천 유역 곳곳에는 유로 변동의 흔적인 구하도가 남아 있으며, 대부분 마을과 농경지가 자리하고 있다. 구하도가 형성되는 원인은 크게 세 가지로 볼 수 있다. 첫째, 곡류천의 구부러진 양쪽 끝이 지속적인 침식으로 점점 가까워져 곡류 목(Meander Neck)을 만든다. 마침내 이 좁은 목 부분이 절단되면서 하천이 직선으로 흐르게 된다. 유로가 직선화되면 곡류 구간은 더 이상 하천의 작용을 받지 않게 되는데, 물이 고여 있으면 우각호(牛角湖, Oxbow Lake), 물이 없으면 구하도라고 한다. 곡류 당시 하천이 휘감고 돌던 구릉은 환류 구릉 또는 곡류 핵(Meander Core)이라고 부른다. 왕피천에 발달한 불영사와 구산리 구하도 역시 아래 그림과 같은 과정으로 형성되었다(그림27).

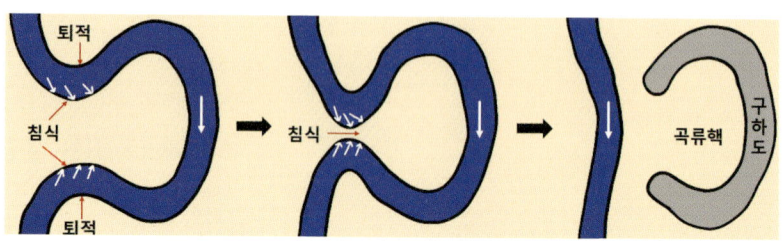

그림 27 구하도의 형성 과정

둘째, 구하도는 하천 쟁탈에 의해서도 형성된다. 하천 쟁탈이란, 하상 경사가 크고 유량이 많아 지표의 침식력이 큰 하천이, 경사가 완만하고 침식 작용이 약한 하천의 유로 일부 또는 전부를 자신의 유로로 흡수하는 현상을 말한다. 이때 유로를 빼앗은 하천을 유능 하천, 빼앗기는 하천을 무능 하천이라고 한다. 셋째, 인위적인 하천 직강공사로 인해 곡류 구간이 하천과 단절되면서 만들어지기도 한다. 하천 하류의 범람원을 흐르는 자유 곡류천(Free Meander)에서는 농경지 보호와 개발을 목적으로 직강공사를 진행하다가 구하도가 만들어진 사례가 있다. 포항시 남구에 자리한 배머리못은 일제강점기인 1930년대, 형산강의 곡류 구간을 인위적으로 직강화하면서 남겨진 구하도의 일부이다.

왕피천과 지류인 광천의 하류 구간에는 여러 군데 구하도가 분포하며, 산지가 많은 울진에서 사람이 거주하는 주요한 공간으로 이용된다. 광천 하류에는 울진군 근남면 행곡리 구하도, 왕피천 하류에는 울진군 근남면 수곡리와 구산리 구하도가 있다(그림28, 29). 지도에 소개된 구하도 외에도 광천 중류의 불영사 구하도를 포함해 여러 곳에 구하도가 발달해 있다.

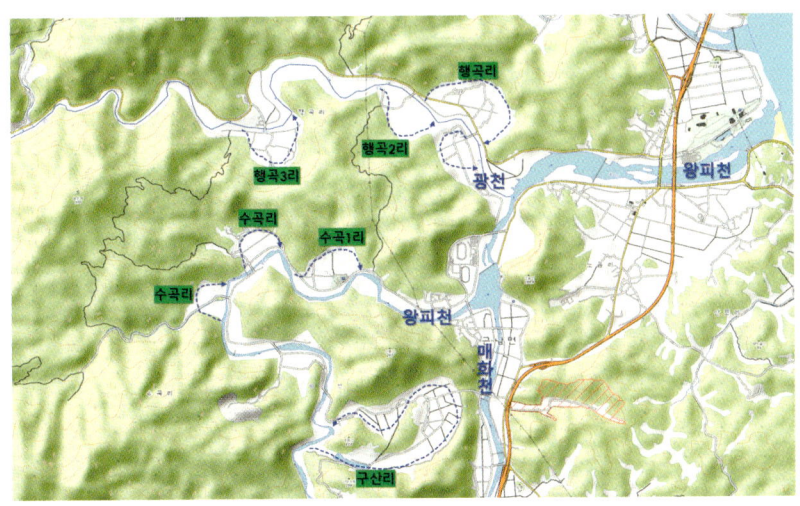

그림 28 왕피천의 구하도 분포

그림 29 울진군 근남면 행곡리 구하도(광천. 사진 김석용)

[천년고찰 불영사가 자리한 광천 구하도] 경상북도 울진군 금강송면 하원리 천축산에는 신라 진덕여왕 5년(651년)에 창건된 천년 고찰 불영사가 있다. 창건 설화에 따르면 의상대사가 독룡(毒龍)에게 법을 설하며 그곳에 절을 지으려 하였으나, 독룡이 말을 듣지 않았으므로 신비로운 주문을 외워 독룡을 쫓아낸 뒤 용이 살던 연못을 메우고 절을 지었다 한다. 동쪽에 청련전 3칸과 무영탑 1좌를 세우고 천축산 불영사라 하였다.

성류굴에서 불영사까지 이어지는 광천 계곡은 경치가 아름다워 울진군에서 정자 쉼터와 사진 촬영 지점 등을 조성 해둔 주요 관광지 중 한 곳이다. 좁고 구불구불한 광천 계곡을 거슬러 올라 불영사에 도착하면, 산으로 둘러싸인 넓은 골짜기가 드러난다. 이 골짜기는 오래전 광천이 흐르던 유로(물길)였으며, 드론으로 촬영한 불영사 전경 사진에서 이러한 지형적 특징을 확인할 수 있다(그림30).

아래 사진처럼 산줄기와 하천이 굽이치며 흐르는 감입곡류 하천 경관을 풍수지리에서는 산태극(山太極), 수태극(水太極)이라고 하며 명당으로 꼽는다. 불영사는 이러한 명당에 자리한 천년 고찰이다. 곡류 목 절단으로 형성된 불영 폭포는 현재 상류로 후퇴해 있다.

그림 30 불영사 구하도(흰색 실선. 사진 김석용)

불영사가 자리한 이 지형은 지금으로부터 9만 년 전, 유로가 변경되며 형성된 것으로, 현재까지 그 흔적이 남아 있다(그림31). 과거 이곳이 광천의 유로였음을 보여주는 흔적은 두 가지다. 하나는 창건 설화에 등장하는 용지(龍池) 일부가 현재도 연못으로 남아 있다는 점이고, 다른 하나는

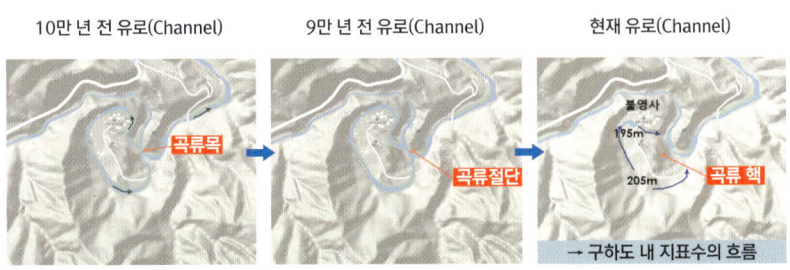

그림 31 불영사 구하도의 형성 과정

불영사 경내 청풍당 옆 고목이 뿌리를 내린 하천 퇴적층의 둥근 자갈층이다. 이 자갈층은 당시 광천의 흐름을 입증하는 지형학적 근거로 평가된다(그림32).

그림 32 청풍당 옆 하천 퇴적층과 고목

아래 사진은 주차장에서 불영사로 들어가는 구하도의 입구에서 불영사 방향으로 촬영한 사진이다. 유로가 변동되기 전에는 왕피천의 상류인 불영사에서 하류였던 현재의 입구 방향으로 광천이 흘렀음을 보여준다.

구하도가 형성되면 강물의 흐름은 사라지지만, 구하도의 지표수가 흘러 나가는 새 물길이 형성된다. 현재 구유로에 표시한 청색 화살표가 불영사 구하도 내 지표수가 흐르는 방향이다(그림33). 곡류핵 남동쪽의 얕은 언덕이 분수계가 되어, 한 줄기는 불영사 쪽으로, 다른 줄기는 반대 방향으로 흘러 광천에 합류한다. 불영사 대웅전 정면에 자리한 용지(연못)는 구하도의 가장 낮은 부분에 형성되었던 습지를 연못으로 조성한 것으로 보인다.

현재 지형을 보면, 불영사가 자리한 구하도보다 15m 정도 낮은 골짜기를 흐르고 있는 광천이 먼 과거에는 불영사 터로 흘렀다는 사실을 쉽

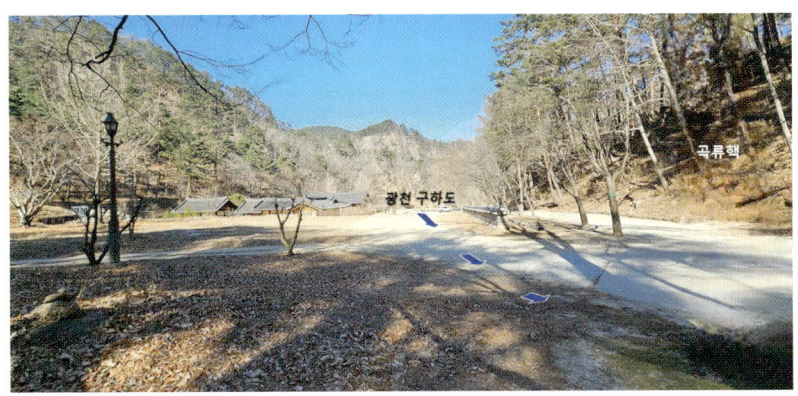

그림 33 불영사 구하도와 곡류핵

게 믿기 어렵다. 그러나 구하도에 남은 지형과 퇴적물은 이를 뒷받침하는 과학적 근거가 된다. 약 9만 년 전 광천의 곡류 목이 절단되며 유로가 지금처럼 바뀌었고, 이후 지각 융기로 광천은 하방침식[5]을 거듭해 계곡을 깊게 파 내려갔다. 유로가 끊긴 불영사 구하도가 침식을 멈추면서 광천의 현재 유로와 상당한 고도 차가 생겼다. 구하도로 남은 불영사 터에는 광천이 곡류하며 휘감고 돌았던 곡류핵이 남아 있으며, 절의 텃밭 흙 속에는 과거 물길이 남긴 둥근 자갈도 다수 발견된다.

[**부처바위**] 불영사라는 이름은 용지에 비친 부처 바위에서 유래했다고 한다. 이 바위는 용지 북서쪽 능선에 자리하고 있으며, 대웅전 뒤편 능선에도 바위가 솟아 있다. 두 바위 모두 선캄브리아기 변성암인 화강편마암에 발달한 절리를 따라 차별적으로 풍화, 침식되며 단단한 부분이 남아 형성된 토르(Tor)다(그림34).

---

5   하방침식은 하천이 주로 하상(강바닥)을 파내려 가는 작용이다. 측방침식(하천 양쪽을 침식).

그림 34 부처 바위

3) 왕피천 구산리(성산동) 구하도의 지형과 문화유산

경북 울진군 근남면 구산리에 규모가 큰 왕피천 구하도가 있다. 이 마을에는 성산성지(城山城址)가 있어 일제강점기부터 성산동(城山洞)으로 불

그림 35 구산리 구하도 전경(사진 유승상)

렸으나, 과거에는 잠미동(잘미동)으로 불렸다. 성산성에 관한 문헌 자료는 거의 전하지 않는다. 『울진군지』 울진읍 성곽 성산성조에 "현(縣)의 남쪽 성산동에 석축유지(石築遺址)가 있으나 지금은 사실을 알 수 없다."라고 간략히 적혀 있을 뿐이라, 성의 존치 여부는 물론, 축성 시기나 사용 기간 또한 알 수 없다. 현재 이 지역의 행정명은 울진군 근남면 구산리다. 구산리 구하도는 왕피천과 산으로 둘러싸인 평지라 사람의 거주지로 적합했다. 동쪽의 낮은 산을 넘으면 왕피천 하구와 동해로 이어지기 때문에, 고대에는 성이 들어서기 좋은 지리적 요충지였다(그림35).

약 3만 년 전 왕피천에 곡류 목이(Meander Neck) 형성되었고, 2만 5천 년 전 곡류 절단이 일어나 유로가 바뀌면서 구산리 구하도가 형성되었다. 최후빙하기의 최성기(24,000 ~ 18,000년 전) 동안 곡류 절단이 진행되었으며, 이후 새로운 유로를 따라 왕피천의 하방침식이 지속되면서 현재의 구하도가 형성되었다. 불영사 구하도에 비해 상대적으로 최근에 형성되었기 때문에, 구산리 구하도와 왕피천의 현재 하도 사이의 고도 차는 불영사 구하도 보다 작다(그림36).

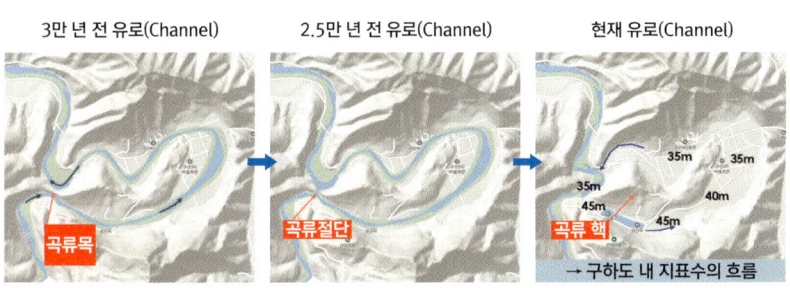

그림 36 구산리 구하도의 형성 과정(그림의 숫자는 해발고도)

구산리 구하도의 남쪽을 둘러싼 산지의 북쪽 급사면에는 대규모 애추(崖錐, Talus)가 발달해 있다. 이는 울진 지역이 빙하기의 영향을 받았음을 보여주는 유물지형[6](遺物地形)으로, 구산리 구하도가 형성될 당시 한반도에 시베리아 같은 혹한의 빙하기가 실재했음을 입증하는 증거다.

[**기후변화의 지시자 애추(그림35의 A 지점)**] 고생대 오르도비스기 석회암이 분포하는 산의 북쪽 급경사면에 발달한 대규모 애추다(그림37). 바다에서 퇴적된 석회암은 시루떡 같은 층리가 뚜렷하며, 이후 신생대 지각 운동으로 태백산맥이 융기하는 과정에서 발달한 절리는 수분이 암석 내부로 스며드는 통로가 된다. 당시, 낮에 석회암의 층리와 절리로 스며든 수분이 밤에 얼게 되면 부피가 팽창해 석회암이 부서지는 물리적 풍화작용이 일어난다. 이를 동파작용(凍破作用, Frost Shattering)이라고 하며, 이 과정에서 형성된 대량의 암설(巖屑=돌 부스러기)이 중력으로 낙하해 절벽 아래 쌓인 것이 애추다.

그림 37 구하도 남쪽에 자리한 산의 절벽에 발달한 애추(Talus)

---

6   화석지형이라고도 하며 과거 기후 아래서 형성된 지형이, 현재까지 남아 있는 지형이다.

[**기후변화의 지시자 애추(그림35의 B 지점)**]   선캄브리아기 변성암인 화강편마암이 분포하는 산의 북쪽 사면에 발달한 대규모 애추다. 화강암은 마그마가 굳어 형성된 괴상암석(塊狀巖石)으로, 일정한 방향으로 갈라지는 결(劈開, 벽개)이 없으나, 변성암인 화강편마암은 편리가 발달해 수분이 침투할 수 있다. 지난 빙하기 때 이 편리를 따라 스며든 수분이 추위로 얼면서 부피가 팽창했고, 이로인해 활발한 동파작용이 일어나 대규모 애추가 형성되었다(그림38).

그림 38 화강편마암에 발달한 애추

[**구산리 구하도와 성산성지(城山城址)**]   성지산성이 자리한 구산리 구하도는 곡류 목이 절단되어 형성된 서쪽을 제외하면 3면이 산으로 둘러싸인 분지 지형이다. 지형적으로는 남쪽에 남수산(437m)에서 동서로 뻗은 능선, 북쪽에 신봉산(266m) 능선, 중앙에 동서 방향의 중등산(118m)이 위치한다. 중등산은 왕피천이 구하도를 흐르던 시기에 곡류의 중심부였던 곡류핵에 해당한다. 내성은 구하도 북쪽 신봉산과 남쪽 산지 능선을 따라, 남쪽 내성은 곡류핵인 중등산 능선을 따라 축조된 것으로 보이

그림 39 구산리 구하도와 성산성지(사진 김석용)

며, 외성은 남수산 북쪽 사면의 능선을 따라 조성된 것으로 추정된다(그림 39).

「울진군 성지유적 지표조사 보고서」와 울산 군지에 따르면, '현재 확인할 수 있는 성벽의 흔적은 외성 1,130m, 내성의 총길이는 약 1,470m에 이른다. 성안의 총면적은 약 603,200㎡이다.'라고 기록되어 있다.

구산리 구하도에 자리한 성산성은 주위가 산으로 둘러싸여 있고, 서쪽에는 왕피천이 천연해자를 이루고 있어 외세 침략 방어에 유리한 지형 조건을 갖추고 있다. 왕피천은 수량이 풍부해 성산성 일대 거주민들에게 안정적으로 수자원을 공급할 수 있었으며, 구하도 내부에는 뱃들, 안늪들, 두문내들로 불리는 넓고 비옥한 들판이 펼쳐져 있어, 고대 한 지역의 중심지로서 손색없는 자연 지리적 조건을 지닌다. 또한 구산리 구하도는 동쪽의 낮은 구릉지대를 통해 동해안과 쉽게 연결되고, 왕피천을 따라 내륙으로 진입할 수 있어 선사시대부터 사람이 거주하기에 매우 유리한 교통 요지였다.

외성산동 동남쪽 뱃들 한가운데에는 과거 삼층석탑과 당간지주가 나란히 서 있었으나, 삼층석탑은 오래전에 유실되었고, 고려시대에 건립된 것으로 추정되는 돌 당간지주만이 거의 완전한 상태로 남아 있다. 이 일대는 일찍부터 배잠사라는 큰 규모의 사찰이 있었던 것으로 추정되지만, 당간지주 외에 주초석이나 다른 유구는 발견되지 않았다.

아래 사진은 구하도 동쪽에서 촬영한 내부 전경으로, 과거 왕피천은 사진의 왼쪽에서 흘러와 사진 정면의 곡류핵과 우측 산지 사이 골짜기를 통해 흐른 것으로 보인다. 사진 속 내부 들판은 생각보다 규모가 크며, 이를 통해 구산리에 일찍부터 사람이 거주했고, 성까지 축조한 지리적인 이유를 직관적으로 알 수 있다(그림40). 곡류핵 아래 있는 마을이 외성산동(구산4리), 사진 오른쪽 급사면 아래에 자리한 마을이 내성산동(구산2리)이다.

그림 40 구산리 구하도의 넓은 들판(뱃들)

성지산성에서 발굴된 유물은 삼국시대 토기편과 생활 자기편 일부로, 지표에서만 확인된 수준이지만, 앞으로 정밀한 발굴 조사가 이뤄진다면 이 지역이 고대부터 사람이 거주 해온 유서 깊은 곳임을 밝혀낼 수 있을 것이다.

　산지가 많고 평야가 적은 태백산맥에서 구하도는 사람이 살아갈 수 있는 주요한 지형이다. 구산리 구하도는 산지 내부에 발달한 분지 형태로, 거주와 방어에 유리해 일찍부터 사람들이 생활 터전으로 삼은 것으로 보인다. 아직 자세한 기록이나 연구 결과는 부족하지만, 구산리 성지 산성지가 이곳에 자리한 이유는 구하도라는 지형 자체에서 찾을 수 있다. 이는 지리적인 바탕 위에 역사가 이루어진다는 평범한 진리를 보여 주는 흥미로운 사례다.

3. 석회암 지하 궁전 성류굴

천연기념물 제155 호(1963.5.7.)인 울진 성류굴은 신라 진덕여왕 때 원효대사가 이곳에서 기거하며 수도했고, 화랑 4선들이 유람하였다는 기록이 삼국유사에 전한다. 조선 세조 때 생육신 중 한 명인 김시습의 시도 전하고 있으며, 임진왜란 때 피난한 기록도 남아 있다. 우리나라 최초의 동굴 탐사라고 할 수 있는 기록은 650여 년 전 고려말에 작성된 이곡 선생[7]의 관동유기에 나오는 성류굴 탐사기다.

석회암의 용식작용으로 형성된 성류굴은 카르스트 지형으로, 오래전부터 사람들의 관심과 경탄의 대상이었고, 선사시대 이래 사람들의 활동 흔적이 남아 있는 역사의 무대다. 현재는 지하 석회동굴의 독특하고 아

그림 41 성류굴 일대의 지형(사진 김석용)

---

[7] 이곡(1298~1351)선생은 고려말 충신인 목은 이색(李穡)의 아버지이다.

름다운 경관으로 인해 많은 관광객이 찾는, 울진군의 주요한 관광자원이 되었다. 경북 유일의 석회동굴인 성류굴은 지형·지질학적으로 가치가 높은 자연유산이다.

성류굴은 왕피천 하류의 동안에 있는 선유산(199.4m) 서쪽 절벽에 동굴 입구가 자리한다. 굴 앞을 흐르는 왕피천은 이 지점에서 북쪽에서 흘러온 주요지류인 광천과 남쪽에서 흘러온 매화천이 합류해 본류를 이룬 것이다. 이처럼 세 하천이 합류하는 구간이기 때문에, 왕피천의 규모에 비해 성류굴에서 하구까지 하천의 폭이 상대적으로 넓고, 토사가 쌓여 형성된 사력퇴도 큰 규모로 발달했다(그림41).

1) 성류굴의 지형 형성 과정

성류굴이 자리한 석회암은 산호, 조개, 조류 등 해양 생물의 껍데기, 뼈대가 퇴적되어 형성된 퇴적암이다. 우리나라의 석회암은 고생대 퇴적분지인 태백산 분지에 해당하는 강원도 삼척, 영월, 정선, 충북 단양, 제천 지역에 주로 분포하며, 경북 문경, 울진 지역에도 일부 나타난다. 이는 해당 지역이 고생대 때 얕은 열대 바다였음을 의미한다. 성류굴이 발달한 선유산 서쪽은 단층으로 형성된 절벽이며, 동굴 입구는 이 절벽 면에 자리한다. 석회암은 구성 성분에 따라 탄산칼슘으로 이루어진 석회암과, 탄산칼슘과 탄산마그네슘($MgCO_3$)이 각각 50%씩 섞인 돌로마이트 석회암(백운석)으로 구분한다. 돌로마이트 석회암이 상대적으로 강도는 높지만, 지표 카르스트의 대표적 지형인 돌리네가 오히려 더 잘 발달하는 경향이 있다. 성류굴이 자리한 근남층 석회암은 주성분이 탄산칼슘인 석회암이다. 성류굴 서쪽을 지나는 남북 방향 단층을 따라 흐르는 매화천은 직선에 가까운 유로를 보인다(그림42).

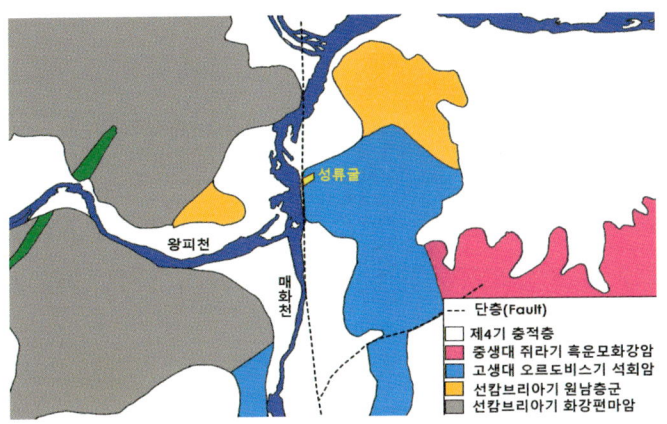

그림 42 성류굴 일대의 암석 분포

    석회암은 강알칼리 암석으로, 강산인 염산을 부으면 격렬한 화학반응이 발생해 부글부글 끓으며 녹아내린다. 자연 상태에 존재하는 약산인 탄산(콜라, 사이다)에도 석회암이 녹는데, 이런 작용을 '용식(溶蝕)'이라고 한다. 석회암이 탄산에 녹아 형성된 중탄산칼슘(석회수) 용액은 지하를 따라 흐르다 동굴을 만나 이산화탄소가 대기 중으로 빠져나가면 다시 고체인 석회암으로 침전된다. 이 과정을 화학식으로 표현하면 다음과 같다.

    $CaCO_3$(석회석)+H_2O(물)+CO_2(이산화탄소) ⇋ $Ca(HCO_3)_2$=중탄산칼슘 용액 형성.

    이처럼 석회석은 물처럼 고체에서 액체로 녹은 뒤, 다시 고체로 변화할 수 있는 암석이다. 이러한 특성 때문에, 다른 암석이 분포하는 곳에서는 볼 수 없는 독특한 경관이 형성되는데 이를 카르스트(Karst) 지형이라고 한다. 성류굴은 석회암 지대의 지하를 흐르는 물에 섞인 탄산에 석회암이 녹아 형성된 석회(종유)동굴로, 지하 카르스트 지형에 해당한다. 석회암에는 단층, 단열, 층리, 절리 등이 발달해 있으며, 이 틈을 따라 스며든 탄산수가 석회암을 녹여 지하에 많은 공간이 형성된다. 이 공간들이 용식작용으로 서로 연결되고 확장되며 석회동굴이 된다.

형성 초기의 석회동굴은 지하수면 아래에 있어 동굴 대부분이 물에 잠겨 있다. 이후 하천의 하방침식으로 골짜기가 낮아지면 지하수면도 함께 낮아지고, 동굴의 지하수가 빠져나가 내부가 드러난다. 이때 동굴 천장과 벽, 바닥으로 스며든 석회수(중탄산칼슘 용액)에서 석회석이 침전되며, 종유석, 석순, 석주 등의 동굴생성물이 발달해 아름다운 석회동굴 경관이 형성된다(그림43).

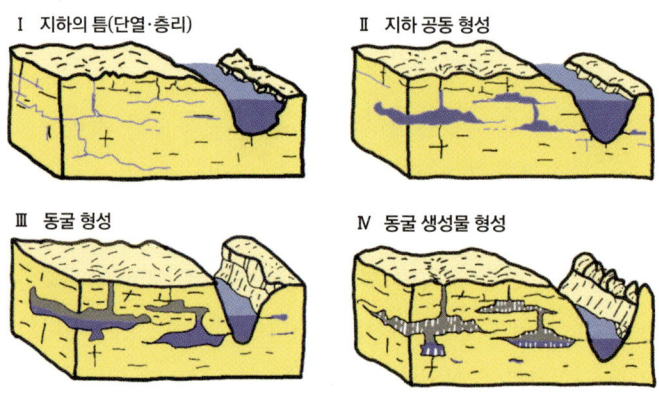

그림 43 석회동굴의 형성 과정

액체 상태로 흐르던 석회수가 동굴 내부에서 다시 고체 상태인 석회암으로 침전되는 이유를 알아보자. 토양층에는 낙엽, 풀 등 다량의 유기물이 부패하기 때문에 토양의 공기에 함유된 이산화탄소의 농도는 10%를 넘는다. 이는 대기 중 이산화탄소 농도의 300배에 해당한다. 토양층에서 형성된 이산화탄소는 지하수에 흡수되어 탄산을 형성하므로 산도가 높아져 강알칼리 암석인 석회암을 녹인다. 이러한 산기를 띠는 토양수(지하수)가 지하로 흘러내려 석회암을 녹이면서 중화되고, 지하수 내에는 높은 농도의 이산화탄소가 존재하게 된다. 이러한 높은 농도의 이산화탄소를 포함한 지하수가 대기 중의 이산화탄소 농도와 비슷한 동굴을 만나면, 동굴로 흘러 내려온 지하수(석회수)에 포함된 다량의 이산화탄소가 동굴 대기 속으로 빠져나가게 된다. 그 결과, 동굴 내 물은 탄산칼슘이 과포화(過飽和, Supers Aturation) 상태에 이르게 되고, 중탄산칼슘 용액(석회수) 속 탄산칼슘(석회석)이 재침전되어 종유석, 석순, 유석, 동굴산호 등 다양한 동굴생성물을 형성한다. 동굴생성물(Speleothem)은 녹아 흐르던 석회질 용액에서 석회석으로 재퇴적되었기 때문에 2차 퇴적물이라고도 한다. 동굴생성물은 탄산칼슘과 다른 불순물이 섞여 있던 석회석과 달리, 녹았던 석회석이 재침전 돼서 형성되었으므로 순도 100%에 가까운 탄산칼슘으로 구성된다. 이처럼 탄산칼슘의 순도가 높기 때문에, 인간이 유발한 작은 오염에도 쉽게 부식된다는 문제를 안고 있다.

(1) 석회암의 경사진 층리와 성류굴

석회암은 해저에서 쌓인 퇴적암이라 시루떡 같은 수평 층리를 형성한다. 그러나 성류굴이 자리한 선유산 일대의 근남층 석회암은 층리가 북서 방향으로 54° 기울어져 있으며, 주향은 북동-남서 방향이다. 이 구조는 지질도에 표시돼 있다. 동굴 입구 진입로를 만드는 과정에서 노출된

그림 44 석회암의 수평 층리와 경사진 층리

석회암 노두에서도, 북서 방향으로 기울어진 근남층 석회암 층리의 경사가 확인된다(그림44).

석회암의 용식과 카르스트 지형의 형성에는, 석회암의 종류나 강도 보다 지구조 운동에 따라 형성된 단열, 절리, 층리의 상태(경사) 같은 석회암의 구조적인 요인이 더 큰 영향을 준다. 성류굴이 자리한 근남층 석회암은 층리가 수평면에 대해 54° 경사져 있고, 주향이 북동-남서 방향인데, 성류굴의 주굴 방향도 동일하다(그림45, 46).

그림 45 북동-남서 방향의 절리를 따라 길게 늘어선 된 종유석

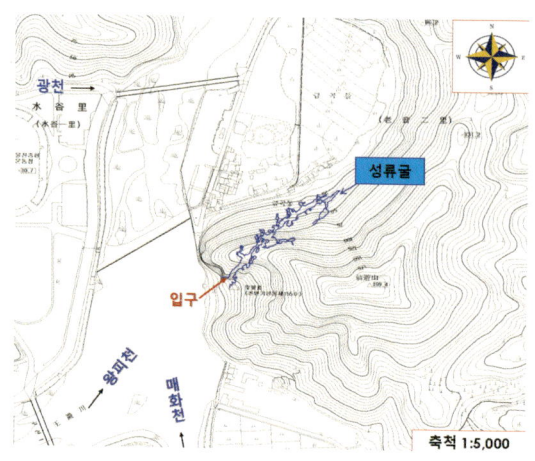

그림 46 북동-남서 방향으로 길게 발달한 성류굴

근남층 석회암 층리는 신생대 신진기 마이오세에 태백산맥을 형성한 경동성요곡운동[8] 때 지각의 압력을 받아 융기하는 과정에서 원래 수평이던 층이 기울어진 것으로 보인다. 또한 지각 운동으로 발생한 열에 의해 석회암을 구성하는 탄산칼슘이 녹아 흐르다 갈라진 틈에 굳어서 형성된 흰색의 칼싸이트(방해석=탄산칼슘 100%) 맥이 석회암 노두 표면에서 관찰된다.

  석회암의 수평 층리가 수직 방향으로 경사지면, 위에서 누르던 지층의 압력이 사라져 층리가 이완(弛緩, 느슨해짐)된다. 이렇게 이완된 층리 사이로 수분이 쉽게 침투하면서 물리·화학적 풍화가 활발하게 일어나 카르스트 지형 발달을 촉진한다. 급경사의 선유산 지하에 성류굴처럼 큰 규모의 석회동굴이 형성될 수 있었던 이유는 크게 세 가지로 볼 수 있다. 첫째, 수평 층리를 이루던 근남층 석회암이 경사져 층리가 이완되면서 수분 침투가 쉬워졌고, 그 결과 용식이 활발하게 진행됐다. 둘째, 경동성요곡운동으로 형성된 석회암의 단열과 절리가 지표수를 지하로 유도해 용식작용을 가속화했다. 셋째, 선유산 서쪽을 남북으로 관통하는 단층의 영향으로 석회암에 형성된 단열과 절리가 용식작용을 더욱 촉진해 성류굴 형성에 큰 영향을 끼쳤다.

  성류굴의 형성 과정에 지구조 운동이 깊이 관여했다는 증거는 동굴생성물에서도 쉽게 관찰할 수 있다. 가장 대표적인 예는 종유석, 석순, 석주 등에 남아 있는 지진(地震)의 흔적이다(그림47). 지진은 대부분 단층을 따라 발생한다. 성류굴 내부에 발달한 광장에는 천장이나 벽에서 무너져 내린 대형 석회암 바위들이 있다. 이런 증거로 들로 볼 때 성류굴 입구의 절벽을 형성한 남북 방향의 단층 역시 성류굴 형성에 직간접으로 많은 영향을 준 것으로 추정된다.

---

8 동해를 열은 지각의 힘이 태백산맥을 융기시켜 중부지방은 동쪽이 높고 서쪽이 낮은 지형을 형성.

그림 47 성류굴의 부러진 석주(지진 흔적)

(2) 신생대 제4기 기후변동의 지시자 성류굴

우리가 살고 있는 신생대 제4기는 258만 년 전부터 현재까지의 지질시대로, 기후변동이 매우 심했던 시기다. 우리가 살아가는 현시대를 인류세라고도 하는데, 인류의 산업활동으로 인한 지구온난화가 제4기 기후변동성을 더욱 증폭시키고 있다는 점에서 주목받고 있다. 최후빙하기는 BP[9] 24,000년 전부터 18,000년 전 사이가 극성기로, 당시 북반구 육지 면적의 1/3이 수천 미터 두께의 빙상(氷床, Ice Sheet)으로 뒤덮였고, 지구의 평균기온은 현재보다 6℃ 낮았다. 한반도는 현재 몽골초원 같은 한랭건조한 초원기후였으며, 겨울에는 영하 30~40℃까지 떨어지는 혹한이 지속되었다. 증발한 바닷물의 상당량은 육지에 두껍게 쌓인 빙하가 되었고, 이로 인해 해수면이 현재보다 125m나 낮아졌다. 해수면이 낮

---

9 'Before Present'(현재로부터)의 약자

아지면 하천은 침식기준면인 해수면을 향해 더 깊은 골짜기를 파고 내려가며, 지하수면도 함께 낮아지게 된다. 빙하기 성류굴은 스며든 지하수가, 낮아진 해수면의 영향으로 인해 아래로 확장되었고, 종유석, 석순, 석주, 동굴 방패, 유석 등 다양한 동굴생성물도 함께 형성되었다. 약 12,000년 전부터 빙하가 후퇴하고 해수면이 상승하자, 빙하기의 낮은 지하수면에서 형성된 성류굴의 일부 구간은 지하수의 상승으로 인해 물에 잠긴 수중동굴로 바뀌었다(그림48).

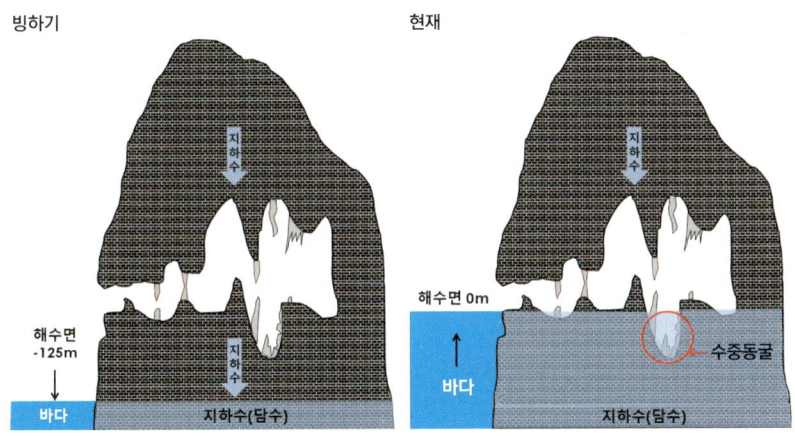

그림 48 빙기와 간빙기 해수면 변화와 성류굴의 지하수위 변화

성류굴의 수중동굴은 신생대 제4기 기후변동이 있었다는 지형학적 증거이다. 해수면 변동의 또 다른 사례로는 열대 산호초에 수직으로 발달한 석회동굴인 블루홀(Blue Hole) 역시, 해수면이 낮았던 최후 빙기에 용식작용으로 형성된 수직 동굴이 해수면 상승으로 물에 잠기면서 형성된 카르스트 지형이다(그림49). 블루홀은 산소통 없이 잠수하는 프리다이빙 장소로, 세계 각국의 프리다이버들이 기록에 도전하는 장소로 유명하다.

그림 49 산호초와 블루홀(Blue Hole)

동굴 내부에 발달한 종유석, 석순, 석주 등의 생성물은 신생대 제4기 기후변화를 기록한 일종의 타임캡슐로, 고기후(古氣候) 연구자들에게 매우 중요한 미지형이다. 동굴생성물의 단면은 대부분 나무의 나이테와 유사한 구조를 보이며, 이는 석회석이 탄산에 녹아 형성된 중탄산 용액의 공급량에 따라 성장 속도가 달라지기 때문이다. 지구의 평균기온이 현재

그림 50 기후변화의 지시자 석순의 단면

보다 6℃ 낮았던 최후빙하기 한반도는 현재의 몽골 초원지대와 비슷한 환경이라 화학적 풍화가 제한되고 강수량도 적어, 동굴에 공급되는 석회수의 양이 줄었다. 그 결과 나이테 구조의 폭이 좁게 형성된다. 반대로 현재와 같은 기후에서는 높은 기온과 많은 강수량으로 화학적 풍화가 활발하고 석회수의 공급량도 증가해, 나이테 구조의 폭이 넓게 형성된다(그림50).

이처럼 신생대 제4기의 기후변화 모습이 동굴생성물에 지문처럼 남아 있기 때문에, 석순은 수천 년 또는 수만 년 전 기후를 연구하는 고기후 연구자들에게 과학적 증거 지형으로 여겨진다.

(3) 왕피천의 계절별 수위 변동과 성류굴의 형성

우리나라 하천은 연 강수량의 절반 이상이 여름철에 집중되는 기후 특성으로 인해 계절적인 수위 변동이 큰 편이다. 하천 수면은 해당 하천이 흐르는 지역의 지하수면(Water Table)과 일치하며, 하천 수위 변동은 곧 지하수위의 변동을 의미한다. 지하수에 의해 형성되는 석회동굴도 그

그림 51 성류굴 바닥의 진흙 퇴적물과 수위 변화 흔적

영향을 직접적으로 받는다.

성류굴은 바로 옆을 흐르는 왕피천의 수면 변동에 민감하게 반응하며, 굴 내부에는 계절적인 수위 변동 흔적이 뚜렷하게 확인된다. 첫째, 동굴 생성물이 바닥과 만나는 지점에는 최고 수위 당시 동굴이 물에 잠겼음을 보여주는 자국이 욕조의 고인 물 흔적처럼 형성되어 있다. 일부 바닥에는 왕피천 수위가 상승했을 때 물과 함께 유입된 진흙이 퇴적된 흔적도 확인된다(그림51).

왕피천의 물이 성류굴의 수위에 변화를 줄 뿐 아니라, 성류굴 내부로 직접 흘러들고 있다는 증거를 우연히 확인했다. 아래 사진은 동굴 바닥의 호수에 발달한 석순을 촬영하던 중, 물고기가 함께 포착된 것이다. 이 호수의 깊이는 약 5m 정도이며, 빙하기 때는 물이 존재하지 않았다. 석순은 이 시기에 물 없이 노출된 상태로 성장했으며, 이후 해수면과 지하수면이 상승하면서 현재처럼 수중에 잠기게 된 것이다. 왕피천의 물을 따라 유입된 물고기에게, 사계절 내내 14~16℃를 유지하는 성류굴 내부는 겨울철 안전하고 따뜻한 피난처가 되었을 것이다(그림52).

그림 52 석순과 물고기(2025.1.2.)

하천과 직접 연결되지 않은 동굴에 유연히 유입된 어류, 갑각류는 수만 년 동안 빛이 없는 어두운 동굴 내부에 갇혀 지내면서 눈은 퇴화하고 감각이 예민해지는 방향으로 진화해왔다. 눈 없는 새우와 물고기가 이런 진화의 대표적인 사례로, 중국 운남성의 구향동굴에서 이와 같은 생물이 발견된다(그림53). 그러나 왕피천은 하천의 물이 동굴 안팎을 드나들 수 있는 구조라 물고기들도 하천과 동굴을 자유롭게 출입할 수 있다. 이로 인해 이 지역의 물고기는 환경 변화에도 별다른 진화 없이 원래의 모습을 그대로 유지하고 있다.

그림 53 눈 없는 물고기(중국 운남성 구향동굴)

둘째, 동굴 바닥의 호수에 형성된 석순의 관찰 결과를 들 수 있다. 한겨울인 1월에는 석순의 끝부분이 물 밖으로 드러나 있었으나, 4월 중순 봄비가 내린 뒤 2~3일 후 다시 답사했을 때는 석순 전체가 물에 잠겨 있었다. 강수로 인한 왕피천 수위 상승이 성류굴 내부 수위에도 곧바로 영향을 미친다는 사실을 확인할 수 있었다(그림54).

그림 54 왕피천의 수위 변화와 성류굴 석순

2) 성류굴 내부의 다양한 동굴생성물(Speleothem)

성류굴 내부에서는 석회석이 탄산에 녹아 형성된 중탄산칼슘 용액(석회수)이 지표처럼 이산화탄소 농도가 낮은 동굴 내부에 유입되면 이산화탄소가 빠르게 이탈한다. 그 결과, 용액 속에 녹아있던 석회석이 재침전되면서 다양한 동굴생성물이 형성되어 아름다운 지하 카르스트 경관을 이룬다. 이 현상을 쉽게 설명하면, 기압이 높은 콜라병 마개를 열었을 때 이산화탄소가 빠져나오며 콜라가 끓어오르는 현상과 유사하다. 마찬가지로, 동굴 내부로 흘러든 중탄산칼슘 용액에서 이산화탄소가 탈출하면서 녹았던 석회석이 재침전되는 것이다. 성류굴 내부의 동굴생성물은 종류가 다양하고 형태도 아름다워 지질·지형학적으로도 연구 가치가 큰 자료이다. 이들 동굴생성물은 형성 방식에 따라 여러 유형으로 분류된다.

(1) 동굴 천장으로부터 떨어지는 물에 의해 형성되는 동굴생성물(Dripstone)

종유관(鍾乳管; Soda straw), 종유석(鍾乳石; Stalactite), 석순(石筍; Stalagmite), 석주(石柱;Column), 동굴 진주(Cave pearl), 베이컨 시트(Bacon Sheet or Drip Curtain)는 모두 지표에서 스며든 석회수가 천장에서 동굴 바닥으로 방울져 떨어지는 점적수(点滴水)[10]에 의해 형성된다. 이 같은 생성물을 점적석(Dripstone) 이라고도 한다.

[**종유관**(鍾乳管; Soda Straw)] 점적수에 의해 형성된 종유관은 음료수의 빨대처럼 가늘고 투명하다. 이때 석회수에 침전된 석회석은 순도가 높은 탄산칼슘이라 흰색을 띠며, 두께가 얇은 종유관은 투명하게 보인다(그림55).

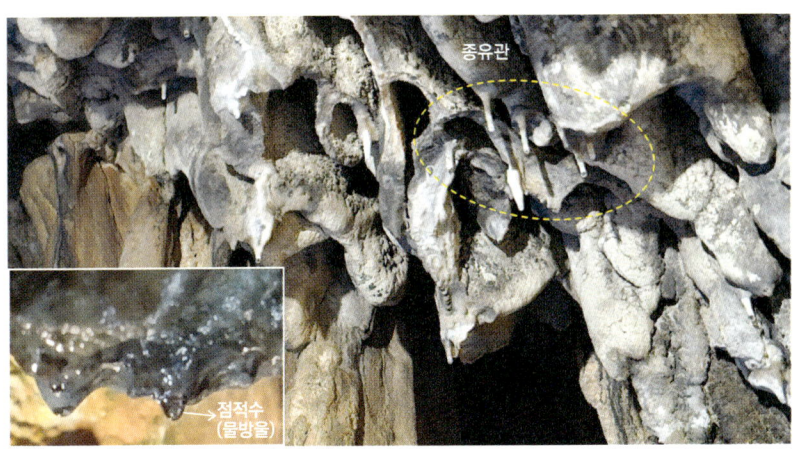

그림 55 점적수와 종유관

[**종유석**(鍾乳石; Stalactite)] 종유관을 통해 오랜 세월 점적수가 공급되면, 수 미터 길이의 종유석과 석순, 석주 등이 형성된다. 우리나라의 경우 점

---

10 점적수란 한 방울씩 떨어지는 물방울이란 의미다.

적수에서 침전되는 석회석은 100년에 2mm 정도 성장하는 것으로 알려져 있다. 이 수치를 기준으로 국내 석회동굴의 동굴생성물 연대를 추정하면 대략 30만 년을 넘지 않는 것으로 보인다. 따라서 석회동굴의 생성 역사를 강조하기 위해, 동굴이 형성된 암석의 지질시대까지 거슬러 올라가 수억 년 전부터 동굴이 만들어졌다는 식의 안내문이나 설명서는 사실과 다르므로 지양해야 한다. 한편, 지각 운동으로 석회암층이 움직이며 지하수 공급로가 바뀌면 종유석과 석순, 석주 등은 성장을 멈추게 된다.

성류굴을 장식하는 수많은 동굴생성물 중 단연 으뜸은 종유석과 석순이다. 천장에서 떨어지는 점적수의 공급이 충분하면 종유석은 아래로 길어질 뿐 아니라 옆으로도 굵어져 큰 종유석으로 성장한다. 더 많은 석회수가 공급될 경우, 동굴 천장에 종유석의 숲이 형성된다(그림56).

그림 56 천장을 가득 메운 종유석 숲

[**석순**(石筍, Stalagmite)]   석회수에서 침전된 석회석(방해석, Calcite)은 고순도의 탄산칼슘이라 하얀 백색이다. 반면, 석회석이 탄산에 녹는 과정에서 불용성 물질인 철, 알루미늄 등이 남아 지표에 산화되어 붉은색 토

양인 테라로사를 형성한다. 이 붉은 테라로사가 석회수에 섞여 동굴에 유입되면, 종유석이나 석순, 석주 표면을 코팅하여 동굴생성물 전체가 붉은색을 띠게 된다. 아래 사진의 석순 표면색이 유난히 붉은 것은 위에서 설명한 과정을 통해 산화철, 산화알루미늄 성분이 표면을 코팅한 결과이다(그림57).

그림 57 붉은색의 종유석과 녹색과 짙은 회색의 석순

또한 사진 속 석순이 흰색이 아닌 녹색과 짙은 회색을 띠는 것은 인위적인 요인에 의해 오염됐음을 의미한다. 석회수에서 퇴적된 동굴생성물은 탄산칼슘의 순도가 100%에 가까워, 사람의 호흡에서 나오는 이산화탄소 만으로도 쉽게 오염되고 변형된다(그림58). 선사시대부터 사람이 드나들었던 성류굴은 오염의 정도가 다른 석회동굴에 비해 심한 편이다. 특히 전기가 없던 과거에는 횃불을 들고 동굴을 탐사했으리라 짐작되며, 이 과정에서 발생한 연기와 그을음, 이산화탄소 등이 동굴생성물에 치명적인 훼손을 초래했다.

그림 58 오염된 동굴생성물

현재 성류굴에 설치된 조명으로 인해 습하고 빛이 있는 곳에서 잘 자라는 이끼류가 동굴 내부에서 생존할 수 있게 되었다. 이끼류가 정착한 동굴생성물의 표면은 녹색을 띠며, 사진 맨 오른쪽에 보이는 동굴생성물의 녹색 역시 이끼류의 흔적이다. 성류굴 내부의 석순 중에서 '성모마리아상'이라는 이름표가 붙은 석순은, 종유석 아래서 성장하는 일반적인 석순과 달리 길이와 부피가 매우 크다. 그 이유는, 천장에서 흘러내린 석회수

그림 59 거대 석순(성모마리아상)

가 바닥에 무너져 있던 바위 위에 침전되며 형성됐기 때문이다. 다시 말해, 이 석순의 속은 무너져 내린 큰 바위로 이루어져 있고, 겉면은 천장에서 흘러든 석회수가 표면을 코팅해 형성된 것이다(그림59).

[**석주**(石柱, Column)] 종유석을 만드는 점적수는 동굴 천장에서 바닥으로 떨어지며 종유석과 석순을 만든다. 견우와 직녀의 만남으로도 표현할 수 있는 석주의 형성 과정은, 동굴 천장에서 아래로 성장하는 종유석과 동굴 바닥에서 천장을 향해 성장하는 석순의 결합으로 탄생한다. 성류굴 내부에는 그리스·로마 시대의 신전(神殿) 기둥처럼 굵고 표면이 화려한 석주가 많다. 하나의 종유석과 석순이 결합한 경우에는 이처럼 굵고 화려한 표면을 가진 석주가 형성되기 어렵다. 천장에서 여러 개의 종유석이 가까운 거리에서 성장하고, 이와 대칭되게 동굴 바닥에서도 여러 개의 석순이 성장해 결합하면 굵고 화려한 표면을 가진 석주가 형성된다(그림60). 이 그림 속 중앙의 굵고 화려한 석주는 인접한 종유석과 석순들이 결합해 형성된 예시로, '로마의 궁전'이라는 이름표가 붙어 있다.

그림 60 표면이 화려하고 굵은 석주의 형성 과정

동굴 천장이나 벽에서 무너져 내린 바위 더미에, 석회석이 침전되면서 만들어지기도 한다. 즉, 내부는 용식작용과 무관한 바위이고, 표면은 천장에서 떨어진 석회수 속 석회석이 쌓이며 사진과 같은 거대한 석주가 되었다. 동굴 천장이나 벽에서 무너져 내린 바위 더미에 석회석이 침전되면서 석주나 석순이 만들어진다. '사랑의 종' 역시 마찬가지로, 내부는 무너진 바위로 이루어졌고 표면은 석회석이 침전돼 만들어진 것이다(그림61).

그림 61 거대 석주(사랑의 종)

그림 62
베이컨 시트(커튼) 종유석

[**베이컨 시트(Bacon Sheet or Curtain)**] 성류굴 종유석 중에는 천장에 커튼을 펼친 형태도 있다. 이를 커튼 종유석이라고 하며, 지방과 육질이 층을 이루는 베이컨 시트처럼 줄무늬도 발달해 '베이컨 시트'라도 부른다. 이는 석회수가 경사진 동굴 천장을 따라 흐르다 바닥으로 낙하하는 지점에 형성된다(그림62).

(2) 벽면이나 경사면에 흐르는 석회수에 의해 형성된 동굴생성물

동굴 벽면이나 경사면을 따라 흐르는 석회수 속 석회석이 침전하며 형성되는 대표적인 동굴생성물은 유석(流石, Flow Stone)이다. 사진 속 유석은, 동굴 벽의 동굴생성물 사이를 흘러내린 석회수에 의해 만들어졌으며, 오염 없이 흰색을 유지하고 있다. 그러나 관람을 위한 조명등 빛으로 인해 이끼류가 표면에 정착하며 점차 녹색으로 오염되고 있다(그림63).

그림 63 흰색의 유석(Flow Stone)

(3) 동굴 벽이나 바닥에서 스며 나오는 물에 의해 형성된 동굴생성물

성류굴에서 볼 수 있는 동굴생성물은 동굴산호(Cave Coral or Cave Popcorn)와 동굴방패(防牌, Cave Shield)가 있다. 이들 생성물은 명확한 형성 과정이 아직 규명되지 않았으며, 여러 가설이 존재하므로 이 책에서 함께 소개한다.

[**동굴산호**(Cave Coral or Cave Popcorn)] 동굴산호는 첫째, 석회석 벽의 틈에서 모세관 현상으로 스며 나오거나, 둘째, 천장에서 떨어진 석회수가 벽 위로 튀는 과정에서 이산화탄소를 잃고 석회석이 침전되어 형성되며, 셋째, 동굴 벽, 바닥 등을 흐르던 석회수가 증발하며 형성되는데, 이 경우 식용 팝콘이나 분필처럼 순백색을 띤다. 성류굴의 동굴산호는 첫째와 둘째 가설에 따라 형성된 것으로 보이며, 현재 오염이 심한 상태다(그림64).

그림 64 동굴 산호

[**동굴방패**(Cave Shield)] 성류굴은 다른 석회동굴에서는 보기 드문 동굴방패가 내부 곳곳에서 관찰되며, 그 형태도 다양하다. '동굴 북'이라고도 불리는 동굴방패는 동굴 천장, 벽, 바닥을 따라 흐르거나, 갈라진 틈(절리, 단열)으로 스며 나온 석회수가 침전하며 형성된다. 단면은 원형이나 타원형으로, 마치 칼로 자른 듯한 형태를 보인다. 성류굴의 동굴방패는 형태에

따라 분류할 수 있다. 첫째, 맨 윗면은 타원형의 단면을 이루고, 그 아래는 종유석처럼 길게 발달한 형태로, 주로 동굴 벽에서 발견된다(그림 65).

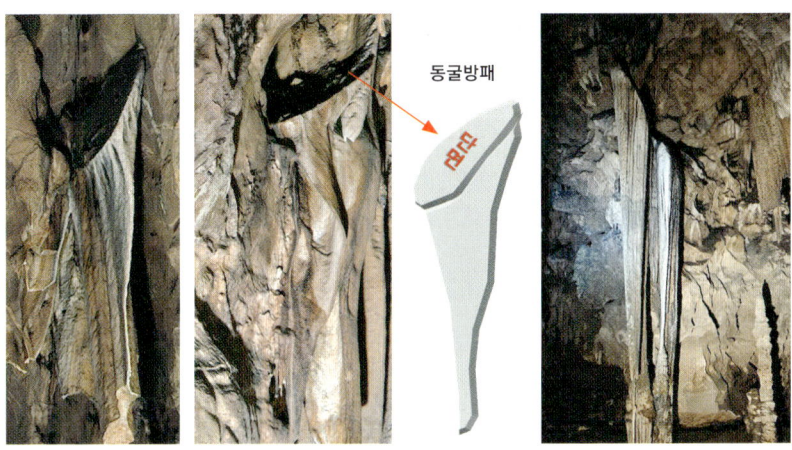

그림 65 종유석 형 동굴방패

둘째, 동굴방패 가장자리를 따라 흐르는 석회수가 침전되면서 형성된 종유석이 장식처럼 테두리를 감싼 유형이다. 청사초롱이라는 명패가 달

그림 66 종유석으로 장식된 동굴방패

린 동굴생성물이 이 유형의 대표적인 동굴방패다. 청사초롱 명패가 달린 동굴방패는 3단의 단면 테두리에 종유석이 장식처럼 붙어 있다. '청사초롱'이라는 명패가 붙은 동굴생성물이 이 유형의 대표적인 예이다(그림66).

셋째, 천장에 샹들리에(Syangdeullie)처럼 천장에 매달린 동굴방패로 아래에 종유석이 발달한 유형이다. 성류굴 천장에는 샹들리에형 동굴방패[11]가 여러 개 존재할 것으로 보이나, 불빛으로 확실하게 관찰되는 것은 하나뿐이다. 천장에 드리워진 샹들리에형 동굴방패의 단면 그림자는 천장과 동굴방패의 단면이 서로 분리돼 있음을 보여준다. 이처럼 동굴방패가 발달한 동굴 천장에는 석회수가 스며 나오는 통로인 균열(절리, 층리)이 다수 발달했다(그림67).

그림 67 샹들리에형 동굴방패

[동굴 방패의 형성 과정] 정수압(Hydrostatic Pressure)[12] 상태의 석회수가 동굴 천장이나 벽, 바닥 등의 갈라진 틈(단열, 절리, 층리)을 따라 적은

---

11 필자가 설명의 편의를 위해 형태를 보고 새로 부여한 이름이다.
12 중력에 의해 유체가 가지고 있는 압력이다.

양이 꾸준히 흘러나올 때 동굴방패가 형성된다. 이때 형성 가능한 틈의 규모는 모세관 현상이 발생할 수 있을 정도로 매우 작다. 정수압 상태의 석회수가 균열을 통해 천천히 이동하면서, 석회석이 재침전되어 균열의 바깥 방향으로 돌출되며 방패 모양으로 성장한다. 이는 마치 치약 통을 누르면 치약이 밀려 나오듯, 석회수가 동굴 천장이나 벽의 균열 틈을 통해 서서히 흘러나와 침전되는 방식이다. 균열을 흐르는 석회수의 흐름, 압력, 석회질의 함량 등에 따라 방패의 크기와 형태가 달라진다. 이 형성 과정은 하나의 가설로서 현재도 다양한 각도에서 동굴방패의 형성 원인에 대한 연구가 진행 중이다.

동굴방패의 자른 면은 다른 동굴생성물과 마찬가지로 나이테 형태를 띤다. 세 번째 그림처럼, 석회수가 흐르던 관이 막히거나 석회수의 양이 증가해 방패의 원형 테두리로 흘러내릴 경우, 그 부위에 종유석이 형성된다. 또한 네 번째 그림처럼, 동굴방패의 내부가 비어 있고 석회수가 빠져나가는 구멍이 막히지 않으면 방패 아래로 종유석이 길게 발달한다(그림68). 석회수의 유출 통로가 있는 동굴방패는 속이 비어 있어 손으로 두드리면 소리가 나고 모양도 북과 비슷해 '동굴 북(鼓)'이라고도 부른다.

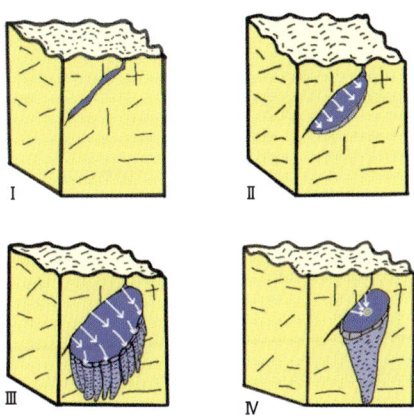

그림 68 동굴방패의 형성 과정

(4) 특이한 형태의 동굴생성물

[벨 홀(Bell Hole)] 성류굴의 천장에는 다양한 크기의 깊은 구멍이 발달했는데, 이를 벨 홀 또는 동굴 벨이라고 부른다. 벨 홀은 석회암층에 들어 있는 순도가 높은 칼싸이트 포켓(Calcite Pocket)[13]이 주변보다 빠르게 용식이 진행돼 형성된 구멍이다. 탄산칼슘의 순도가 높을수록 불순물이 많이 들어 있는 석회암보다 용식에 약하다. 벨 홀은 탄산칼슘의 순도 차이에 따른 차별 용식의 결과물이다(그림 69, 70).

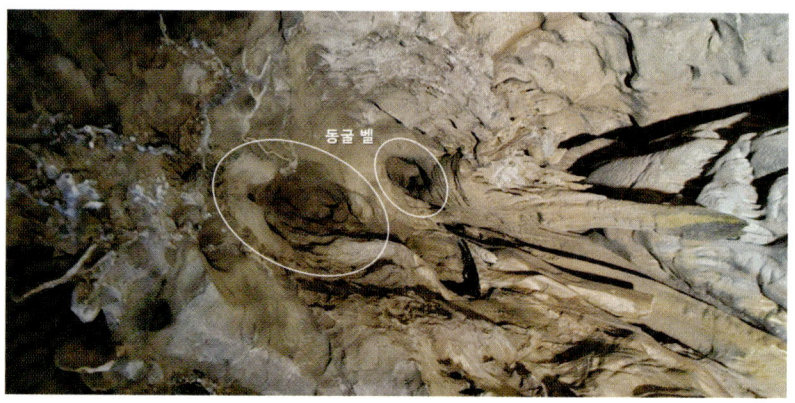

그림 69 벨 홀(Bell Hole)

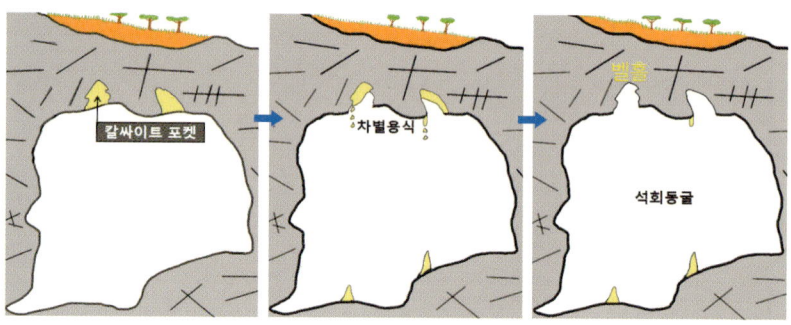

그림 70 벨 홀의 형성 과정

---

13 방해석(Calcite=탄산칼슘이 100%) 모여있는 부분을 의미한다.

[**용바위**] 성류굴 천장에는 북동-남서 방향을 따라 길게 뻗은 석회암이 발달해 있는데, 이 형상이 용을 닮아 '용바위'라 불린다. 천장을 따라 흘러내린 석회수가 석회암 표면에 침전돼 용의 머리 형상을 이루고 있다(그림71).

그림 71 용바위

[**하마 바위**] 석회수의 공급이 끊기고 동굴생성물이 부식되면서 하마가 입을 벌린 듯한 형태를 이루어 '하마 바위'라는 이름이 붙었다. 바위 표면에는 부식된 동굴생성물에서 보이는 나이테 구조가 발달했다. 탄산수에 녹았다 침전된 석회석은 순도 100%에 가까운 탄산칼슘 덩어리라 강도도 약하고, 사람의 호흡 때 배출되는 이산화탄소에도 민감하게 반응한다. 시간이 지나면 동굴생성물이 손상될수 있기 때문에, 동굴 관람 인원을 제한하는 등 보호 조치가 필요하다. 하마 바위는 석회수의 공급 여부에 따라 동굴생성물이 어떻게 부식되고 사라지는지를 보여주는 살아있는 노두다(그림72).

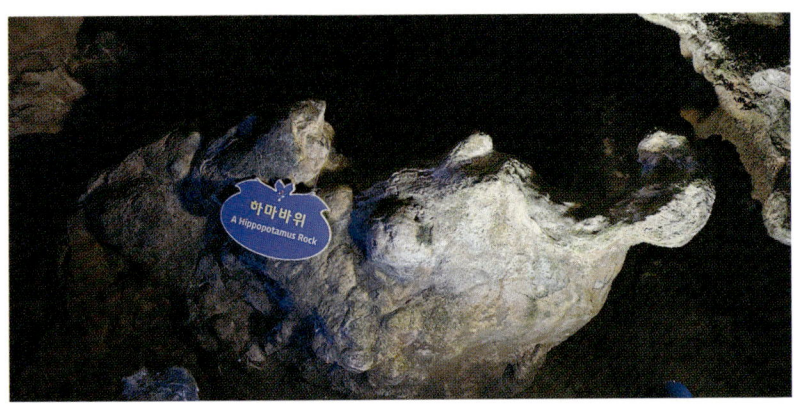

그림 72 하마 바위

[**법당(法堂)**] 성류굴에는 주 굴에 딸린 가지 굴이 발달했는데, 법당이라 부르는 지형은 가지 굴이 법당 공간을 이루고, 입구에 자리 잡은 석순이 부처 형태를 보인다. 법당과 주변 동굴생성물은 오염이 심한 상태고, 석회수 공급이 원활하지 않아 불상 형태의 석순도 성장이 거의 멈춘 상태다(그림73). 표면은 조명으로 인해 이끼가 성장하면서 녹색을 띠고 있다.

그림 73 가지 굴에 자리한 법당

4. 평해 남대천의 광품폭포와 사구습지

태백산맥에서 발원한 남대천은 평해읍 남쪽을 흐르다 동해로 유입되며, 유역면적은 472.6㎢, 유로연장은 67.4km에 이른다. 이는 울진군 전체 면적의 약 40%에 해당하며, 울진군에서 가장 긴 하천이다. 주요지류로는 내선미천, 온정천, 금천이 있다(그림74). 남대천 하구에는 넓은 충적평야와 모래해안이 발달했고, 월송정이 자리한다. 월송정 해안의 사구 뒤에는 남대천이 막혀 형성된 사구습지가 있다.

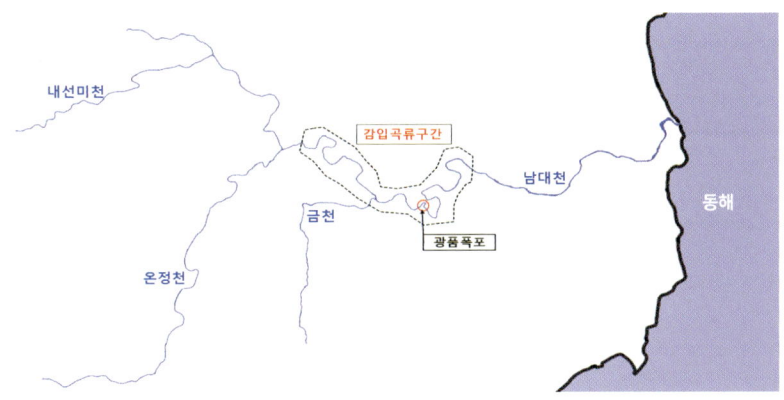

그림 74 평해 남대천의 하계망

태백산맥의 동사면에서 발원해 동해로 흐르는 남대천은 전술한 왕피천처럼 산지 사이 깊은 골짜기를 구불구불 흐르는 감입곡류천이다. 광품리에 자리한 광품폭포는 이 감입곡류 구간에서 곡류 절단이 진행 중인 지점에 형성된 폭포로, 현재 남대천의 물은 원래 유로와 폭포가 있는 새로운 유로를 따라 동시에 흐른다(그림75).

그림 75 감입곡류 하는 남대천(사진 김석용)

1) 남대천의 유로 변동으로 탄생한 광품폭포

수천 년 전까지 남대천의 감입곡류 구간에는 침식 작용으로 아주 가는 곡류 목이 발달해 있었던 것으로 추정된다. 이후 계속되는 침식으로

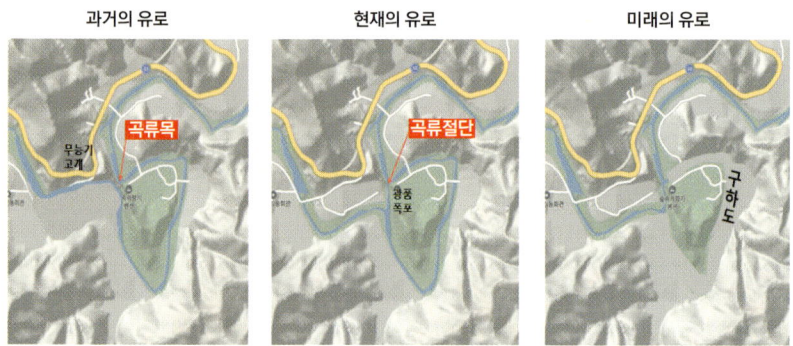

그림 76 남대천의 유로 변동과 광품폭포

곡류 목이 절단되면서, 상·하류의 고도차로 인해 광품폭포가 만들어져 오늘에 이르고 있다. 광품폭포 일대는 감입곡류가 심했던 하천에서 곡류 목이 단절되는 과정이 현재도 진행 중인 곳으로, 하천 지형 측면에서 매우 특이하고 중요한 사례다. 남대천의 곡류 단절이 완결되고, 두부침식과 하방침식이 더 진행되면 원래 유로는 구하도로 남게 되고 광품폭포는 현재보다 상류 쪽으로 후퇴해 위치하게 된다. 현재 남대천의 물은 원래 유로와 새 유로인 광품폭포 방향으로 향하는 두 갈래로 나뉘어 흐르고 있다(그림76).

광품폭포 일대에는 중생대 경상계 낙동층군 울련산 역암층의 적색사암이 분포한다. 곡류 단절 목에 분포하는 적색사암 층에는 북동-남서 방향의 주향을 가진 수직 단열(Fracture)이 발달했다. 남대천의 곡류 목이 다른 구간보다 빠르게 침식된 것은, 단순한 하천 침식 때문만이 아니다. 단열로 약해진 지점이 다른 부분보다 먼저 풍화와 침식을 받아 곡류 단절이 진행된 결과로 보인다. 즉, 지각 운동으로 갈라진 북동-남서 방향의 단열이 곡류 목의 빠른 침식을 유도해 광품폭포가 형성된 것이다(그림77).

그림 77 광품폭포와 단열

2) 광품폭포는 사람의 작품일까?

2017년까지 광품폭포 위 협곡에는 철제 다리가 설치되어 사람이 건널 수 있었고, 폭포에는 보를 막고 배수로를 만들어 농업용수로 사용했던 흔적이 있다. 이 때문에 일부 포털사이트에는 남대천 곡류 구간을 수자원 이용을 위해 인위적으로 절단해 만든 폭포라고 쓴 글도 있다. 현장에는 보와 다리를 설치했던 시멘트 구조물의 흔적이 남아 있고, 폭포 뒤 절벽에 남대천의 물을 수로로 흘려보내기 위해 인위적으로 뚫은 작은 굴도 있어 오해할 수 있다(그림78).

그림 78 광품폭포와 다리

그러나 1918년 제작된 일제강점기 지도에는 광품폭포가 표시돼 있으며, 자갈과 모래가 덮인 남대천의 곡류 구간은 건천(乾川=마른 하천)으로 표시돼 있다(그림79). 현대적 토목기술이 없었던 조선시대에 곡류 목을 끊어 폭포를 만들었다고 보기 어렵다. 대한민국의 산업화 과정에서 일부 하천의 곡류 구간을 인위적으로 절단해 농경지를 확보한 사례가 있으나, 광품폭포 일대는 이를 통해 넓은 농경지를 얻을 수 있는 지형이 아니다.

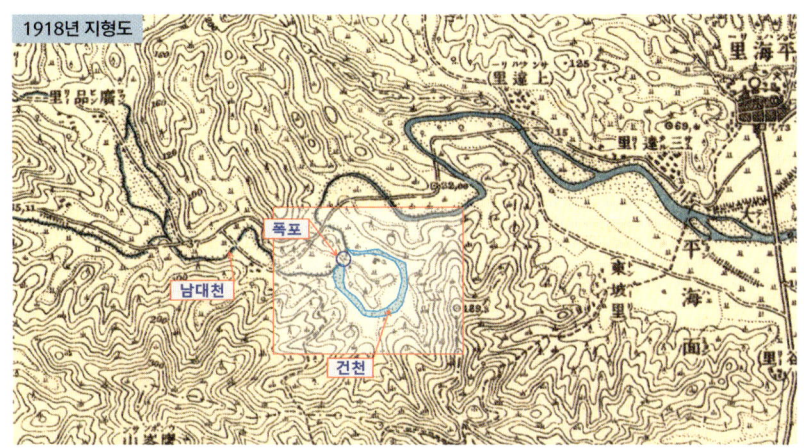

그림 79 일제강점기 남대천의 감입곡류와 광품폭포

 광품리 토박이인 정경수 옹은 1985년경 폭포에 보(洑)를 막아 논에 물을 대기 시작했고, 2018년경 철거된 것으로 기억한다고 말했다. 그의 아버지, 할아버지 세대에도 폭포가 있었으며, 사람이 곡류 구간을 잘랐다는 얘기는 전해 들은 바가 없다고 한다.
 광품폭포 아래에는 폭포수의 침식으로 형성된 폭호(暴壺, Plunge Pool)

그림 80 광품폭포와 폭호

가 발달했는데, 수심이 1m를 넘는다. 폭호의 크기와 수심은 폭포의 수량과 기반암의 상태에 따라 달라지지만, 현재의 규모로 보아 역사시대에 형성된 것으로 보기는 어렵다. 일제강점기 지형도, 주민 증언, 폭포의 지형적 특성을 종합하면 광품폭포는 자연적인 유로 변동으로 형성된 폭포임이 확실하다(그림90).

3) 곡류 단절 목에 폭포가 형성되는 이유

곡류 목을 사이에 둔 상류와 하류의 하상은 해발고도가 달라, 곡류 목이 절단되면, 그 사이에 폭포가 걸리게 된다. 광품폭포 역시 이 원리로 남대천의 곡류 목이 절단된 자리에 형성되었다. 광품폭포는 곡류 절단이 시작된 지질학적 시간이 광천이나 왕피천보다 상대적으로 매우 짧아, 절단 지점에 그대로 남아 있다(그림81).

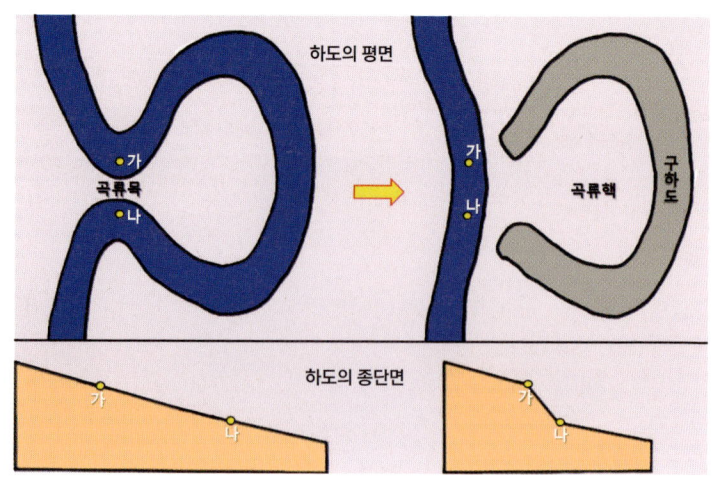

그림 81 곡류절단과 하도 종단면의 변화

곡류절단 후 시간이 지나면 폭포는 꾸준한 두부침식[14]과 하방침식을 거쳐 원래 위치에서 상류로 후퇴하게 된다. 울진 왕피천 불영사 구하도의 곡류 단절 목에 있던 불영 폭포는 현재 상류로 이동했으며, 영덕 오십천의 용추 폭포도 마찬가지다.

4) 남대천 하구의 사구습지

남대천이 동해와 만나는 하구에는 사빈(沙浜, Beach), 사구(Sand Dune), 사구습지, 충적평야가 분포한다. 최후빙기 해수면 하강기 때 형성된 남대천 하구의 깊은 골짜기는, 후빙기 해수면 상승으로 침수돼 만(Bay)이 되었다. 이후 남대천이 운반한 토사가 만에 퇴적되며 사빈, 사구, 충적평야가 발달해 현재와 같은 경관이 만들어졌다(그림82).

그림 82 남대천 하구의 지형 형성

---

14 두부침식(頭腐浸蝕, Headward Erosion)이란, 하천이 상류로 침식하여 길이를 증가해 가는 현상

동해안은 파랑이 강해 하천이 운반한 모래는 먼바다로 흘러가지 못하고, 연안류에 의해 대부분 하천 하구와 해안에 퇴적되어 사주(沙洲)나 사빈을 형성한다. 동해안을 흐르는 하천의 하구는 규모와 관계없이 대부분 사주로 막혀 있다가, 많은 비로 유량이 증가하면 사주를 뚫고 바다로 유출된다. 이후 유량이 줄면 하천이 운반한 모래가 연안류에 의해 하구를 다시 막는 과정이 반복된다.

남대천 하구도 이러한 과정이 나타난다. 망양정 앞 모래해안에서 이어진 긴 사주가 하구를 가로막아 호수처럼 물이 고인다. 이곳에서는 사주로 스며든 바닷물과 남대천의 담수가 섞이게 되는데, 해당 구간을 기수역(汽水域, Brackish Water Zone)이라고 한다(그림83). 하천

그림 83 남대천 하구의 기수역

규모가 크고 조차가 큰 해안에서는 기수역이 수 km에서 수십 km까지 이어지지만, 동해안은 조차가 작고 하천 규모도 작아 그 범위가 우리나라 4대강 하구에 비해 매우 좁다.

기수역은 바닷물과 민물이 섞이는 공간으로, 생물종의 다양성이 풍부

하다. 금강과 낙동강 하구에 대규모 철새도래지가 나타나는 이유도, 기수역이 철새에게 다양하고 풍부한 먹잇감을 제공하기 때문이다. 남대천 하구 기수역에도 겨울 철새들이 찾아와 먹이활동을 한다.

사빈의 모래가 바람에 날려 배후에 쌓이면 사구가 형성된다. 모래 입자로 이루어진 사구는 부피의 40% 이상이 공극(孔隙)으로, 많은 빗물을 저장해 지하수층을 이룬다. 이 지하수층은 바닷물이 육지로 침투하는 것을 막아 육상생태계 유지에 주요한 역할을 한다. 사구 배후의 낮은 지대에서는 사구에 고인 지하수가 솟아 습지를 이루기도 하는데, 이를 사구습지라고 한다. 사빈이 잘 발달한 동해안에는 사구와 사구습지가 함께 발달했으나, 해수욕장 조성과 개발로 많은 습지가 훼손되거나 사라졌다. 남대천 하구에 형성된 사구습지는 규모가 크고, 보존 상태가 양호해 생태학습 체험지로 활용되고 있다. 사진은 남대천 하구에 발달한 해안사구와 그 배후의 사구습지를 잘 보여준다(그림84).

그림 84 남대천 하구의 사구습지

남대천 하구 모래해안에는 조선시대 강원도 동해안의 정자 중 풍광이 뛰어나기로 이름난 관동 8경[15]가운데 하나인 월송정(越松亭)이 있다. 월송정은 남대천 하구 사빈 배후의 해안사구 위, 울창한 소나무 숲속에 세워진 정자다(그림85).

그림 85 해안사구 위에 자리한 월송정

---

15 관동 8경(관동은 대관령의 동쪽) : 통천의 총석정(叢石亭), 고성의 삼일포(三日浦), 간성의 청간정(清澗亭), 양양의 낙산사(洛山寺), 강릉의 경포대(鏡浦台), 삼척의 죽서루(竹西樓), 울진의 망양정(望洋亭), 평해의 월송정(越松亭)

5. 기성항 화강편마암(花岡片麻巖, Granite Gneiss)

 울진군 기성면 기성항 남쪽 만에는 사빈, 곶에는 침식으로 형성된 암석해안이 있다. 기성 해안은 척산천이 운반한 모래가 퇴적되어 형성된 사빈과 충적평야가 발달한다(그림86). 암석해안에는 해식애, 파식대, 시스택이 발달하며, 약 20억 년 전 고원생대에 형성된 변성암인 화강편마암이 분포한다.

그림 86 기성면 해안의 지형 구조

 기성항 화강편마암의 해식애, 파식대, 시스택 표면에는 다양한 방향의 단열과 단층이 발달했다. 기성항 남쪽 곶(串)의 해식애에 발달한 북북서-남남동, 북동-남서 방향의 단열은 기성 해안의 지형 윤곽에 직접적인 영향을 미친다. 화강편마암 해식애에서는 북북서-남남동 방향의 단열을 따라 폭 2m가 넘는 대규모 암맥이 관입해 있으며, 암록색의 고철질 화산 암맥은 밝은색을 띠는 화강편마암과 뚜렷이 구별된다(그림87).

그림 87 해식애에 발달한 단열(Fracture)

아래 사진은 해식애에서 떨어져 나와 해안에 놓인 바위 표면에서 찾아낸 단층 흔적이다. 단층과 가는 암맥이 형성된 뒤, 후에 생긴 단층으로 인해 기존 단층과 암맥이 어긋나있다. 이 노두를 통해 우리나라 동해안이 현재의 모습으로 발달하는 과정에서 단층, 암맥 관입 같은 화성활동 등 활발한 지각 운동이 있었음을 알 수 있다(그림88).

그림 88 화강편마암 노두 표면의 단층과 암맥

기성항 화강편마암은 고원생대에 형성된 화강암이 오랜 지질시대를 거치며 변성작용을 받아 형성되었다. 편마암의 줄무늬는 암석이 지각 운동으로 높은 온도와 강한 압력을 받을 때 형성되며, 밝은 광물 띠와 어두운 광물 띠가 교대로 발달한 형태를 '편마구조(Gneissic Texture)'라고 한다. 섭입대와 같은 지각판 충돌 지대의 암석은 충돌로 인한 강한 압력을 받아 열이 발생하며, 그 결과 조암광물과 구조가 원래 암석과 전혀 다른 편마암으로 변한다. 편마암을 판별하는 핵심 기준인 편마구조는 이러한 변성 과정에서 형성되며, 강한 압력과 높은 열로 인해 조암광물이 녹았다가 결정으로 굳는 재결정 작용도 함께 일어난다.

화강암과 같은 화성암이 편마암으로 변성되면, 조암광물인 석영, 장석 등 밝은색 광물은 재결정 작용으로 거정질의 밝은 띠를 이루고, 흑운모, 각섬석, 휘석, 석류석, 자철석 등은 어두운 띠를 형성한다.

마그마가 지하 깊은 곳에서 서서히 식어 형성된 화강암은 조암광물의 결정이 크고 단단하며 특정한 쪼개짐(劈開, Cleavage)이 없다. 그러나 기성항 화강편마암은 지각 운동에 따른 변성 과정에서 석영과 장석 등 조암광물이 일정한 방향성을 띠게 되었다. 밝은색 광물 결정이 안구상의 거정질(巨晶質)이 된 것도 화강암이 변성되는 과정에서 석영과 장석 등 무색 광물이 재결정 작용을 거쳤기 때문이다.

기성항 편마암의 흥미로운 점은 석영과 장석 결정이 변성되면서 크기가 커져 안구상 편마암(眼球狀片麻巖, Augen Gneiss)이 되었다는 점이다. 안구상 구조를 이루는 광물 결정의 장축은 일정한 방향성을 띠는데, 편마구조를 구성하는 광물 결정은 암석을 변성시킨 압력의 수직 방향으로 배열된다. 또한, 어두운 띠와 밝은 띠가 반복적으로 배열된 호상구조(Banded Structure)도 발달했다. 기성항 편마암은 안구상 구조와 호상 구조가 동시에 발달한 점에서 주목할 만하다(그림89).

그림 89 화강편마암의 안구상 구조와 호상 구조

　화강편마암이 풍화되면 조암광물 사이의 결합력이 약해지고 공극이 커져 수분이 침투하며, 물리·화학적 풍화가 활발해져 암석이 부서진다. 사진은 풍화되지 않은 화강편마암과, 철분 산화와 조암광물 조직의 이완으로 풍화가 진행 중인 모습을 동시에 보여준다. 특히 표면이 붉은색을

그림 90 평해 화강편마암의 풍화 모습

띠는 오른쪽 노두에는 지각 운동의 영향으로 생긴 균열이 있어, 주변보다 빠르게 풍화돼 깊은 홈이 형성됐다. 풍화로 조암광물의 조직이 이완되며 거정질의 밝은 띠 광물 결정체가 도드라져 보인다(그림90).

화강편마암의 호상구조를 이루는 유색광물과 밝은색 거정질 광물의 접촉면은, 퇴적암의 층리처럼 서로 다른 성질의 물질이 맞닿은 경계로, 수분이 쉽게 침투해 다른 부분보다 빠르게 풍화된다. 유색광물보다 풍화에 강한 거정질 결정은 부서지지 않은 채 화강편마암에서 떨어져 나오며, 이를 입상붕괴(粒狀崩壞, Granular Disintegration)라고 한다. 입상붕괴는 화강암과 같은 결정질 암석에서 흔히 나타나는 풍화 형태다.

곶에 자리한 기성항 화강편마암은 변성 과정에서 형성된 거정질 결정이 풍화로 떨어져 나와 파랑과 연안류에 의해 이동한다. 이동 과정에서 거정질 결정은 파랑의 침식으로 둥글게 변한다. 기성항 편마암이 자리한 곶의 북쪽 만에는 곶에서 이동 해온 그래뉼급의 자갈이(Granules, 2~4mm) 퇴적되어 자갈해안을 이룬다. 겉보기에는 모래처럼 보이지만, 자세히 살펴보면 직경이 2mm가 넘는 그래뉼급 잔자갈이다(그림91).

그림 91 기성항 남쪽의 자갈해안(Granules)

6. 금음리 섬록암(閃綠岩, Diorite)

경북 울진군 후포면 금음리 289-1번지 해안에는 마그마가 지하 깊은 곳에서 냉각되어 형성된 섬록암이 분포한다. 금음리 해안의 섬록암은 전반적으로 녹색을 띠며, 검은색 광물이 점점이 섞여 있어 밝은색을 띠는 화강암과 뚜렷이 구별된다.

섬록암은 결정이 큰 밝은색 광물과 유색광물로 구성된 암석으로, 소금과 후추가 섞인 모습을 떠올리면 그 구조를 이해하기 쉽다. 주요 구성 광물은 밝은색을 띠는 무색광물(소금)인 사장석과 유색광물(후추)인 각섬석, 흑운모, 휘석 등이다. 석영이 소량(5% 미만) 포함될 수 있으며, 석영 함량이 증가하면 석영 섬록암(Quartz Diorite)으로 분류된다. 섬록암은 화학 조성이 화강암과 현무암의 중간에 해당한다. 밝은색 광물의 주성분인 이산화규소(SiO_2) 함량은 52 ~ 66%로, 화강암보다 적고 현무암보다 많아 중성암으로 분류된다. 알칼리 원소인 나트륨(Na), 칼륨(K) 함량은 화강암보다 낮으며, 철(Fe), 마그네슘(Mg), 칼슘(Ca) 함량은 화강암보다 높

그림 92 금음리 해안

다(그림92).

 섬록암은 해양판이 대륙판 아래로, 또는 다른 해양판 아래로 섭입하는 섭입대 환경(Subduction Zones)에서 형성된다. 이는 맨틀 물질(감람암)이나 하부 지각의 현무암질 물질이 부분 용융 되면서 섬록암질 마그마가 생성되기 때문이다. 섬록암은 지하 깊은 곳에서 서서히 냉각된 심성암으로, 입자가 커서 육안으로 구별이 가능한 완정질(Phaneritic)이며 결정의 크기가 고른 등립질(Equigranular) 구조를 가진다. 요약하면, 섬록암은 사장석과 각섬석이 주를 이루는 중성의 완정질 심성암으로, 섭입대 환경에서 마그마가 서서히 냉각·결정화되어 형성된다. 아래 사진은 섬록암의 풍화로 구성 광물의 결정이 알갱이로 떨어져 나오는 입상붕괴의 모습이다(그림93).

그림 93 섬록암 구성 광물의 결정

[**금운모(金雲母)**] 섬록암을 구성하는 광물 가운데, 금음리의 섬록암에서는 흑운모 대신 보기 드문 금운모가 관찰된다. 금운모(Phlogopite)는 흑운모 고용체 계열에 속하는 마그네슘이 풍부한 조암광물로, 철(Fe) 함량이 낮은 것이 특징이다. 철 함량이 높아지면 흑운모(Biotite)로 분류된

다. 우수한 전기 절연성과 내열성, 낮은 유전 손실률 덕분에 전기 및 전자 부품의 절연재로 널리 사용된다. 특히 백운모와 달리 약 900~1000°C까지 전기적 특성을 유지하는 안정성 덕분에 고온 환경에 쓰이는 절연체로서 가치가 높다(그림94). 금음리 해안에서는 햇살에 반짝이는 금운모의 금빛 자태를 가까이에서 즐길 수 있다.

그림 94 섬록암의 구성 광물인 금운모(金雲母)

[**포유암**(包有岩, Enclave)] 금음리 섬록암에는 암회색의 크고 작은 자갈이 박혀 있는 듯한 구조가 나타난다. 이는 '포유암'이라 불리는 지질구조로, 성분과 화학 조성이 다른 마그마가 지하에서 혼입되었으나 서로 섞이지 않고 물 위의 기름처럼 떠다니다가 냉각되며 형성된 것이다(그림 95). 주로 섬록암이나 화강암처럼 마그마가 서서히 냉각되어 형성된 화성암에서 발견된다.

금음리 섬록암 표면에는 과거 지각 운동의 흔적이 선명하다. 암록색의 관입 암맥과 규장질(석영, 장석)의 밝은색 암맥이 그 대표이며, 밝은색 암맥에는 열수에 녹았던 광물이 관입한 뒤 냉각되며 형성된 거정질(巨晶質)

그림 95 포유암

의 페그마타이트(Pegmatite)도 관찰된다. 페그마타이트는 화성암 결정 크기가 가장 크며, 일반적으로 2.5cm(1인치) 이상이고 때로는 수십 cm에 이르는 거대한 결정을 포함한다. 이러한 특징 때문에 '거정질 화성암'이

그림 96 관입 암맥

93

6. 금음리 섬록암(閃綠岩, Diorite)

라고도 불린다. 페그마타이트는 마그마가 응결되는 최종 단계에서 형성된다. 마그마가 식는 과정에서 남은 열수(휘발성 물질, 희귀 원소 등이 농축됨)가 주변 암석의 틈이나 균열을 따라 관입해 만들어진다.

페그마타이트의 구성 광물은 화강암과 유사하게 석영, 장석(정장석, 미사장석, 알바이트 등), 운모(백운모, 흑운모) 등이 주를 이룬다. 또한 결정화 과정에서 농축된 희귀 원소들(리튬(Li), 세슘(Cs), 탄탈룸(Ta), 니오븀(Nb), 베릴륨(Be), 주석(Sn) 등과 보석 광물들(전기석, 녹주석, 황수정, 자수정 등)을 다량 함유하기도 한다(그림96).

제2장
영덕 동해안 세계지오파크

- 철암산 화석산지
- 고래불 모래해안
- 원생대 변성암
- 영덕 대부정합 1, 2
- 죽도산(육계도)
- 경정리 중생대 퇴적암
- 용추폭포
- 용덕리 혼성암
- 화강섬록암(약속바위)
- 원척리 화강암

출처 : kakaomap

영덕군의 경북 동해안 지오파크는 영덕-상주 간 고속도로와 개통 예정인 영덕-포항 간 고속도로, 동해안 철도의 개통으로 교통의 요충지가 되었다. 대한민국 인구의 절반이 거주하는 수도권과 교통의 요충지인 충청권과의 접근성이 개선되면서 많은 관광객을 유치할 수 있는 기반이 마련되었다.

영덕군에는 고생대 이전의 지질시대인 선캄브리아기부터, 최신의 지질시대인 신생대에 이르기까지 다양한 암석이 분포한다. 선캄브리아기의 원생대 변성암을 비롯해, 19억 년의 연대 차를 보이는 영덕 대부정합 1·2가 존재한다. 중생대 암석에는 지품면 용덕리 혼성암, 육계도인 죽도산, 생물 흔적이 남아 있는 경정리 중생대 퇴적암, 곡류 절단으로 형성된 지품면 용추폭포, 영덕해맞이 공원의 화강섬록암과 포유암, 원척리 고생대 화강암 등이 있다. 신생대 제3기 암석에는 철암산 화석 산지가, 제4기 충적층에는 고래불 모래해안이 형성되어 있다(그림1).

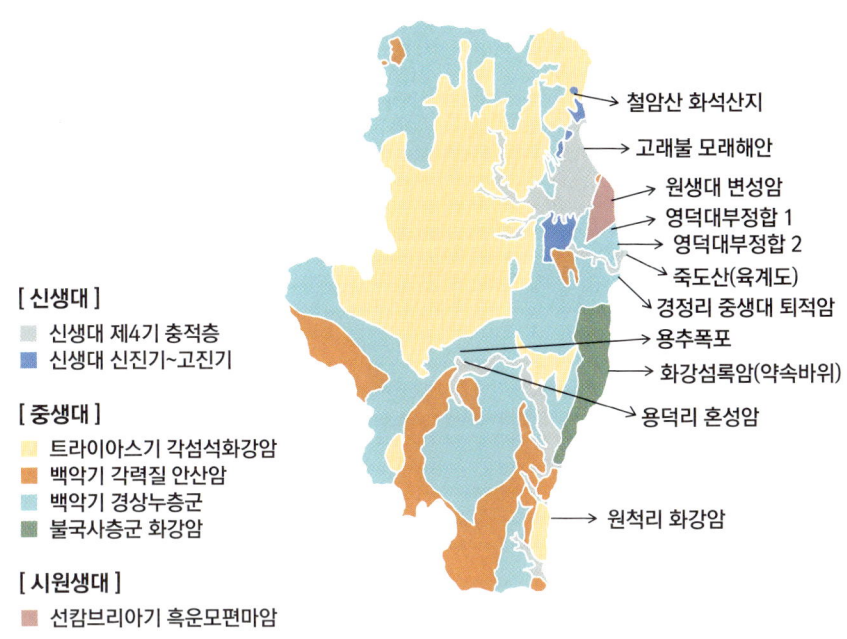

그림 1 영덕군의 암석 분포와 지오사이트(지형·지질명소)

1. 영해 읍성과 고래불 해안

조선시대 경북 동해안에서 유일하게 도호부(都護府)[1]가 설치되었던 영해 지역은 송천 하구에 넓은 평야가 발달했다. 이 책에서는 송천 하구의 넓은 평야를 지형적, 역사적 배경을 바탕으로 영해평야라 부르기로 한다.

영해평야는 북쪽의 칠보산(811m)에서 철암산(184m)으로 이어지는 곶(串)과, 남쪽의 상대산(183.9m) 사이의 넓은 만입지에 발달했다. 전체 윤곽은 북북동-남남서 방향의 직사각형 형태이며, 북쪽 병곡역에서 남쪽 영해역까지 남북 길이는 약 7.3km, 병곡면 시천리에서 송천 하구까지 동서 폭은 약 3.8km에 이른다. 영해평야와 바다가 만나는 곳에는 송천이 운반한 모래가 퇴적돼 형성된 남북 길이 4.6km에 달하는 고래불 모

그림 2 영해평야 전경

---

1 조선시대 지방 행정 조직으로 8도 아래 부(府), 목(牧), 군(郡), 현(縣)을 설치했는데, 그중 군사, 행정의 요충지에 설치했던 지방 통치조직이다.

래해안이 있다(그림2).

영해평야 북쪽에 자리한 철암산에는 신생대 신진기 마이오세에 퇴적암인 연일층군 이동층이 분포한다. 이동층 역암과 사암으로 이뤄진 솥바위 표면에서 굴, 조개, 고둥 같은 해양 생물 화석을 관찰할 수 있다.

1) 영해평야의 지형

경북 동해안은 태백산맥이 동해까지 뻗어 넓은 평야가 드문데, 영해 지역은 예외적으로 넓은 평야를 가지고 있다. 영해평야는 남쪽의 낙동강 하구에서 시작돼 북북동-남남서 방향으로 뻗은 양산단층대의 북동쪽 끝자락에 형성되었다. 영해평야와 주변 산지에는 영해평야 형성에 영향을 준 선구조와 단층이 다수 분포한다. 영해평야는 신생대 신진기 마이오세

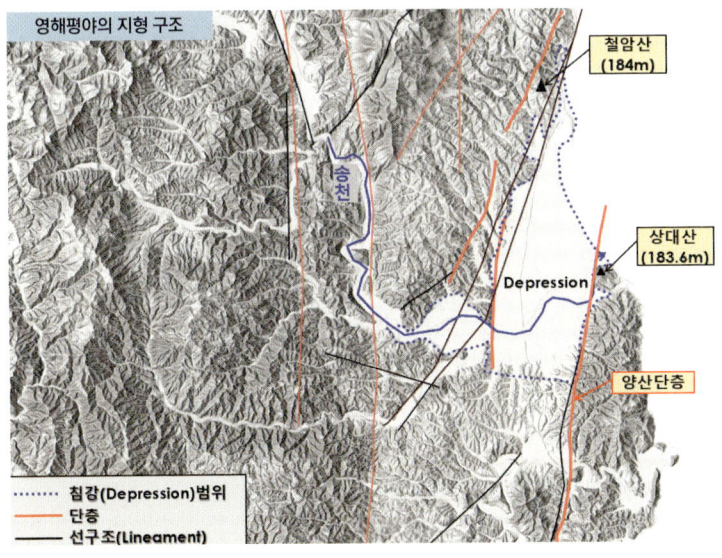

그림 3 영해평야의 지형 구조

당시 한반도 주변 지각판 운동 변화와 맞물린 양산단층의 운동 방향 변화로 형성된 구조분지(Tectonic Basin) 또는 침강 분지에, 하천의 퇴적 작용이 더해져 만들어진 충적평야이다(그림3).

(1) 영해평야의 바탕이 된 침강 분지의 형성

신생대 신진기 마이오세 말, 필리핀판의 섭입으로 주향이동 단층(走向移動斷層, Strike- Slip Fault)인 양산단층이 좌수향 운동(Sinistral, Left Lateral)[2]을 하게 되었다. 이 과정에서 양산단층과 가지 단층(Sub-Fault) 사이에 인장력(Tensile Force)이 발생해 다수의 균열이 생겼고, 시간이 지나면서 균열대가 침강해 영해 분지(침강대)가 형성되었다. 인장력으로 양산단층과 가지 단층(Sub-Fault) 사이의 지괴가 침강해 형성된 지형을 인리형 분지(Pull- apart Basin, 당겨 열림분지)[3]라고 한다. 지속적인 침강으로 영해 분지(침강대)에 신생대 신진기 마이오세의 해성층이 퇴적되었다. 그러나 마이오세 말기, 태평양판의 섭입 방향이 변하면서 양산단층이 우수향(Dextral, Right Lateral)[4] 운동으로 변해, 영해 분지(침강대)가 닫히며 퇴적 작용이 멈추었다(그림4).

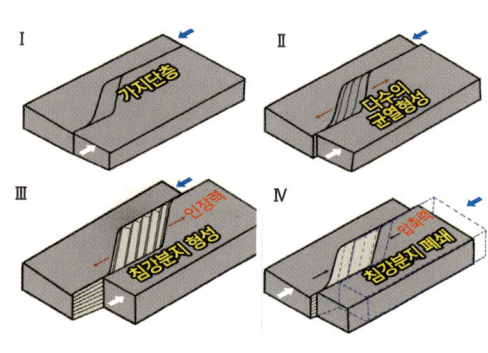

그림 4 영해 침강 분지의 형성과 후퇴

---

2   단층면을 중심으로 반대편의 지괴가 왼쪽으로 이동하는 단층.
3   중생대 백악기 북동-남서 방향의 주향이동 단층대를 따라 다수의 분지가 형성되었다. 대표적인 사례가 마이산 역암으로 유명한 진안 분지가 대표적이다.
4   단층면을 중심으로 반대편의 지괴가 오른쪽으로 이동하는 단층.

(2) 영해평야의 형성

신생대 제4기는 빙하기와 간빙기의 교체로 기후변동이 잦았던 시기였다. 최후 빙하기 극성기에 해수면은 현재보다 약 125m 낮았고, 영해 분지는 송천의 침식으로 넓은 골짜기가 되었다. 골짜기였던 영해 분지는 후빙기 해수면 상승으로 침수되어 만을 이루게 되었고, 해수면이 상승해 현재 수준으로 안정되었다. 해수면이 현재 수준으로 안정되자 송천과 주변 산지에서 유입된 토사가 만을 메우며 지금의 영해평야와 고래불 모래해안이 형성되었다(그림5). 영해평야는 태백산맥에서 발원해 동해로 흘러드는 송천이 동해와 만나는 하구에 만든 삼각주(三角洲, Delta) 평야다. 파랑의 에너지가 강한 동해로 유입되는 하천 하구의 만입에는 충적평야인 삼각주가, 충적평야의 말단부에는 모래해안이 발달한다. 영해평야와 고래불 해안은 이런 동해안의 전형적인 지형 구조를 보여주는 곳이다.

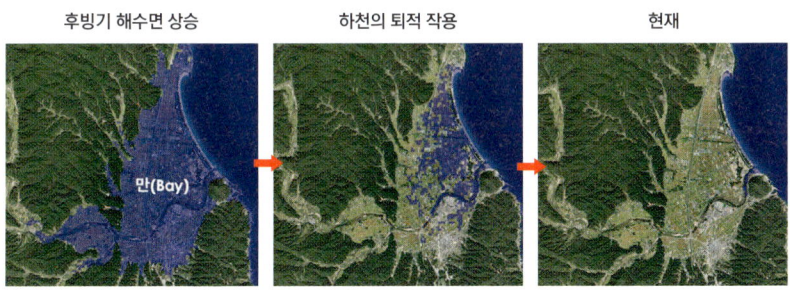

그림 5 영해평야의 형성 과정

(3) 경포 10리 고래불 해안

고래불이라는 지명은 고려말 성리학자인 목은 이색이 동해에서 고래가 노는 모습을 보고 '고래가 노는 뻘(불, 해안)'이라 부른 데서 유래했다. '불'은 경상도 방언으로 모래밭을 의미한다. 영해평야와 바다가 만나는 곳에 형성된 고래불 해안은 남북 길이 약 4.6km에 달하는, 동해안에서 가장 긴 모래해안이다. 송천 유역에는 중생대 트라이아스기(삼첩기)의 화강암이 분포한다. 화강암이 풍화되면 마사토라고 부르는 굵은 입자의 풍화토가 형성되고, 빗물의 침식을 받아 하천으로 이동하면 모래가 된다. 우리나라 주요 해수욕장 대부분은 모래 원료가 되는 화강암 지대를 배경으로 한다.

화강암은 지하에서 서서히 냉각돼 조암광물의 입자가 큰 결정질 암석이다. 화강암의 구성 광물인 석영과 장석으로 이루어진 모래는 입자가 굵고 거칠며, 고래불 해안의 모래 또한 석영과 장석 입자가 주를 이룬다.

고래불 해안은 동해안의 만(Bay)으로 흘러드는 하천 하구에서 형성되는 해안 퇴적지형의 전형을 보여준다. 송천이 운반한 모래가 파랑과 연안류에 의해 고래불 해안의 사빈(沙浜)을 형성하고, 사빈의 배후에는 해풍이 운반한 모래가 퇴적돼 형성된 사구가, 사구 배후에는 사구습지가 발달한다(그림6).

그림 6 고래불 해안과 영해평야

송천의 하구에는 사주에 막혀 호수처럼 물이 고인 공간이 있는데, 이는 바닷물과 민물이 섞이는 기수역(汽水域, Brackish Water Zone)이다. 동해안은 서해와 남해에 비해 조차가 상대적으로 작아 기수역의 범위가 좁다. 여름철 송천의 유량이 증가하면 하구의 사주가 열려 물이 빠져나가고, 유량이 감소하면, 사진처럼 하구 대부분이 파랑과 연안류에 의해 다시 모래가 쌓여 막힌다. 하천의 하구에 발달하는 퇴적지형은 계절에 따른 하천의 유량 변화와 토사량 변동으로 인해 지형 변화가 심하다. 과거 지형도를 보면 고래불 해안이 짧은 시간에도 크게 변화했음을 알 수 있다. 일제강점기 지도에는 현재는 사라진 석호가 표시되어 있으며, 석호와 사빈 사이에는 좁고 긴 수로 형태의 습지가 자리해 있다(그림7).

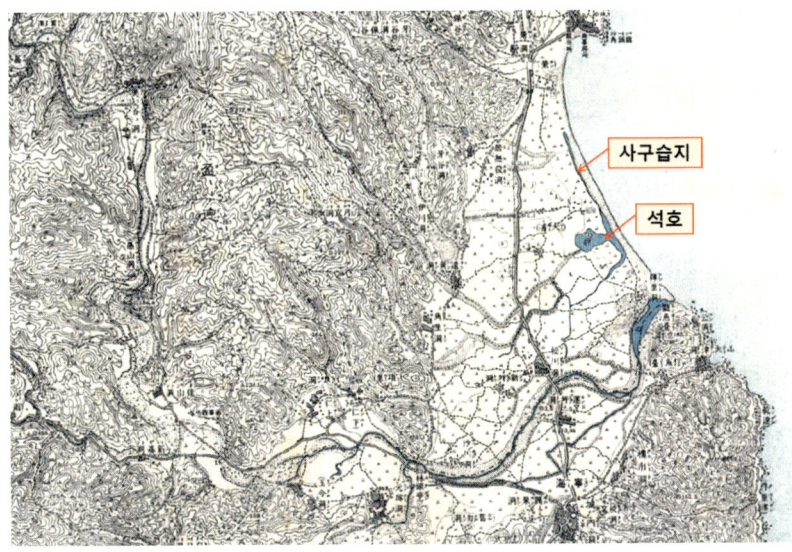

그림 7 일제강점기 고래불 해안

1963년 지도에는 일제강점기와 달리 석호 북쪽에 새로 형성된 석호가 여러 개 자리하고 있다. 그리 길지 않은 시간 동안 지형 변화가 상당했음을 알 수 있다. 몇십 년 사이에 있던 습지와 석호가 사라지거나 새로 형성되는 등 하천 하구에 발달한 모래해안은 지형변화가 매우 심한 역동적인 공간이다(그림8).

그림 8 1960년대 고래불 해안

2) 영해면의 역사 지리

조선시대 통치 조직을 보면 중앙정부는 왕 아래 의정부와 6조를 두고, 지방은 8도 아래 부, 목, 군, 현을 설치하여 수령(사또)을 파견해 지방을 통치했다. 조선시대 영해면은 지방 행정 조직 중 상위 기관인 도호부(都護府)가 설치될 만큼 경북 동해안의 중심지이자 큰 고을이었다. 18세기 중엽에 제작된 해동지도에는 영해도호부가 총 2,542호(戶, 가구), 남자 4,279명, 여자 4,712명으로 인구 규모가 상당했음을 알 수 있다. 당시 조선의 인구 상황을 고려하면 인구 1만 명 규모의 행정 단위는 매우 드물었다. 고려 충선왕 2년(1310년)에 영해부로 시작된 영해도호부는 조선 태종 때인 1413년부터 1895년까지 무려 482년 동안이나 존속했다. 오늘날 영덕군의 북부 지역인 영해, 병곡, 축산, 창수 등 4개 면을 관할했을 정도로 그 위세가 대단했다.

지방 행정의 말단 조직인 현의 현감이 종6품이었던 반면, 영해도호부 부사의 품계는 당하관의 첫째인 종3품에 해당하는 고위직이었다. 영해에 도호부가 설치된 것은 우연이 아니라, 다스려야 할 인구 규모가 크고, 경북 동해안의 정치, 경제, 군사적 거점이었기 때문이다. 그러나 일제의 행정구역 개편으로 영덕현이 군으로 승격되면서 영해도호부는 영해면으로 격하되어 현재에 이르고 있다.

1872년에 제작된 영해부 지도는 산을 입체적으로 표시한 회화식 지도이다. 이 지도를 통해 송천 유역에 발달한 넓은 영해평야, 현재 고래불 해안으로 불리는 경포10리(鯨浦十里), 상대산으로 이름이 바뀐 관어대

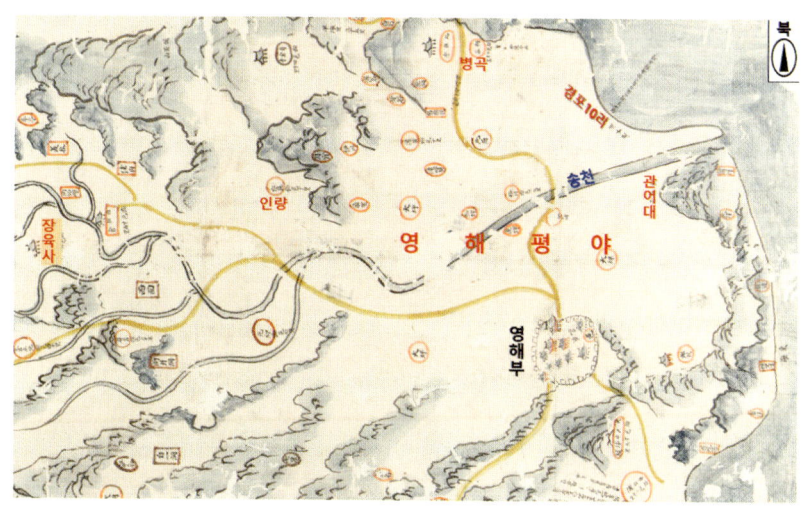

그림 9 1872년 군현지도(왼쪽으로 90도 회전)

(觀漁臺), 영해면이 위치한 영해읍성(邑城)이 확인된다. 서쪽에는 현재 8개 성씨와 12 종가가 자리한 인량마을(20여 채의 전통가옥이 남아 있음)과 나옹선사와 관련된 장육사가 표시돼 있다(그림9). 영해평야의 지형 설명에서 언급했듯, 송천 유역의 넓은 영해평야는 많은 인구를 부양할 수 있어 경북 동해안의 최고 단위 지방 통치 조직인 영해도호부가 설치될 수 있었다.

(1) 영해읍성(寧海邑城)

읍성은 지방 관아, 객사 등 행정의 중심지인 읍치(邑治)를 보호하려고 쌓았던 성이다. 경북 동해안 유일의 도호부(都護府)가 설치되었던 영해도 읍치를 보호하는 읍성이 있었다. 해동지도에는 영해읍성은 석성(石城)이며 둘레는 1,278척(尺)라고 기록돼 있다(石城周一千二百七十八尺). 조선시대에 들어 방어 등을 이유로 부사 박쟁시(朴崝時)의 주도로 1448년(세종30년)

그림 10 영해도호부의 공간구조(여지도, 輿地図)

석성으로 수축하였다. 읍성 안에는 관아 건물도 세워졌는데, 영해부 관아에는 동헌(東軒), 객사(客舍), 작청(作廳), 장청(將廳), 군기청(軍器廳), 향청(鄕廳), 대동고(大同庫), 호적고(戶籍庫), 관청고(官廳庫), 공고(工庫), 사창루(司倉樓), 종루(鍾樓), 형옥(刑獄) 등 29동의 건물이 있었다(그림10). 조선시대 읍성과 함께 설치된 대표적인 시설이 지방 교육을 담당했던 향교(鄕校)다. 중앙 교육기관으로는 서울에 위치한 성균관이 있었고, 지방에는 읍치를 중심으로 향교를 설치했다. 여지도에는 남문과 서문만 표시돼 있는데, 서문의 위치를 보면 북문이라고 해야 할 것 같지만 조선지도, 지승, 해동 지도 등 조선시대 고지도에 모두 서문으로 표시돼 있다. 남문은 옹성(甕城)이 설치되어 있었다.

영해도호부의 읍성이 자리했던 영해면은 영해평야 남쪽의 구릉대와 평야가 만나는 지점에 자리한다. 읍성은 주변 평야보다 수 미터 높은 구릉에 입지하고 있다. 옛 도호부에 자리한 영해면 사무소의 주차장에 서면 영해면 시가지가 내려다보인다(그림11).

그림 11 영해도호부가 자리했던 영해면 전경

상대산에서 남서 방향으로 뻗은 구릉대와 들판이 만나는 곳에 있는 영해읍성은 바다에서 불어오는 동풍도 피할 수 있고, 송천의 범람으로부터도 안전하다. 연 강수량의 절반이 여름철에 집중되는 우리나라 기후의 특성으로 인해 대부분의 하천은 범람의 위험을 안고 있다. 전통 마을의 입지가 배산임수(背山臨水)였던 이유 중 하나는 범람으로부터 안전한 공간이기 때문이다. 영해면의 지명 중 성내리(城內里), 남문지 옆의 남문점빵 등의 지명은 이곳에 영해읍성이 있었음을 보여주는 강력한 증거다.

영해읍성의 중심 건물인 객사와 동헌 자리에 위치한 영해면 행정복지센터와 영해파출소는 영해 시가지에서 가장 높은 곳이며, 주변에 돌담이 설치돼 있다. 돌담은 영해읍성의 내성(內城)이 아니라 영해읍성의 관청 건물을 보호하기 위해 쌓은 돌담으로 추정된다(그림12). 면사무소 주차장 옆에는 영해도호부 부사를 지냈던 관리들의 선정비가 남아 있다.

그림 12 영해면 행정복지센터(동헌)를 둘러싼 돌담

(2) 일제의 영해읍성 훼철과 읍성의 현주소

일제의 강압으로 대한제국은 1907년 정미7조약을 체결한 후 군대를 해산했고, 이때 군사적 기능을 상실한 영해읍성은 지역에 따라 강제로 철거되었다. 1906년 신돌석 장군이 이곳에서 전투를 벌인 기록으로 보아, 영해읍성의 기능은 당시까지 유지되고 있었던 것으로 추정된다. 1910년 조선총독부는 1호 법령으로 '읍성훼철령'을 발표해 전국의 읍성을 도시계획이라는 명목하에 조직적으로 철거했다. 1914년 제작된 영해면 지적도에는 성체가 대지(垈地)로 표기되어 있어, 영해읍성 역시 1910년을 전후로 성벽 대부분이 철거된 것으로 보인다.

영해읍성의 성벽과 관청 건물은 일제의 조직적인 훼철로 대부분 대지로 전환돼 사라지고, 서쪽 주택가 사이에 성벽 일부만 남아 있다. 2002년 안동대학교의 지표조사 결과인 『영해읍성·관아지 지표조사 보고서』가 나왔다. 영해읍성의 성문은 남아 있지 않지만, 지표조사를 통해 서문지, 북문지, 동문지, 시문지, 남문지, 허문지, 감무당지, 감옥 등이 확인되었다. 영해부의 중심 건물이라고 할 수 있는 동헌과 객사가 있던 자리는 현재 영해면 행정복지센터와 영해파출소가 들어서 있다(그림13, 14).

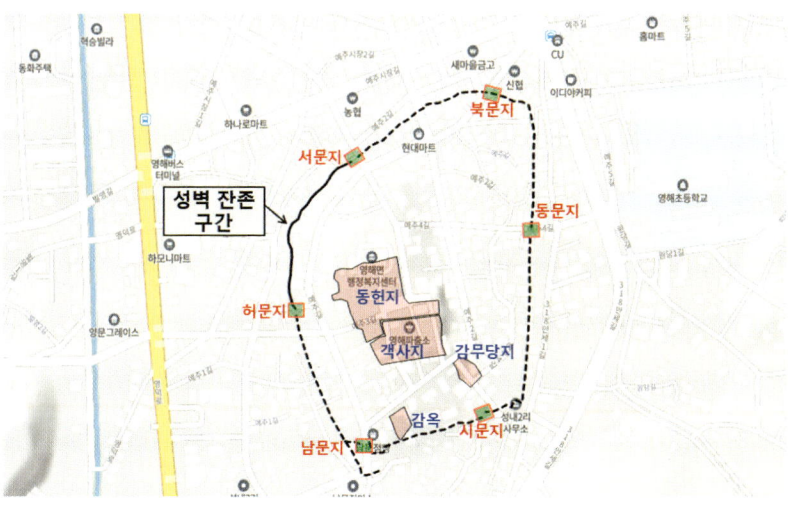

그림 13 영해읍성 현황

그림 14 영해읍성의 성벽 잔존구간

　조선을 식민지로 삼은 일제는 1914년 행정구역 개편을 통해 일제의 침탈에 저항했던 조선시대 지방 중심지들을 조직적으로 말살하는 정책을 취했다. 대한제국 말 항일 의병장 중 대표적인 평민 의병장 신돌석 장군이 이곳 출신이라는 점, 영해도호부가 경북 동해안의 군사, 정치, 경제, 문화의 중심지였다는 점에서 일제는 지역 주민들의 저항 중심지인 영해도호부를 말살하기 위해 행정구역 개편을 단행하였다. 1914년 3월 1일 일제는 총독부령(總督府令) 제111호로 전국의 행정구역을 통폐합하면서 고려시대 이래 경북 동해안의 중심지였던 영해도호부 대신 하위 지방 중심지였던 영덕현을 군으로 승격시켜 영덕군을 만들고 영해면을 영덕군에 편입하는 행정구역 개편을 단행하였다. 이로써 영해도호부는 영덕군 영해면으로 격하되었고, 현재까지 그 명칭이 이어지고 있다. 일제는 행정적인 격하뿐만 아니라 영해도호부가 자리했던 영해를 경제적으로도 쇠퇴시키기 위해 넓은 영해평야 대신 서쪽 태백산맥을 영해면의 행정구역으로 대거 편입시켰다(그림15). 영해도호부의 관할이었던 병곡 역에는 병곡면이 설치되어, 비옥한 영해평야의 대부분을 관할하게 하였다. 조선시대 영해도호부가 설치되어 현재의 창수면, 병곡면, 영해면,

축산면을 관할하던 영해는 일제의 억압 정책으로 면 단위 행정구역으로 축소되어 오늘날까지 이어지고 있다.

그림 15 산지가 대부분을 차지하는 영해면

(3) 일제의 침략과 영해 사람들의 저항

영덕군은 229명의 항일 독립운동 유공자를 배출했는데 그중 다수가 영해 지역 출신이다. 기초자치단체 기준으로 안동에 이어 전국에서 두 번째로 많고, 인구 비례로 치면 전국에서 단연 으뜸이다.

[**태백산 호랑이 신돌석 장군(1878~1908년)**] 대한제국 말 전국에서 들불처럼 일어났던 의병 중 태백산 호랑이로 불렸던 신돌석(申乭石) 장군은 양반 유생 출신 의병장이 대부분이었던 당시, 최초의 평민 출신 의병장이었다는 점에서 역사적 의의가 크다. 전국 의병이 연합한 13도 창의군이 서울 진공 작전(1908년)을 실행하려고 모였을 때, 신돌석 장군은 휘하 의병을 이끌고 참전하려 했으나 평민 출신이라는 이유로 거절당하기도 했다. 이후 그는 자신이 조직한 영릉의진(寧陵義陣)을 이끌고, 태백산맥을 거점으로 경북과 강원 남부 일대에서 유격전을 전개하며 일제에 끝까지 저항했다(그림16).

그림 16 신돌석 장군과 전국의 의병 현황

[**벽산 김도현 선생(1852년~1914년)**] 경상북도 영덕군 영해면 대진리 278-1에는 도해순국(蹈海殉國)[5]한 항일 우국지사인 벽산(碧山) 김도현(金道鉉) 선생의 애국충정을 기리는 도해단(蹈海壇)이 자리하고 있다. 벽산 선생은 대한제국 말기 일제의 명성황후 시해(을미사변)와 단발령에 맞서 의병을 조직하는 등 일찍부터 항일 구국운동을 전개하였다. 그러다 고종황제의 의병 해산 칙령이 내리자, 고향으로 돌아와 교육에 전념하였다. 1910년 8월 29일 경술국치가 발생하자, 죽음으로 저항하려 했으나 당시 부친이 생존해 있어 이를 미루었다. 이후 부친이 세상을 떠난 뒤인 1914년 11월 7일, 산수암(汕水巖)에서 도해순국을 결행했다(그림17). 선생은 순국 1년 전 이미 절명시를 남겨, 마음의 준비를 마치고 죽음을 맞이했다.

---

5 나라를 지키기 위해 바다로 걸어 들어가 순국함, 고결한 절개와 지조를 지킴을 이르는 말.

我生五百末 (아생오백말) / 赤血滿腔腸 (적혈만강장)
오백년 왕조말에 나 어이 태어나서/붉고 붉은 의분의 피 가슴에 가득하다.

中間十九歲(중간십구세) / 鬚髮老秋霜(수발노추상)
국모가 시해되고 그 뒤에 19년간/머리와 수염 늙어 가을서리 다 되었다.

國亡淚未已(망국누미기) / 親沒痛更張(친몰통갱장)
나라망해 피눈물이 마르지도 않았는데/어버이 서거하사 마음이 더욱 병들었다.

獨立故山碧(독립고산벽) / 百計無一方(백계무일방)
내고장 푸른산에 홀로서서 생각하니/백가지 계책 중에 내 쓸 방법 하나없다.

欲觀萬里海(욕관만리해) / 七日當復陽(칠일당복양)
할 수 없다. 넓은 만리 바다를 찾아가자/새 양기 돌아오는 동짓날 초이래에.

白白千丈水(백백천장수) / 足吾一身藏(족오일신장)
희고도 또 흰 바다 그 깊이 천장이니/이 한 몸 간직하기 넉넉하고 남겠네.

그림 17 도해단(절명시)

벽산 선생의 우국충정은 대한제국의 망국 앞에서 죽음으로써 선비(지식인)의 책임을 다하려 3수의 절명시(絶命詩)를 남기고 순국한 매천 황현 선생, 을사늑약(1905년) 체결 때 '2천만 동포에게 고함'이라는 유서를 남기고 순국한 충정공 민영환의 시대정신과 맥을 같이한다. 오늘을 사는 우리는 이분들에게 묻고 싶다. 어떤 시대정신을 품고 살아야 하는가.

[**영해만세시장**] 영해만세시장은 경북 동해안 북부지역 4개 면(영해면, 병곡면, 축산면, 창수면)의 중심 상권으로 안동, 영양, 청송 등 내륙지역에 동해의 수산물을 공급하던 5일 장이다. 영해 3·18 만세운동은 평양신학교로 유학을 가던 김세영이 서울에서 만세운동을 목격한 이후 영덕으로 돌아오면서 시작됐다. 3.18일 정규하, 남효직, 남세혁, 박희락 등이 태극기를 안고 영해시장에 들어와 미리 준비한 태극기를 장을 보러온 사람들에게 나누어 주었다. 이어 오후 1시경 영해주재소 앞에서 본격적인 만세운동이 시작되었다. 일제의 수탈과 강압적인 통치에 시달렸던 주민들은 자연스럽게 대한독립 만세를 함께 외쳤고, 만세운동에 참여한 시위대는 순식간에 3,000여 명으로 불어났다. 시위대는 밤새 우편소, 학교 등 영해 곳곳을 누비며 만세운동을 벌였다. 이에 놀란 일본은 군대를 동원해 시위대를 무력으로 진압했고, 현장에서 8명이 사망하고 16명이 부상

그림 18 영해 만세시장

당 했으며, 영덕군에서 만세운동에 동참해 체포된 인원은 489명에 달했다. 영해시장의 3.18 만세운동은 경북 지역 최대 규모의 만세운동이었다. 이는 신돌석 장군과 벽산 김도현 선생으로 이어진 항일 투쟁 정신이 영해시장에서 다시 타올랐던 사례라 할 수 있다. 현재 영해시장을 중심으로 목은 문화제, 호지말 축제, 조롱박 체험행사, 3·1절 문화행사 등이 열리며, 장날은 매월 5일, 10일, 15일, 20일, 25일, 30일이다(그림18).

(4) 목은 이색과 괴시리(槐市里) 한옥 마을

영해면 동쪽 산록대에 조선시대 전형적인 양반촌을 이루고 살았던 괴시리 한옥 마을이 자리한다. 괴시리의 지리적 입지를 살펴보면, 북쪽에 자리한 상대산(183.7m)에서 황성개비산으로 이어지는 남북 방향의 산줄기가 동해의 거친 해풍을 막아주고 마을 앞 송천 변에는 넓은 영해평야가 자리하고 있다. 괴시리는 전형적인 배산임수의 입지를 갖췄으며, 산록대에 여덟 팔자(八) 형태로 가옥이 배열돼 있다. 마을은 1, 2, 3리로 구성되며, 한옥이 자리한 괴시1리는 괴시, 호지마을, 호지촌, 입천동, 입천

그림 19 괴시리 전경(사진 김석용)

곡 등으로 불렸다.

　괴시리는 목은 이색의 탄생지로, 고려말 이색이 중국에 다녀온 후 송나라 문인이자 정치가인 구양현의 고향 '괴시마을'이 자신의 고향과 비슷하다며 마을 이름을 괴시로 바꿨다는 이야기가 전한다. 고려 말 이색의 외가인 함창김씨가 개척하였고, 이색 또한 이곳 괴시리에서 출생해 성장했다. 조선시대인 16세기 중반 영해신씨와 수안김씨가 입향 했고, 1630년경 영양남씨가 정착해 집성촌을 이루며 현재까지 400년 넘게 거주하고 있다(그림19).

　영덕 괴시마을은 조선 후기 영남 지역 사대부들의 주택 양식을 고스란히 간직한 곳이다. 영양남씨괴시파종택, 영덕 괴시동 대남댁, 영덕 괴시동 물소와고택, 영덕 괴시동 해촌고택, 대은종택, 영덕 괴시리 내앞댁, 영덕번호댁, 영해입천정, 영해주곡댁, 물소와서당, 영해경주댁, 영해구계댁, 괴시리괴정, 영덕괴시리영감댁, 영덕괴시리사곡댁, 영덕괴시리영은고택, 영덕괴시리스므나골재사, 영덕만송당, 영덕백회재고택 등 수많은 고건축물이 남아 있으며, 전통문화와 예절이 지금까지도 이어져 내려오는 마을이다. 영덕 괴시마을은 2021년 6월 21일 국가민속문화재로 지정되었다.

3) 택리지의 가거지(可居志) 조건을 두루 갖춘 인량리 전통 한옥 마을

　영덕군 창수면 인량리는 영해평야의 젖줄인 송천 변에 발달한 원형(員形) 분지의 내부 산록대에 자리한다. 인량리가 자리한 원형의 분지 중간으로 송천이 흐르고, 북쪽에는 인량대산(157.5m)과 자시봉(235.6m)이 솟아있다. 인량리가 자리한 원형의 분지는 동쪽에 자리한 영해평야와 함께 신생대 신진기 마이오세 말기에 인리형(引離形) 분지의 일부를 이뤄 침강

했던 지형이다. 상술한 영해평야의 형성 과정을 참조하자. 인량리는 두 산이 분지와 만나는 남쪽 산록대에 자리해 전형적인 배산임수의 입지를 갖추고 있다(그림20). 인량리는 경사가 완만하고 송천변 평야보다 고도가 높아 홍수 피해가 적고, 남사면에 위치해 일조량이 풍부해 사람이 거주하기에 유리하다. 마을 뒤 자시봉에서 이어진 능선이 겨울철 태백산맥에서 불어 내려오는 찬 골바람(곡풍)을 막아주고 마을 앞에는 기름진 넓은 들판이 자리해, 조선시대 사대부가 거주할 만한 지리적 조건을 고루 갖춘 명당이라 할만한 곳이다.

조선 후기 실학자 이중환(1690~1756년)이 지은 택리지(擇里志)에서 제시한 가거지 조건은 지리(地理), 생리(生利), 인심(人心), 산수(山水)를 갖춘 곳이어야 사대부가 살만하다고 했다. 지리는 마을의 풍수지리를 말하는 것으로, 인량리는 비학형(飛鶴形, 학이 날아가는 모습)의 형국을 이룬 명당이다. 생리는 생계를 유지할 수 있는 경제적 조건인데, 마을 앞 송천 변에 넓은 들판이 있어 농경이 가능하고, 영해도호부와 접근성이 좋다. 인심은 함께 사는 사람들의 유대감과 도덕성을 의미하는데, 인량리가 도산

그림 20 원형 분지에 자리한 인량리(사진 김석용)

서원이 있는 안동에 버금가는 작은 안동이라 했으니, 이 조건에도 합당하다. 산수는 경치와 자연환경이 아름다워야 한다는 의미로 가까운 곳에 쉴만한 곳이 있어야 한다. 인량리 서쪽의 태백산맥에 자리한 맹방산의 깊은 골짜기는 아름다운 자연경관도 갖추고 있다.

이러한 자연·지리적 조건 덕분에 인량리는 고려시대부터 여러 성씨가 정착했으며 조선시대에 양반촌으로 자리 잡았다. 마을 뒤 인량대산이 학이 날개를 편 모습과 닮아 '비개동(飛蓋洞)' 또는 '나래골', '익동(瀷洞)'으로 불리다가, 어진 인물이 많이 배출된다고 하여 광해군 2년(1610년)에 '인량(仁良)'으로 개칭되었다. 일설에는 삼한시대 우시국(于尸國)이라는 부족 국가의 도읍지였기 때문에 '나라골' 또는 '국동(國洞)'이라 불렀다는 이야기도 전한다. 인량리 전통 마을은 350년~400년 된 8 성씨 종가가 자리한 대표적인 양반촌이다. 인량리 전통 마을의 특이점은 조선시대 대부분의 양반촌이 같은 성씨의 주민이 마을을 차지하고 집성촌(동족촌)을 이루었던 것과 달리, 여러 성씨가 한 마을에서 충돌없이 수백 년에 걸쳐 함께 살아온 점이다. 인량의 8 성씨 종가는 용암종택, 갈암종택, 우계종택, 오봉종택, 삼벽당, 충효당, 만과헌 등이며, 15세기에서 18세기 사이에 지어진 ㅁ자형, -자형, ㄷ자형 전통 한옥 20여 채가 자리하고 있다.

그림 21 인량리

2004년 농촌전통체험마을로 선정되자, 마을 주민들은 폐교된 인량 초등학교를 매입해 리모델링 하여 숙박시설, 강당, 체험장 등을 마련했다. 현재 보리 관련 체험 활동인 '주테마체험'을 비롯하여 문화유산탐방, 사군자사랑방, 동해안 해맞이, 마당놀이 체험, 먹거리 체험 등 다양한 프로그램을 운영하고 있다. 마을의 정식 명칭은 인량리전통마을(Illyangri Traditional Village)이다(그림21).

2. 신생대 화석 산지 철암산 솥 바위

영덕군 병곡면 영리 산 77번지 철암산 능선에 굴, 조개 등 바다 생물 화석이 관찰된다. 철암산(184m) 일대에는 상부대동계 불국사층군(중생대 쥐라기~백악기)의 온정리 화강암이 분포한다. 철암산 정상에서 남동쪽으로 병곡항까지 이어지는 능선을 중심으로 신생대 신진기 마이오세 연일 층군의 이동층이 분포하며, 철암산과 주변 능선에는 금(金, Au)을 채굴하던 금 광산 흔적이 3곳 남아 있다(그림 22).

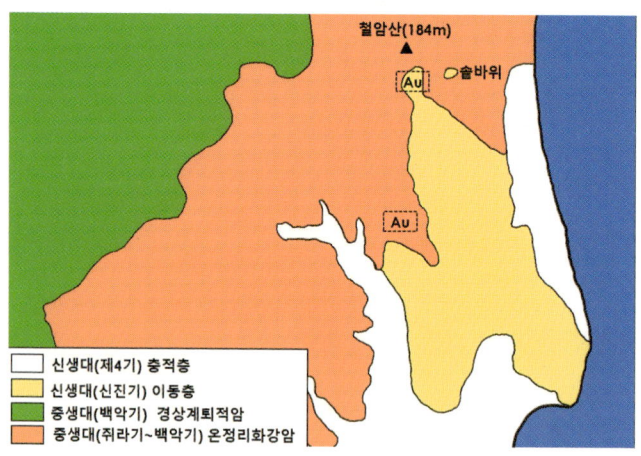

그림 22 철암산 솥 바위 일대의 암석 분포

철암산 화석 산지의 중심은 이동층이 분포하는 솥 바위 일대다. 포털 사이트에는 범바위도 화석 산지로 소개되지만, 범바위는 온정리 화강암에 형성된 토르로 화석이 존재하지 않는다. 솥 바위는 온정리 화강암이 분포하는 철암산 주 능선 북쪽에 자리한 신생대 신진기 마이오세 이동층의 역암과 사암으로 이루어진 토르(Tor)다. 솥 바위 일대에서 굴, 조개 화석이 주로 발견되는 점을 미루어 볼 때, 철암산 솥 바위 일대는 얕은 해양 환경이었던 것으로 추정된다. 솥 바위를 이루는 이동층은 하부의 역암(礫岩, Conglomerate)층과 상부의 사암층(자갈도 섞인)으로 구성되며, 해양 생물 화석은 대부분 상부의 사암층에서 관찰된다(그림23).

그림 23 철암산 솥 바위와 화석

 이동층의 사암은 모래가 주성분이며 자갈이 섞인 구조를 띠는데, 이러한 환경은 굴·조개·고둥 같은 해양 생물이 서식하기에 적합하다. 솥 바위에서 발견되는 화석은 당시 이곳이 자갈과 모래가 깔린 얕은 바다였음을 입증한다. 동해의 확장이 끝나고 지각운동이 압축으로 반전(反轉)되자 동해안이 융기했고, 얕은 바다였던 철암산 퇴적분지도 지표로 드러나면서 이동층 퇴적암이 능선 위 토르로 남게 되었다.
 토르는 암석의 약한 부분이 풍화, 침식으로 제거되고 상대적으로 강한 부분만 남아 탑처럼 우뚝 솟은 지형을 말한다. 토르인 솥 바위가 형성되는 과정에서 사암층의 바다 생물 화석도 표면으로 드러나 현재 우리가 관찰할 수 있게 되었다. 솥 바위 화석은 사암층에 화석이 그대로 박혀 있는 캐스트(Cast)와 화석이 빠져나간 자국인 몰드(Mold) 형태로 발견된다(그림24).

그림 24 굴화석(Oyster Fossil Cast & Mold)

원래는 솥 바위 사암층에 묻혀 있는 화석 대부분이 캐스트였으나, 풍화와 침식으로 바위가 부서지는 과정에서 원래의 화석도 바위와 함께 풍화, 침식을 받아 화석 흔적만 남은 몰드가 된 것으로 보인다(그림25).

그림 25 굴 화석의 풍화(굴 캐스트가 풍화돼 몰드로)

철암산 솥 바위에서는 주로 굴 화석이 많이 발견되지만, 고둥, 가리비, 조개 등의 화석도 관찰된다(그림26, 27). 고둥은 자갈에 붙어 서식하고, 조개류는 모래 속에 살던 생물로, 지질시대 생태가 그대로 화석화되었다. 규모는 크지 않지만, 솥 바위는 신생대 마이오세 동해안의 해양 환경을 이해하는 데 중요한 지질학적 자료이다.

그림 26 고둥, 가리비, 꼬막 화석(Mold)

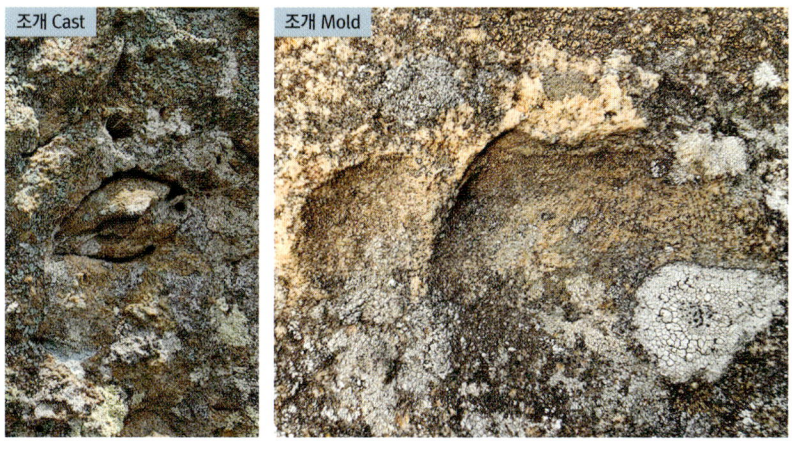

그림 27 조개 화석

3. 대진리 편마암(Gneiss)과
   영덕대부정합(大不正合, Great Unconformity)

한반도의 시원생대(Archean-Paleoproterozoic Terrane) 지괴(地塊, Geologic Massif)[6]는 약 25억 년 전에서 16억 년 전 사이 형성된 고변성(高變成, High-Grade Metamorphism)[7] 기반암으로 구성되어 있다. 이 지괴는 현재 한반도 육지 지각의 가장 오래된 뼈대를 이루고 있으며, 이후 지질시대의 지질구조와 지각운동에 결정적인 영향을 미친 지질 단위이다. 경상도에 분포하는 시원생대 지괴는 영남지괴로 불리며 북쪽은 옥천대, 남쪽은 경상분지와 경계를 이룬다(그림28). 지질학에서 시원생대 지각은 고생대의 첫째 시기인 캄브리아기 이전을 의미하므로 선캄브리아기(Precambrian)라고 부른다. 이 때문에 우리나라 지질도에서는 시원생대 암석이란 표현 대신 모두 선캄브리아기 암석으로 기록하고 있다.

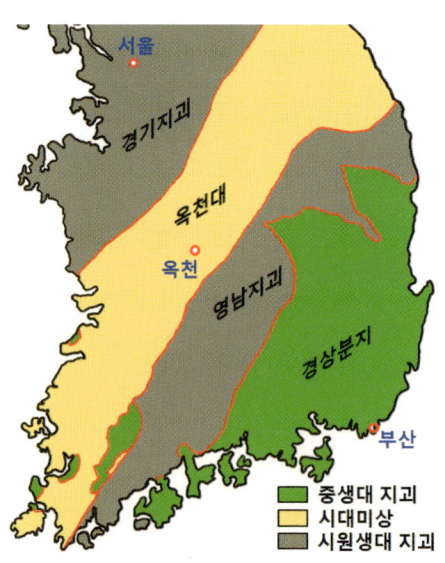

그림 28 시원생대의 영남지괴

---

6 지괴는 지각 내에서 일정 부분 암석의 특성, 구조, 지질 연대를 공유하는 비교적 단단한 지각 단위.
7 암석이 고온(600~800℃)과 고압 조건(지하 20~40km)에서 변화하는 변성작용의 한 단계를 의미하며 혼성암, 편마암이 형성된다.

영남지괴(嶺南 地塊, Yeongnam Massif)는 오랜 지질시대를 거치며 지각운동을 받아 고변성된 편마암, 혼성암(Migmatite)[8] 같은 변성암류가 주를 이룬다. 울진 등지에는 고생대 석회암도 부분적으로 분포한다. 경북 동해안 지질공원 중 울진, 영덕 등 주로 경북 북부 해안 일부 지역에 시원생대의 변성암이 노출되어 있다. 영덕 해안의 선캄브리아기 변성암은 중생대 경상분지에서 형성된 경상계 퇴적암의 기반암을 이루는 것으로 보이며, 노출 면적이 매우 좁아 지질도에는 표시되지 않았다.

1) 대진리 원생대 편마암(片麻巖)

영덕군 대진리 일대에 분포하는 편마암은 한반도에서 아주 오래된 암석 중 하나로, 고원생대(약 20억 년 전)에 형성되었다. 편마암은 기존의 암석이 높은 온도와 압력을 받아 만들어지는 변성암으로, 줄무늬 모양의 편마구조가 특징이다. 편마구조(Gneissic structure)는 변성암에서 나타나는 줄무늬 형태의 구조로, 주로 고변성암인 편마암(gneiss)에서 잘 관찰된다. 편마구조는 기존의 암석이 변성되는 과정에서 고온·고압 환경으로 인해 암석의 구성 광물들이 재결정화(Recrystallization)하는 과정을 통해 형성된다. 대표적인 규장질 광물인 석영과 장석은 지하 깊은 곳에서 용융점이 600~700℃로, 용융점이 1,100 ~1,500℃인 고철질 광물보다 더 빨리 녹는다. 조암광물의 용융점 차이로 인해 줄무늬 형태의 편마구조가 나타난다.

편마구조는 광물의 성분과 결정 방향이 반복적으로 배열되어 나타나

---

[8] 미그마타이트(혼성암)는 부분 용융(partial melting)이 발생한 변성암으로, 변성과 화성작용의 중간 단계에 있는 암석이다.

는 것이 특징이다.

밝은 띠(Leucocratic Band)는 주로 장석, 석영 등 산성 성분의 무색 광물로 이루어지고, 어두운 띠(Melanocratic Band)는 흑운모, 각섬석, 석류석, 철, 마그네슘 등 유색광물로 구성된다. 편마구조는 흑백 줄무늬처럼 보이며, 흐르는 듯한 곡선이나 렌즈 모양으로 휘어진 형태도 자주 나타난다. 밝은 띠 광물(석영, 장석)과 어두운 띠 광물(흑운모, 각섬석)이 교대로 줄무늬를 이루는 것을 호상구조(Banded Structure)라 하며, 밝은 띠 광물이 사람의 눈처럼 렌즈 형태로 모인 것을 안구상구조(Augen Structure)라고 한다. 고온·고압하에서 녹았다 재결정화된 밝은 광물 띠가 습곡과 유사한 구조로 나타나는 경우를 미그마타이트(Migmatites, 혼성암)라고 한다(그림29).

그림 29 대진리 편마암의 편마구조

편마구조의 밝은 띠를 구성하는 장석, 석영 등의 광물이 어두운 띠를 구성하는 흑운모, 각섬석, 철, 석류석, 마그네슘 등의 광물보다 낮은 온도에서 먼저 녹아, 암석의 틈으로 흘러들며 호상구조를 만든다(그림30).

그림 30 대진리 편마암의 호상구조

[**혼성암(Migmatites)**] 기존 암석이 편마암으로 변성되는 과정보다 더 높은 온도와 압력에 놓이면, 밝은 띠를 이루는 광물이 먼저 녹아 미처 녹지 않은 어두운 띠 광물 사이로 스며들어 혼성암이 형성된다. 혼성암은 녹은 암석(마그마)과 고체 상태의 암석이 뒤섞인 환경에서 만들어지는 독

그림 31 미그마타이트(혼성암)

특한 변성암으로, 변성작용과 화성작용의 중간 단계에 해당한다. 이러한 고온·고압 환경은 지각판 충돌로 거대한 산맥이 형성되는 조산대나 해양판이 대륙판 아래로 섭입되는 섭입대(Subduction Zone)와 같은 곳에서 발생한다. 변성암류의 구조는 지각이 겪어온 지각운동의 역사와 환경을 읽는 중요한 단서를 제공한다(그림31).

[**고철질 암석조각(Mafic Pod)**] 매픽 포드는 변성암 내에 들어있는 어두운색의 암석 조각으로 철(Fe), 마그네슘(Mg)이 주성분이라 어두운색을 띠고, 독립된 렌즈형 또는 괴상 구조를 이룬다(그림32).

그림 32 고철질의 매픽 포드

매픽 포드는 주변을 감싸고 있는 편마구조, 미그마타이트와 뚜렷한 경계를 이룬다. 매픽 포드의 기원은 마그마 기원의 화성암이 광역 변성작용으로 편마암화 되면서 고철질 광물만 부분적으로 남아 형성된 잔여물이거나, 미그마타이트화 작용 중 밝은 띠 광물인 석영, 장석이 녹아 빠져나가고 고철질의 어두운 띠 광물이 모여 형성된 것일 가능성이 있다.

즉, 편마암과 같은 변성암의 형성 과정에서 고철질 광물만 모여 생성되었거나, 화성암 내부에 고철질 덩어리로 존재하고 있던 것일 수도 있다는 의미다. 편마암의 풍화 과정에서 무색 광물로 된 밝은 띠가 유색광물로 된 어두운 띠보다 풍화에 강한 경향을 보인다. 아래 사진에 밝은 띠 사이의 좁은 틈은 풍화에 약한 어두운 띠 부분(흑운모, 각섬석 등)이 먼저 풍화가 진전되어 광물이 빠져나간 빈자리다(그림33).

그림 33 편마암의 풍화 모습

2) 영덕 대부정합(Great Unconformity) 1, 2

토사가 아래에서 위로 차곡차곡 쌓이면 시루떡 같은 층을(층리) 가진 퇴적암이 형성된다. 층리면을 경계로 연속해서 쌓인 위아래 지층의 관계를 정합이라고 한다. 정합이란 퇴적암의 층리가 아래에서 위로 갈수록 퇴적 연대가 단절되지 않고 최신의 지질시대로 이어지는 관계라는 의미다. 이렇게 형성된 지층이 지각 변동으로 융기해 침식을 받은 후 침강하여 다시 퇴적물이 쌓이면 위아래 지층 사이에 큰 지질학적인 연대 차가 발생하는데, 이를 부정합(不整合)이라고 한다. 부정합은 동일 퇴적암 사이에서도 형성되지만, 변성암, 화성암(화강암, 섬록암 등) 위에 퇴적암이 형성될 때도 만들어진다. 부정합은 위아래 지층이 평행한 평행부정합(Disconformity), 위아래 지층이 경사진 경사부정합(Angular Unconformity), 화성암이나 변성암 위에 놓이는 난(비)정합(Nonconformity), 그리고 뚜렷한 부정합면이 없는 준(단절)정합(Paraconformity)으로 나뉜다. 평행부정합은 조륙운동에 의해, 경사부정합은 조산운동에 의해 형성된다(그림34)

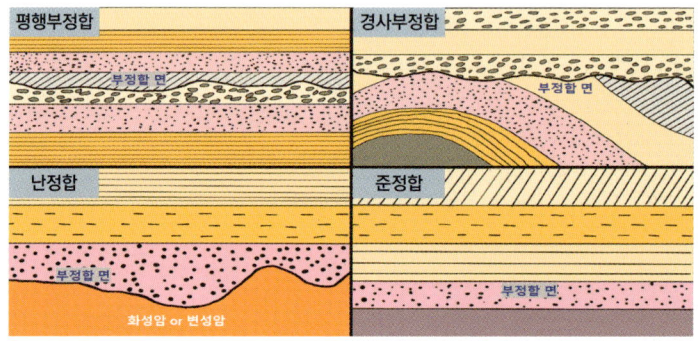

그림 34 부정합의 종류

조륙운동(造陸運動)은 넓은 범위에 걸친 대륙의 전반적인 융기, 침강을 의미하고, 조산운동(造山運動)은 판충돌대를 중심으로 좁은 범위에 걸친 습곡, 융기, 침강 등을 통해 산맥이 형성된다. 난정합은 하부가 변성암, 화성암이 분포하는 부정합으로 화성암이나 변성암이 형성된 다음 융기해 침식을 받고, 다시 침강해 그 위에 퇴적암이 형성된 부정합이다. 이때 부정합 면을 경계로 두 지층 간 지질학적인 연대 차가 크다. 영덕군 영해면 철암산 화석 산지는 화석이 산출되는 신생대 이동층과 중생대 온정리 화강암이 난정합을 이루고 있다.

경북 영덕군 영해면 사진리 산 141번지와 경북 영덕군 영해면 사진리 623번지 도로변 및 해안가에는 고원생대(古原生代) 변성암인 녹색편암과 중생대 백악기 퇴적암의 부정합면이 노출돼 있다(그림35).

그림 35 영덕대부정합 1

녹색편암의 연대는 고원생대인 약 19억 년 전, 중생대 백악기 퇴적암의 연대는 약 1억 년 전으로, 두 지층 사이에는 무려 18억 년의 지질학

그림 36 영덕대부정합 2

적 시차가 있어 '대부정합(大不整合)'이라 부른다. 부정합면 위에 새로 쌓인 중생대 울련산 역암층을 기저역암(基底礫岩)이라고 하며, 이 안에는 부정합면 아래에 자리한 원생대 녹색편암의 암편이 들어있다(그림36, 37).

그림 37 영덕대부정합면

영덕대부정합면의 아래에 분포하는 원생대 녹색편암은 변성 과정에서 얇은 편리가 발달했다. 녹색편암(Greenschist)은 변성암의 일종으로, 편마암에 비해 상대적으로 저온·저압 조건에서 형성되는 대표적인 저변성암(低變成岩, Low-Grade Metamorphic Rock)이다. 이름처럼 암석이 녹색을 띠는 이유는 주로 녹니석(Clinochlore), 청석영(Blue Quartz), 방해석(Calcite), 백운모(Muscovite), 사문석(Serpentine) 등 녹색 광물이 주요 구성성분이기 때문이다. 녹색편암은 보통 광역변성작용으로 형성되며 300℃ 이하의 온도와 전단응력에서 전형적으로 생성된다. 편암의 편리(Schistosity)는 편암이라는 변성암에서 나타나는 가장 특징적인 구조로, 판상 또는 침상 광물들이 한 방향으로 정렬되어 생긴 평행한 조직이다(그림38).

그림 38 고원생대 녹색편암의 편리

이 구조 덕분에 편암은 종잇장처럼 얇게 벗겨지는 성질을 가지며, 이를 '편리'라 부른다. 광물이 일렬로 배열된 편리가 발달했으나, 고변성암인 편마암과 달리 상대적으로 낮은 압력과 온도 아래서 변성되었기 때문에 편리를 구성하는 광물의 결정이 편마암보다 작다.

그림 39 기저역암(중생대 백악기 울련산 역암층)

부정합면 위에 퇴적된 중생대 울련산 기저역암층의 역은 대부분 각력이 주를 이룬다. 그중 일부는 부정합면 아래에 분포하는 고생원대 녹색편암에서 떨어져 나온 돌조각이며, 사진 속 녹색 돌조각 중 큰 것에는 녹색편암 특유의 얇은 편리가 잘 드러난다(그림39).

4. 축산항(丑山港)과 죽도산 육계도

영덕군 축산면에 자리한 축산항은 북쪽의 와우산, 동쪽의 죽도산, 남쪽의 육계사주로 둘러싸인 만(灣)에 자리한다(그림40). 축산항 동쪽의 죽도산은 『대동여지도』에서는 축산, 현재의 축산항은 축산포(丑山浦)로 표기돼 있다. 그러나 19세기 초에 제작된 광여도에는 죽도(竹島)로 표기돼 있어, 조선시대에는 축산과 죽도라는 명칭이 함께 쓰였던 것으로 보인다.

그림 40 축산항과 죽도산 전경

축산항은 일제강점기인 1924년에 개항했고, 1971년 국가 어항으로 지정되어 영덕군 북부의 주요 어항으로 자리 잡았다. 죽도산은 원래 죽도라는 섬이었으며, 중생대 백악기인 약 1억 년 전 자갈, 모래, 진흙이 굳어 형성된 퇴적암이 분포하는 지오사이트다.

1) 섬이 육지가 된 죽도산

현재보다 지구 기온이 낮았던 최후 빙기 해수면이 현재보다 약 125m 낮아져 축산항 일대가 말미산, 죽도산, 와우산으로 둘러싸인 깊은 골짜기를 형성했다. 이후 후빙기에 해수면이 상승하면서 깊은 만으로 바뀌었고, 축산천이 운반한 토사가 만을 서서히 메우면서 현재의 지형이 형성되었다. 이 과정에서 축산천이 운반한 모래가 파랑과 연안류의 영향을 받아 죽도산과 육지를 연결하는 육계사주(陸繫砂洲, Tombolo)를 만들었고, 죽도산은 섬에서 육지가 되었다. 섬이 육지와 연결된 지형을 육계도라고 한다(그림41).

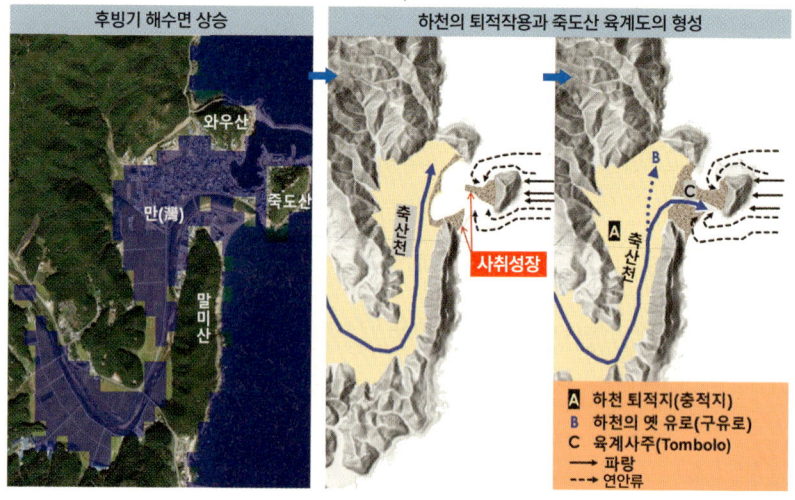

그림 41 죽도산 육계도의 형성 과정

현재 육지와 연결된 죽도산은 19세기 초에 제작된 광여도에는 죽도(竹島)로, 대동여지도에는 축산(丑山)이라는 섬으로 표기돼 있다(그림42). 1918년에 제작된 일제강점기 지도에는 죽도산이 육계사주를 통해 육지

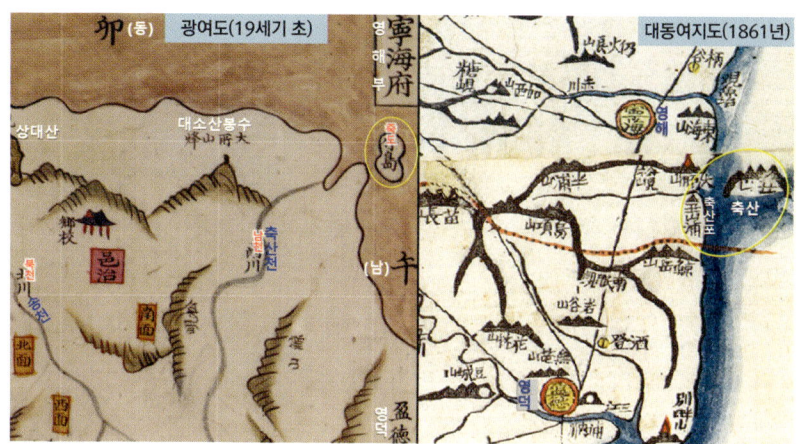

그림 42 고지도에 표시된 죽도산

와 연결돼 있다. 불과 50여 년 만에 축산천이 운반한 토사의 퇴적으로 육계사주가 발달했고, 이로 인해 죽도가 죽도산으로 육지화된 것이다. 하천과 바다가 만나는 하구의 퇴적지형은 해류와 파랑, 연안류, 인간의

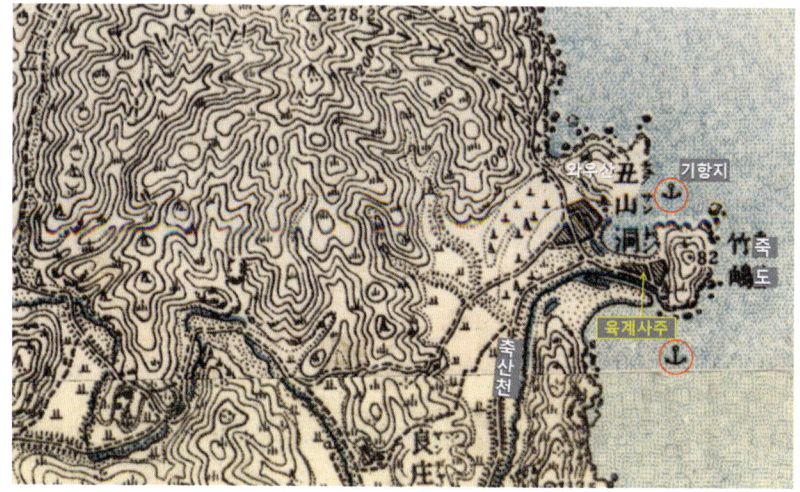

그림 43 일제강점기 지형도(1918년)

인위적인 간섭 등으로 지형 변화가 매우 빠른 편이다. 당시 일제강점기 지도에는 현재는 사라진 호수도 표시되어 있으며, 축산항은 모래해안으로 표기돼 있다. 현재는 모래를 준설하고 항만 조성 공사를 해 배가 드나드는 항구가 되었지만, 1918년만 해도 와우산과 죽도산 사이에 축산천이 운반한 모래가 쌓여 전형적인 포켓 비치(Pocket Beach)를 이루고 있었다. 축산항이 모래해안 이었던 1918년경에는 작은 배를 대는 기항지(정박소)가 죽도산 남쪽과 북쪽 해안에 있었던 것으로 보인다(그림43).

2) 죽도산의 지형과 암석 분포

죽도산 일대의 지질은 영덕군 북부 경상계 퇴적암층의 대부분을 차지하는 백악기 울련산 역암층에 해당한다. 아래 사진처럼 역이 많은 부분과 모래가 많은 부분으로 구분된다. 울련산 역암층은 원마도가 낮고 조립질 역으로 구성돼 있어, 육상 분지에서 형성된 역암의 특징을 갖고 있

그림 44 울련산 역암층

다. 이는 하상 경사가 급한 급류나 산지 하천과 평지가 만나는 지점에 형성된 선상지(Alluvial Fan) 퇴적물로 보인다(그림44).

[사람 바위] 죽도산 동쪽 해안에는 고개를 약간 숙이고 바다를 응시하며 앉아 있는 사람 형태의 바위가 있다. 사람 바위는 셰일층과 역암층이 호층을 이루는 퇴적암이 풍화되는 과정에서 형성되었다. 고개를 숙인 것처럼 보이는 이유는 죽도산에 분포하는 퇴적암의 층리(層理, Bedding)가 경사져 있기 때문이고, 눈처럼 보이는 구멍은 역암층의 자갈이 빠져나간 자리가 염풍화로 확대돼 형성된 타포니(Tafoni, 풍화혈)라는 미지형이다(그림45).

그림 45 죽도산 사람 바위의 형성 과정

이처럼 경사진 울련산 역암층이 오랜 세월 풍화, 침식 과정을 거쳐 지금의 사람 바위가 형성되었다(그림46).

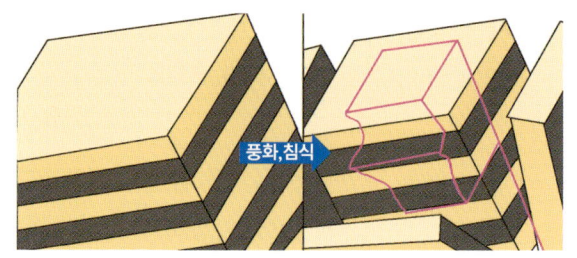

그림 46 사람 바위의 형성 과정

[관입 암맥과 포획암(捕獲巖, Xenolith)] 죽도산 동쪽 해안에는 북북동-남남서 방향의 단열을 따라 대규모 암맥(巖脈, Dyke)이 관입해 있다. 고온 고압의 마그마가 관입하는 과정에서 울련산 역암층 아래 자리한 원생대의 기반암에서 뜯겨 나온 자갈이 암맥을 형성한 마그마와 함께 굳어 포획암이 형성되었다. 포획암은 관입한 마그마와는 관련이 없는 돌조각으로 암맥이나 울련산 역암층과도 뚜렷하게 구분된다. 내부에는 규암, 화강암 등 울련산 역암층과 전혀 다른 다양한 암질의 자갈이 들어있다(그림47).

그림 47 관입 암맥과 포획암(捕獲巖, Xenolith)

5. 경정리 중생대 퇴적암과 생흔화석
(生痕化石, Ichnofossil)

영덕군 축산면 경정리 131-1 해안을 중심으로 중생대 백악기 경상계 퇴적암에 해당하는 적색 이암, 사암, 역암이 분포한다. 특징적인 암석은 적색 이암층으로, 시각적으로도 가장 두드러진다. 적색 이암층은 울진군 온정면 광품리에 자리한 광품폭포를 이루는 암석이기도 하다. 경정리 북쪽 해안의 적색 이암은 '차유돔 바위'로 불리며 해식애와 넓은 파식대를 이루고, 도로변과 해식애에도 층리가 노출돼 있다(그림48).

그림 48 경정리 북쪽 해안의 지형(차유돔 바위)

경정리 남쪽 해안에는 경사진 층리를 따라 기울어진 파식대와 시스택이 발달했다. 파식대(波蝕台, Wave-Cut Shelf)는 파랑의 침식으로 형성된 해안의 평탄한 바위 지대를 말한다. 해안선이 단조로운 동해안처럼 파랑의 에너지가 강한 해안에서 이런 파식대가 잘 발달한다. 경정리 중생대 퇴적암이 분포하는 해안은 영덕 동해안에서도 가장 평탄한 파식대를 이루고 있다. 시루떡처럼 층층이 쌓인 퇴적암의 층리 면을 따라 파랑의 침식이 진행된 결과다. 반면 영덕해맞이공원 일대의 화성암(화강섬록암, 화강암)은 벽개나 층리가 없는 괴상(塊狀, Massive) 암석이기 때문에 단열을 따라 매우 울퉁불퉁한 파식대가 발달한다.

1) 지각 운동의 흔적

경정리 북쪽 해안의 파식대에는 다양한 방향의 단열(Fracture)이 발달했다. 이 가운데 파식대의 전체적인 형태와 파식구와 같은 해안 침식지형의 배열에 가장 큰 영향을 준 것은 북동동-남서서, 북북서-남남동 방향의 단열이다. 또한 북북동-남남서 방향의 단열도 경정리 해안의 지형형성과 배열에 영향을 미쳤다. 특히 북북서-남남동 방향의 단열 중 일부는 단층운동의 결과 형성된 것으로 보인다(그림49).

그림 49 경정리 북쪽 해안 파식대의 단열

차유돔 바위 파식대 면은 발달한 단열을 따라 차별적인 파식이 진행되어 파식구(波蝕溝), 마린포트홀 등 해안 침식지형이 분포한다. 북북동-

남남서 방향과 북북서-남남동 방향의 단열이 교차하는 지점에 북북동-남남서 방향의 단열이 좌우로 어긋나 있다. 이는 북북동-남남서 방향의 단열이 먼저 형성된 후, 북북서-남남동 방향의 주향이동 단층운동이 발생해 적색 이암층이 좌우로 이동했음을 의미한다(그림50).

그림 50 단층운동의 흔적

적색 사암에서는 일렬로 퇴적된 자갈이 예리한 칼로 자른 듯한 매끈한 단면이 관찰된다. 퇴적층에 박힌 자갈이 이렇게 매끈하게 절단되는 현상은 단층운동으로 퇴적암이 잘릴 때 형성된다(그림51).

그림 51 지각운동으로 잘린 역

차유돔 바위 파식대와 해식애에는 북북서-남남동 방향의 단열을 따라 형성된 얇은 광맥(Vein)이 여러 줄 관찰 된다. 지하의 고온·고압 상태에서 지하수나 마그마에 의해 가열된 열수가 단열을 따라 침투하고, 냉각되며 석영·장석 등 광물이 결정화되어 가느다란 광맥을 형성한다. 퇴적암층이 제거된 단면에서는 훨씬 큰 광물 결정이 드러난다(그림52).

그림 52 단열과 광맥(Vein)

그림은 차유돔 바위 남쪽 해안에 자리한 시스택을 이루는 울련산 역암층에 발달한 단층이다. 퇴적암을 자른 단층의 주향은 북서-남동 방향이다. 사진에서 오른쪽 퇴적층은 위로, 왼쪽 퇴적층은 아래로 이동한 모습을 확인할 수 있다(그림53).

위에서 제시된 단열과 단층, 암맥 등의 노두를 통해 경정리 해안에 분포하는 중생대 퇴적암이 형성된 이후 현재까지 영덕 동해안 일대에서 활발한 지각운동이 있었음을 알 수 있다.

또한 경정리 해안의 파식대와 시스택을 이루는 중생대 백악기 퇴적암층에는 하천의 하도(河道, Channel)에서 형성된 퇴적구조와 생물이 활동

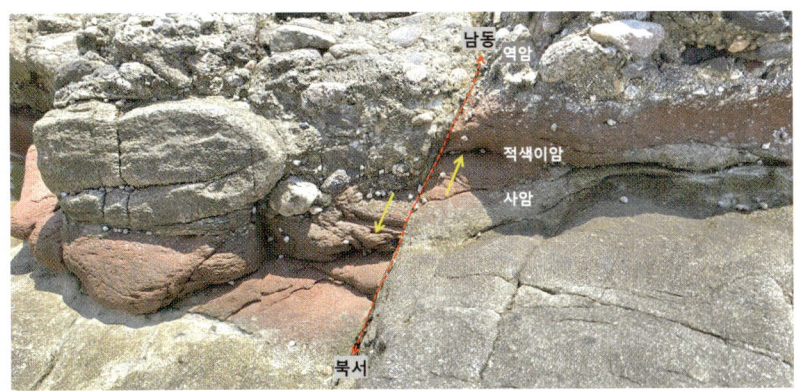

그림 53 경정리 남쪽 해안의 단층 노두

하며 퇴적층을 교란한 흔적인 생흔화석(서관구조)을 관찰할 수 있다. 경정리 해안의 적색 바위는 고운 진흙이 퇴적된 이암이며, 밝은색 바위는 사암, 역암, 역이 섞인 역질사암 등 다양한 퇴적암으로 구성되어 있다.

경정리 해안의 적색 이암에 자리한 해식애에는 염풍화로 형성된 동굴

그림 54 타포니

형태의 타포니가 발달했다. 타포니는 입자가 굵고 암석 조직이 치밀하지 않은 응회암에서 잘 형성되는 경향을 보이는 풍화 지형인데, 상대적으로 입자가 고운 이암에 발달했다는 점에서 특이하다(그림54).

2) 하도구조(河道構造, Fluvial Sedimentary Structure)

경정리 해안의 퇴적암에서는 하천의 하도를 중심으로 형성된 하도구조가 뚜렷하게 나타난다. 이는 과거 하천의 흐름에 의해 형성된 퇴적구조가 경정리 해안 퇴적암에서 확인된다는 의미다. 경정리 북쪽 차유돔 바위 일대 파식대에는 하도구조에 해당하는 층리(層理, Bedding) 사층리(斜層理, Cross Bedding), 점이층리(漸移層理, Graded Bedding) 등 다양한 퇴적구조가 관찰된다. 하천은 퇴적 작용을 통해 다양한 구조를 남기며, 이들 구조는 과거 하천이 흐르던 방향, 유속, 수심, 퇴적물의 종류 등을 해석하는 데 중요한 단서가 된다.

그림 55 적색 이암과 사암층(Shale-Sandstone Interbedding)

[**층리(Bedding)**] 경정리 북쪽 차유돔 바위 일대 해안에는 적색 이암, 사암, 역질 사암 등 다양한 퇴적암의 시루떡 같은 층리를 관찰할 수 있다. 층리는 하천, 호수, 바다 등에서 형성된 퇴적암에 잘 발달한다. 경정리 해안의 적색 이암과 회색 사암층은 입자의 크기, 성분, 색 등이 다른 퇴적층이 규칙적으로 교차하는 층리의 교호(Interbedding)를 보여준다(그림55).

경정리 해안처럼 이암과 사암, 역질 사암층이 번갈아 퇴적된 것은, 퇴적 환경이 고에너지에서 저에너지로, 저에너지에서 고에너지로 변화했음을 의미한다. 사암, 역질 사암 등은 유속이 빠른 고에너지 환경(조류, 파랑, 하천의 홍수 시)에서, 적색 이암층은 유속이 느리거나 정체된 저에너지 환경(조간대, 삼각주, 범람원)에서 퇴적되었다. 사암층 내에서도 입자 크기가 다양한 역질 사암층과 사암층이 교대로 쌓인 구조가 관찰되는데, 이는 퇴적 환경의 변화가 매우 잦았음을 보여준다. 이 같은 변화는 조간대의 영향을 받는 하천의 하구나, 계절에 따른 강수량의 변동으로 인한 하천 유량 변동 때문일 가능성이 있다. 역질 사암의 역은 장축이 좌우로

그림 56 경정리 해안의 퇴적암층

놓여 있는데, 이는 퇴적층이 형성될 당시 하천이 좌에서 우로, 또는 우에서 좌로 흘렀음을 의미한다. 하천에 역이 퇴적될 때 물이 흐르는 방향으로 역의 장축이 놓이기 때문이다(그림56).

경정리 해안의 적색 이암은 실트 크기 이하의 고운 진흙이 쌓인 후 공기와 접촉해 산화되는 환경에서 퇴적된 것으로 추정된다. 이런 환경은 하천 범람으로 토사가 쌓여 형성되는 범람원(汎濫原, Flood Plain)에 해당한다. 물에 부유(浮游)하여 운반되던 진흙이나 실트는 범람한 하천수의 유속이 급격히 줄어드는 범람원에서 서서히 퇴적되며, 자연제방에서 멀어질수록 퇴적되는 입자의 크기가 작아진다. 범람이 끝나고 퇴적층이 공기 중에 노출되면 철 성분이 산화하여 붉은색을 띠며 굳어져 적색 이암이 된다(그림57). 반면 퇴적층에 묻히거나 하천의 하도 퇴적층처럼 공기와 접촉이 불가능한 환경에서는 산화되지 않아 적색 퇴적암층이 형성되기 어렵다.

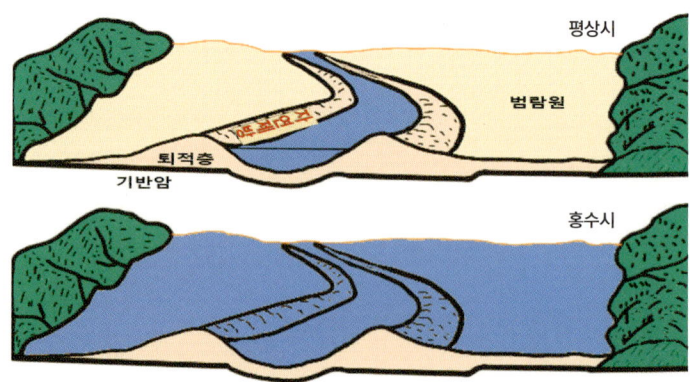

그림 57 범람원의 형성 과정

[점이층리] 점이층리는 층리면의 한쪽에서 반대쪽까지 퇴적 입자의 크기가 일정하게 변화하는 것으로, 대부분 입자가 큰 퇴적물이 밑에 위

치하고 위로 올라갈수록 입자의 크기가 작아지는 정점이층리로 나타나며, 상향 세립화 양상을 보인다. 점이층리는 일반적으로 층리가 형성된 퇴적 환경에서 시간이 흐를수록 운동 에너지(흐름의 속도)가 줄어들 때 정점이층리(Normal Graded Bedding)가 형성되고, 반대로 입자 크기가 증가하는 조건에서는 역점이층리(Inverse Graded Bedding)가 형성된다.

정점이층리는 물이 흐르지 않고 정체된 호수와 유량이 증가했다가 감소하는 강과 같은 퇴적 환경에서 제일 흔하게 나타난다. 아래 사진은 전형적인 점이층리는 아니지만, 입자가 큰 퇴적물에서 입자가 작은 퇴적물로 변하는 양상(파란화살표)를 보여준다. 역질사암층의 퇴적구조는 아래에서 위로 갈수록 퇴적물의 입자 크기가 작아지는 점이층리 형태가 나타나지만, 퇴적층의 분급(分級, Sorting)이 불량하고 층리가 뚜렷하지 않다. 하천의 유량이 증가했다 감소하는(퇴적 환경이 고에너지에서 저에너지로) 과정에서 입자가 큰 자갈, 모래, 실트가 차례로 퇴적돼 형성된 것으로 추정된다(그림58).

그림 58 점이층리

[**사층리**] 모래나 고운 모래(미사)가 퇴적되며 형성된 지층 중에 평행

하지 않은 구조가 나타나는데, 이를 사층리(기울어진 층리)라고 한다. 사층리는 수심이 얕은 하천, 사막이나 해안사구의 퇴적층에서 잘 형성되는 구조다(그림59). 하천이 크게 곡류(曲流)하며 흐를 때 하천의 포인트 바에 해당하는 안쪽에는 모래와 같은 퇴적물이 쌓이고, 공격사면에 해당하는 바깥쪽은 침식이 진행된다. 이때 안쪽에서 모래가 퇴적되면서 경사진 사층리 구조가 형성된다. 사막에서 모래바람이 불어 사구가 형성될 때 바람이 부는 쪽은 경사가 완만하고, 바람 그늘 쪽은 경사가 급한 사층리가 형성된다.

그림 59 적색 사암의 사층리

3) 생흔화석(生痕化石, Trace fossil)

경정리 중생대 퇴적암의 사암층과 적색 이암층 경계부에는 사암층의 모래 일부가 적색 이암층 사이로 밀고 들어온 듯한 독특한 퇴적구조가 관찰된다. 이 구조는 적색 이암층과 사암층이 퇴적될 당시, 모래에 서식하던 다양한 생물들이 퇴적물로부터 영양분이나 먹이를 얻기 위해 굴을 파기도 하고, 퇴적물 속에서 이동하며 퇴적물을 헤집어 놓은 흔적에 모래가 채워진 결과이다. 즉, 경정리 적색 이암과 사암층이 형성되던 중생대 백악기에 서식하던 생물의 활동으로 인해 교란된 흔적이 화석화된 것이다. 퇴적층이 형성될 당시 이 지층에 서식했던 생물의 활동으로 적색 이암층의 층리가 교란된 구조를 일명 서관구조(Burrows)라고 부른다(그림60).

그림 60 생흔화석(서관구조)

위에서 기술한 경정리 해안의 퇴적암에서 관찰되는 다양한 퇴적구조와 생흔화석은, 퇴적층이 형성되던 중생대 백악기 경정리 동해안의 생태 환경을 알 수 있는 중요한 지질학적 자료이다.

6. 창포리의 화강섬록암과 약속 바위

경북 영덕군 영덕읍 창포리 3번지 바닷가에는 영덕해맞이 공원이 자리하고 있으며, 공원 아래 해안에는 파랑의 침식으로 형성된 다양한 형태의 화강섬록암 바위가 노출되어 있다. 창포리 해안은 지각운동으로 형성된 단열을 따라 진행된 강한 파랑의 침식작용으로 약속 바위, 마당 바위, 마린포트홀, 거력(巨礫)해안 등 다른 곳에서 볼 수 없는 암석해안을 이루고 있다(그림61). 동해로 돌출된 곶(串)에 위치한 창포리 암석해안에는 파식대, 시스택, 마린포트홀 등 다양한 해안 침식지형이 발달했으며, 경정리의 중생대 퇴적암과 달리 창포리 화강섬록암은 층리나 벽개, 편리와 같은 쪼개진 결이 없어 파식대가 평탄하지 않고 울퉁불퉁하며 거칠다.

그림 61 창포리 해맞이 공원의 해안 지형

창포리 해안에 노출된 화강섬록암은 밝은색을 띠지만, 사람 몸의 점처럼 짙은 암녹색 부분이 아주 많아 독특한 경관을 보인다. 약속 바위 북쪽 해안에는 화강섬록암 관입 후 진행된 지각운동의 흔적인 암맥, 페그마타이트 등도 관찰된다.

1) 창포리 해안의 지형과 단열 분포

창포리 해안의 거시적 윤곽에는 북북동-남남서 방향의 단열이 큰 영향을 미쳤으며, 영덕군 해안 전체의 윤곽 또한 이 방향과 일치한다. 암석해안인 창포리에서 바다가 육지로 침식해 들어온 방향은 서북서-동남동(동서) 방향의 단열을 따른다(그림62). 마그마의 냉각으로 형성된 화강섬록암은 괴상 암석이라 특별히 쪼개지는 결이 없다. 그래서 지각운동으로 화강섬록암이 갈라지고 깨진 단열은 약한 부분이 되어 먼저 풍화와 침식이 진행된다. 이 외에도 북서-남동, 북북서-남남동 방향의 여러 단열이 관찰되며, 해맞이공원이 자리한 작은 골짜기 또한 서북서-동남동 방향 단열을 따라 형성된 지형이다. 창포리 해안은 대부분 가파른 절벽으로 접근이 어렵지만, 이 골짜기 덕분에 영덕해맞이 공원 산책길과 정자 같은 시설이 조성될 수 있었다.

그림 62 창포리의 단열 분포와 해안 지형

창포리 해안을 이루는 화강섬록암은 형성 이후 활발한 지각운동을 겪었음을 아래 사진의 노두가 증명하고 있다. 규장질 암석으로 밝은색을 띠는 화강섬록암에는 유색광물이 풍부한 검은 돌, 즉 포유암이 박혀 있는 모습이 보이며, 이를 가르는 여러 줄의 단열이 발달해 있다(그림63).

그림 63 포유암에 발달한 단열

파식대인 마당 바위와 마린포트홀 약속 바위에서 블루로드를 따라 남쪽으로 내려가면 해수면보다 높은 곳에 평평한 너럭바위가 있다. 현장을 보면 마당 바위라는 이름을 붙인 이유를 직관적으로 알 수 있다. 바위 표면에 5개의 둥근 구멍이 파여 있는데, 파도와 자갈의 침식으로 형성된 마린포트홀(Marine Pothole)이다. 마당 바위는 현 해수면보다 고도가 높아 큰 파도가 칠 때가 아니면 파랑의 영향을 받지 않지만, 큰 파도가 치면 마당 바위 표면까지 올라온다. 현재는 파랑의 직접적인 침식을 받지 않으나, 최근까지도 파랑의 침식을 받았던 파식대로 추정된다.

마당 바위가 파랑의 침식으로 형성된 파식대라고 추정할 수 있는 근거는 두 가지다. 첫째, 마당 바위 일대는 수직·수평 절리로 구획된 거대한 Joint Block을 이루고 있다. 파랑의 침식이 수평 절리 면을 따라 진행되면서 블록이 침식되어, 주변의 울퉁불퉁한 파식대와 달리 마당 바위 표면이 대패로 깎은 듯 평탄하다. 둘째, 마당 바위 표면에 발달한 마린포트홀이다. 과거 고도가 현재보다 낮아 파랑의 침식 환경에 놓였을 당시, 바위 표면의 절리를 따라 파랑과 자갈의 마식작용(磨蝕作用, Abrasion)으로 마린포트홀이 형성되었다.

현재 마린포트홀은 파랑과 자갈의 직접적인 침식보다, 마린포트홀에 고이는 빗물이나 큰 파랑이 칠 때 올라온 바닷물이 마당 바위 표면을 풍화, 침식하면서 점점 확대되고 있다. 파식대 시절 형성된 마린포트홀이 웅덩이처럼 오래 물을 담고 있어, 주변보다 물리·화학적 풍화작용이 활발하다. 마린포트홀 주변에는 화강섬록암이 양파껍질 벗겨지듯이 박리 현상이 진행되고 있다. 만약 현재도 파도와 자갈의 마식작용이 진행 중이라면 박리 현상을 볼 수 없을 것이다. 마당 바위 표면이 현재도 파식을 받고 있다면 표면이 매끄러워야 하지만 거친 편이다. 파랑의 침식보다 바닷물의 증발에 따른 염풍화 작용, 겨울철 결빙에 의한 물리적 풍화작용을 받는 것으로 보인다. 마당 바위는 과거 파랑의 침식으로 형성된 파식대이

그림 64 마당 바위와 마린포트홀

고, 표면의 웅덩이 또한 당시 파랑의 마식작용으로 형성된 마린포트홀이 현재는 물리·화학적 풍화작용에 의해 변형되고 있는 현장이다(그림64).

[**약속 바위**] 창포리 화강섬록암 해안을 대표하는 경관으로 화강섬록암 바위가 여러 방향의 단열과 절리를 따라 차별적인 풍화, 침식이 진행돼 사람 주먹 모양을 이루고 있다(그림65). 약속 바위 주변의 절리가 진흙 덩어리를 눌렀을 때 옆으로 진흙이 밀려나며 형성되는 흔적처럼 배열된 점도 매우 특이하다. 암석이 풍화되면서 광물 조직이 느슨해지면, 마그마가 냉각되는 과정에서 발생한 잠재적 균열이 절리로 드러나기도 한다. 지하에 있던 화강섬록암이 지표의 침식으로 상부 지층이 제거되면서, 누르던 하중이 사라지고 지표면과 평행한 판상절리가 형성될 수도 있다. 화강섬록암에 발달한 절리는 바닷물이 주변보다 많이 스며들어 수분이 증발하면 소금 결정이 빨리 성장하여 염풍화를 촉진한다. 이 과정이 반복되며 주변보다 빠른 풍화, 침식이 이루어져 화강섬록암 표면에 사람 손 모양의 약속 바위가 형성되었다. 약속 바위 표면은 매끄럽지 않고 광물 입자가 손에 까칠하게 만져지는데, 이는 파랑의 침식작용보다

그림 65 약속 바위와 절리

염풍화 작용이 더 우세하게 진행된 결과로 보인다.

[거력해안(巨礫, Boulder)]   약속 바위에서 마당 바위를 지나 남쪽으로 가면 큰 자갈이 놓여 있는 해안이 있다. 이곳의 자갈은 둥글거나 타원형이지만 일반적인 몽돌 해안의 자갈과는 비교되지 않을 정도로 크다(그림 66). 해안을 구성하는 자갈의 지름이 256mm 이상이면 거력해안이라고 한다. 거력은 바다와 해안 급경사에서 굴러온 화강섬록암 자갈이, 오랜 기간 파랑의 침식과 자갈 사이의 마찰로 둥근 거력이 되었다. 거력해안은 화강암·화강섬록암이 절리로 구획되어 Joint Block을 이루고, 이 블록들이 풍화로 떨어져나와 바다로 공급되는 과정에서 형성된 지형으로, 경북 동해안에서는 매우 희귀한 지형이다.

그림 66 거력해안

2) 암맥(Dyke)과 페그마타이트(Pegmatite)

[암맥(Dyke)]   암맥은 기존의 암석 틈으로 관입한 마그마에 의해 형성되기 때문에, 관입 당한 암석과 지질학적인 시차가 발생한다. 관입한 암

맥이 관입 당한 암석보다 지질학적 나이가 젊다(관입의 법칙).

약속 바위에서 북쪽으로 블루로드를 따라 걸어가면 길옆 급경사면에 암록색의 고철질 암맥이 관입해 있다. 암맥의 주변에는 암맥의 방향과 동일한 단열이 발달해 있으며, 암맥의 주향은 동북동-서남서 방향이다. 이는 화강섬록암이 형성된 후 발생한 지각운동으로 단열이 형성되고, 그 단열을 따라 마그마가 관입해 암맥이 형성되었음을 보여준다(그림67).

그림 67 화강섬록암과 암맥

[**페그마타이트(Pegmatite)**] 페그마타이트란 마그마가 냉각되면서 형성되는 거정질 화성암으로, 1cm 이상의 큰 결정들로 이루어져 있다. 주성분은 석영, 장석류(정장석, 미사장석, 퍼싸이트, 앨바이트 등)이며, 희유 원소나 귀금속 등을 함유하기도 한다. 유용한 광물이 모여 광상(鑛床)을 이루면 페그마타이트 광상이라고 한다.

고철질 암맥의 남쪽, 블루로드 바로 옆에도 페그마타이트가 노출돼 있다. 페그마타이트는 마그마에서 광물 결정이 형성되는 마지막 단계에 속한다. 이 때문에 상대적으로 낮은 온도에서 결정화된 석영과 장석 결정이 주를 이루며, 기존의 화강섬록암 결정보다 훨씬 큰 결정을 보인다(그림68). 화강암, 화강섬록암 지대에서 페그마타이트가 자주 발견된다.

그림 68 페그마타이트

3) 화강섬록암과 포유암(Enclave)

포유암은 철, 마그네슘, 각섬석 같은 유색광물이 풍부한 고철질 마그마가 석영, 장석이 풍부한 규장질 마그마와 섞일 때 형성된다. 화강섬록

그림 69 포유암의 형성 과정

암, 화강암 등 밝은색 암석들은 모두 규장질 마그마가 냉각되며 형성된 암석이다. 두 마그마는 완전히 섞이지 않고, 마치 물 위에 기름이 떠다니는 듯 유색광물이 풍부한 고철질 마그마가 규장질 마그마 속에 기름덩어리처럼 떠다니게 된다. 이렇게 조성이 전혀 다른 두 마그마가 혼합된 채로 냉각되면서 창포리의 포유암이 만들어졌다(그림69).

아래 그림은 화강섬록암에 발달한 포유암을 보여준다. 오른쪽 그림은 상당히 풍화가 진전된 화강섬록암과 포유암의 모습이다. 밝은색을 띠는 화강섬록암이 짙은 색의 포유암 보다 먼저 풍화가 진행돼 포유암이 튀어나와 있다. 반대로 포유암이 더 빠르게 풍화된 사례도 창포리 해안 곳곳에서 확인된다(그림70).

그림 70 화강섬록암 속 포유암

[**화강섬록암의 풍화**] 지하 깊은 곳에 관입한 마그마가 고온·고압 환경에서 서서히 냉각되면, 조암광물의 입자가 굵은 조립질 암석이 형성되는데 이를 심성암이라 한다. 화강암과 화강섬록암이 이러한 과정을 거쳐 형성된다. 오랜 지질시대를 거쳐 지표면이 침식되면 심성암이 지상으로 드러나고, 저온·저압 환경과 계절적인 온도 변화에 노출되면서 풍화

가 진행된다. 이 과정에서 심성암을 구성하는 광물 중 석영과 장석은 풍화에 강해 유색광물보다 오래 남아 풍화층을 형성한다. 조립질 광물 알갱이로 이루어진 풍화층은 빗물에 침식돼 바다로 운반되면서 대부분 모래로 변한다. 아래 사진은 화강섬록암의 풍화층으로, 겉보기에는 화강섬록암과 비슷하지만, 손톱으로 긁으면 광물 알갱이가 쉽게 떨어져 나오는 모습이 관찰되며, 매우 큰 결정들로 구성되어 있다(그림71).

그림 71 화강섬록암 풍화층

[핵석(核石, Coarse Stone)] 해맞이 공원에서 약속 바위 쪽으로 내려가다 보면, 소나무 아래에 둥근 화강섬록암 바위 무리(群, Group)가 있다(그림72). 이 바위들은 하천에 의해 운반되는 과정에서 침식을 받아 형성된 강자갈처럼 표면이 둥글다. 그렇다면 능선 정상에 자리한 이 둥근 바위들은 어떻게 형성됐을까?

창포리 해안 지형의 거시적 윤곽은 북북동-남남서(남북)와 동북동-서남서(동서) 등 여러 단열의 영향을 받았다. 이 단열로 Joint Block을 형성한 화강섬록암은, 수분이 많은 땅속에서 단열(절리) 면을 따라 선택적으

그림 72 화강섬록암 핵석 무리

로 풍화가 일어난다. 풍화는 특히 화강섬록암 블록의 각진 모서리에 집중되어 점차 둥글게 변화하는데 이를 구상풍화(Spheroidal Weathering)라고 한다. 주변 블록은 모두 풍화층으로 변하고 둥근 블록만 남는데, 이를 핵석이라고 부른다(그림73). 침식으로 풍화층이 제거되면 사진처럼 핵석이 지표에 노출된다. 또한 화강암이나 화강섬록암의 풍화층에 남아 있는 핵석은 신생대 제3기 우리나라가 아열대 환경에 놓였을 때 화학적 풍화로 형성된 지형이라는 주장도 있다.

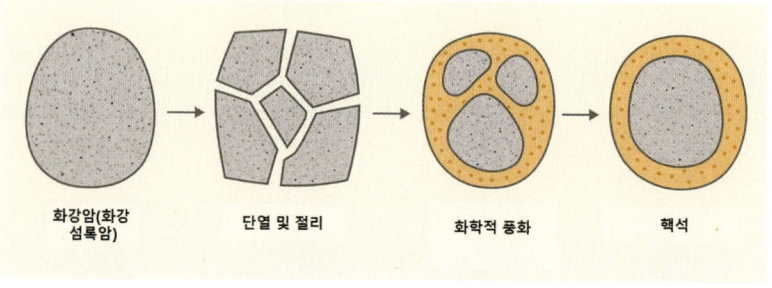

그림 73 핵석의 형성 과정

7. 오십천의 곡류 절단 흔적 용추폭포

영덕군 지품면 신안리 산 33-2 번지에 용추폭포가 있다. 용추폭포가 자리한 곳은 오십천(五十川)의 지류인 신안천의 곡류 절단 구간이다. 15m 높이의 용추폭포는 2단 폭포를 이룬다(그림74).

그림 74 용추폭포

1) 신안천의 곡류 절단과 용추폭포

약 3만 년 전, 신안천은 지금보다 훨씬 심한 감입곡류천을 이루고 있었고, 당시에는 용추폭포도 존재하지 않았다. 현재의 용추폭포 지점보다 하류 쪽에 곡류천의 지속적인 침식으로 가느다란 능선을 이루는 곡류목(Meander Neck))이 형성 되었다. 이후 곡류목이 절단되며 물길이 기존 유로와 새로운 유로로 갈라졌고, 신안천의 하각작용으로 과거의 유로는 현재처럼 물이 흐르지 않는 구하도(구유로)가 되었다. 곡류목이 끊어진 자리에는 상·하류 간 고도 차이로 인해 용추폭포가 탄생했고, 두부침

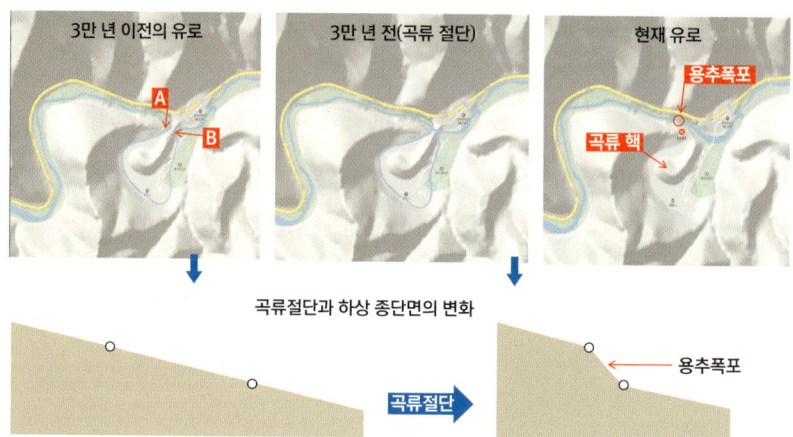

그림 75 곡류 절단과 용추폭포의 형성 과정

그림 76 용추폭포와 신안천의 구유로

식을 거쳐 용추폭포는 점차 상류로 후퇴해 현재 위치에 자리하게 되었다. 이러한 과정에서 절단된 곡류 구간은 양쪽이 절벽으로 둘러싸인 협곡으로 남았다(그림75, 76).

용추폭포를 형성한 곡류 절단은 현재 유로의 방향과 동일한 북북서-남남동(남북) 방향의 단열을 따라 이루어졌다. 단열은 암석이 갈라지고 깨진 틈이므로 수분이 쉽게 침투하고 순환이 활발해 풍화와 침식이 우선적으로 진행된다. 용추폭포 상류 하상에는 북북서-남남동, 북동동-남서서(동서) 방향의 단열이 조밀하게 발달해 있으며, 이러한 곳에서 풍화, 침식이 더 잘 진행된다. 용추폭포를 탄생시킨 신안천의 곡류 절단은 하천의 침식과 지각운동으로 형성된 단열의 합작품이다. 하상 바로 옆에는 두 방향의 단열로 형성된 Joint Bock이 발달했고, 계단처럼 여러 층의 단(段)을 이루고 있다(그림77).

그림 77 용추폭포 상류 하상의 단열 분포

용추폭포 형성에 기여한 또 하나의 지질 현상은 북북서-남남동 방향의 단열과 동일 방향으로 뻗어있는 녹색의 섬록암질 암맥이다. 2~3m 폭으로 관입한 이 암맥은 북북서-남남동, 북동동-남서서 방향의 절리가

그림 78 단열과 섬록암질 암맥

매우 치밀하게 발달했다. 암맥은 기존의 차가운 암석 틈으로 관입해 빠르게 냉각되면서 절리가 치밀하게 발달하므로 풍화, 침식이 빠르게 진행된다. 용추폭포 상류를 흐르는 신안천은 이 섬록암질 암맥을 따라 흐른다(그림78). 섬록암질 암맥은 단열에 의해 조인트 블록을 이루고, 절리를 따라 풍화가 진행되어 계단모양의 단을 만든다. 이런 단에 물이 흐르며

그림 79 단열과 포트홀 분포

폭포가 형성되었고, 섬록암질 암맥의 이런 지형적 특징이 용추폭포 발달에도 큰 영향을 미쳤다.

  단열은 하천의 침식을 유도하기 때문에 암석으로 이루어진 기반암하상에 형성되는 포트홀의 형태와 배열에도 영향을 준다. 용추폭포 일대의 거시적인 지형 윤곽과 지형 요소 배열에 영향을 준 북북서-남남동 방향의 단열을 따라 포트홀(돌개구멍)이 여러 개 배열되어 있다(그림79).

2) 아다카이트(Adakite)

  용추폭포 일대에 분포하는 암석은 지질도 상, 중생대 초기인 트라이아스기(삼첩기) 각섬석 화강암으로 표기된다. 그러나 경북 지질공원 안내문에는 '용추폭포 일대는 화강섬록암이 분포하나, 특이한 성분 특성을 가져서 아다카이트라고 불린다' 라고 설명한다. 아다카이트라는 명칭은 알류샨 열도(Aleutian Islands)에 자리한 아닥 섬에서 유래되었다. 안내문에 따르면 용추폭포 상류의 아다카이트는 고생대와 중생대 경계부(2.53-2.47 억 년 전)의 지질 연대를 보인다. 아다카이트는 현무암질의 젊은 해양 지각판이 대륙지각판 아래로 섭입(Subduction)하는 곳에서 형성되는 암석으로 알려져 있으며, 스트론튬(Sr)과 란탄(la) 등 희귀 원소를 함유한다(그림80).

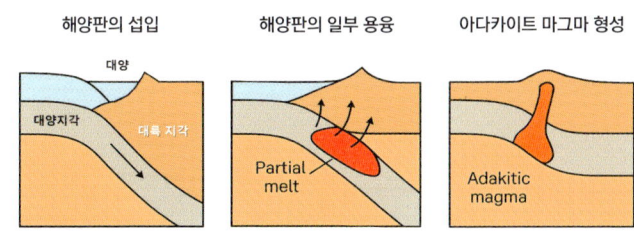

그림 80 아다카이트의 형성 과정

이는 초기 대륙 지각의 형성 과정을 이해하는 데 중요한 단서를 제공한다. 그러나 형성 과정에 대해서는 여러 가지 이론이 제시되고 있다(그림79). 아다카이트는 구성 성분으로 판별되는 암석이므로 겉모습만으로는 확인이 어렵다. 용추폭포 상류 하상에 분포하는 암석이 바로 아다카이트다.

8. 원척리 고생대 화강암

경북 영덕군 남정면 원척1길 19에 고생대 말인 페름기(2억 5,700만 년 전)에 형성된 화강암이 분포한다. 우리나라 화강암은 대부분 중생대 쥐라기, 백악기~신생대 제3기 초에 걸쳐 형성됐는데, 원척리 고생대 화강암은 고생대에도 활발한 화산활동이 있었음을 보여주는 소중한 노두이다.

지하 깊은 곳에 관입한 마그마가 서서히 냉각되어 형성된 화강암이 지표에 노출됐다는 것은 그 위를 덮고 있던 지층이 오랜 지질학적 시간 동안 침식으로 제거되었음을 의미한다. 화강암이 분포하는 곳은 그만큼 오래된 땅이라는 뜻이다. 화강암은 우리나라 면적의 1/4을 차지할 정도로 분포 면적이 넓고 쉽게 구할 수 있어, 석조 문화유산 대부분이 화강암으로 만들어졌다. 화강암은 물리·화학적으로 단단하고 석질이 고른 편이라 건축과 조각에 적합해 불상, 불탑, 비석 등 다양한 석조물의 재료로 널리 사용되었다. 또한 화강암 지대는 넓은 평야와 분지를 이루어 우리나라의 주요한 생활 공간이 되었으며, 경주분지·기계분지·신광분지 등이 화강암 지대에 발달한 대표적인 분지들이다.

화강암을 구성하는 대표 조암광물은 석영, 장석, 운모이며, 규장질 광물인 석영과 장석의 함량이 높고 운모, 감섬석 등 유색광물이 적어 밝은 색을 띤다. 원척리 화강암은 아주 옅은 분홍색을 띠며 표면이 매우 거칠고, 파랑의 침식과 풍화를 받아 그 거칠기가 더욱 두드러진다. 또한 구상풍화, 관입 암맥, 절리, 단열이 뚜렷하게 발달해 있다. 원척리 해안 지형 형성과 분포에 영향을 준 단열은 북북서-남남동(남북), 동북동-서남서(동서) 방향으로 발달해 있다. 두 방향의 단열 따라 암록색의 고철질 암맥이 관입했고, 파랑의 침식에 의한 해안 지형 역시 단열을 따라 분포한다(그림81).

그림 81 화강암의 단열과 암맥

퇴적암은 층리, 변성암은 편리, 편마 구조가 발달해 암석이 풍화, 침식을 받을 때 약한 부분으로 작용한다. 파랑의 침식도 이런 구조를 따라

그림 82 단열을 따라 발달한 파식구

먼저 진행된다. 그러나 마그마가 지하에서 냉각돼 형성된 화강암은 층리나, 특별한 벽개(劈開)가 없다. 화강암의 풍화와 침식은 지각운동으로 형성된 단열과 절리가 수분이 스며드는 통로가 되어 그 면을 따라 먼저 진행된다. 수분이 단열과 절리가 밀집한 부분과 그렇지 않은 부분 사이에 차별침식이 발생하며, 아래 사진은 북북서-남남동 방향의 단열을 따라 차별침식이 진행되어 형성된 파식구(波蝕溝, Wave Furrow)⁹를 보여준다(그림82).

원척리 화강암의 표면이 거친 이유는 풍화에 강한 석영 입자가 남아 있기 때문이다. 화강암을 구성하는 광물 중 상대적으로 낮은 온도에서 결정화되는 석영은 풍화에 강해, 주변 물질들이 풍화로 제거된 뒤에도 표면에 돌출된 상태로 남는다. 반면 풍화에 약한 광물질은 쉽게 제거되어 석영 입자만 남게 되므로 거친 표면이 된다(그림83). 또한 지하 수 킬로미터에서 마그마가 서서히 식어 형성된 화강암은 광물 입자가 큰 결정질 암석이므로, 풍화 과정에서 광물 입자가 그대로 떨어져나오는 입상붕괴(粒狀崩壞) 현상도 풍화면을 거칠게 만든다(그림83).

그림 83 원척리 화강암 조암광물의 큰 결정과 거친 표면

---

9 파랑의 침식으로 형성된 도랑 모양의 지형을 말한다.

원척리 고생대 화강암의 일부 노두에는 습기가 많은 지중 풍화에서 형성되는 것으로 알려진 구상풍화가 관찰된다. 북북서-남남동과 동북동-서남서 방향의 단열로 잘려 Joint Block을 이루는 화강암의 모서리가 둥글게 풍화되어 있다. 일부 절리와 절리 사이에서도 구상풍화 흔적이 관찰된다. 둥근 부분과 주변 화강암 사이에는 갈철석이 띠를 이루고 있는 모습도 특이하다(그림84).

그림 84 구상풍화

9. 용덕리 중생대 혼성암(混成巖, Migmatite)

경북 영덕군 지품면 용덕길 130번지 용덕천 하상에 혼성암이 분포한다. 우리나라에서 발견되는 혼성암의 대부분은 선캄브리아기에 형성된 것이지만, 용덕리 혼성암은 중생대의 첫번째 트라이아스기에 형성되었다. 상대적으로 젊은 트라이아스기의 고변성암이라 지질학적 가치가 크다(그림85).

그림 85 용덕리 혼성암

미그마타이트는 지하 20~24km 깊이, 650 ~ 800℃ 이상의 고온·고압 환경에서 형성된 고변성암이다. 이런 환경은 지각판 충돌로 거대한 산맥이 솟아오르는 조산대(Orogeny Zone)나 열 흐름이 증가하는 지각 활동대에서 발생한다.

혼성암은 고변성 과정에서 암석을 구성하는 광물 중 일부만 녹아 고체와 액체 상태가 공존하는 환경에서 형성된다. 상대적으로 낮은 온도에서 녹는 석영과 장석은 액체가 되고, 높은 온도에서 녹는 흑운모, 각섬석은 고체 상태를 유지한다. 녹은 물질은 주변으로 이동하거나 틈에 쌓여 밝은 띠(Leucosome)를 형성하고, 녹지 않은 고철질 광물(흑운모, 각섬석)은 주변에 남아 어두운 띠(Melanosome)를 형성한다. 온도가 낮아지면 액체 상태의 석영, 장석이 다시 결정화되며 화성암과 유사한 조직을 형성해 변성과 화성 구조가 뒤섞인 혼성암이 탄생한다.

사진은 혼성암의 편마구조와 관입한 암맥이 어긋나 있는 노두로, 혼성암이 형성된 후에 단층운동이 발생했음을 알려준다(그림86).

그림86 단층 흔적

용덕리의 혼성암은 녹는점이 낮은 규장질(장석, 석영 등) 광물이 고온 고압 환경에서 유색광물(철, 마그네슘 등) 보다 먼저 녹아 흐르다 굳으면서 용틀임하는 모양의 띠를 이룬다. 밝은색 규장질 띠는 일반적인 흰색이 아닌 옅은 분홍색을 띠어 더욱 아름답다(그림87).

그림 87 기하학적 문양을 이룬 편마구조

제3장
포항 동해안 세계지오파크

포항은 경북 동해안 세계지오파크 중 지질학적 연대가 가장 젊다. 최신의 지질시대인 신생대 신진기 마이오세에 한반도와 붙어 있던 일본이 떨어져 나가고, 그 사이에 동해가 탄생했다. 이 시기 포항 지역은 주변보다 낮은 퇴적 분지를 이루어, 장기층군과 연일층군 퇴적암이 차례로 쌓였다. 포항 지역의 대부분은 지질학적 연대가 2,000만 년 이내다. 1976년 박정희 대통령이 포항에서 석유 발견 소식을 발표하자 전국이 큰 기대에 부풀었었고, 이명박 정부 시절 시작된 지열발전은 결국 촉발 지진으로 이어졌다. 또한 포항에만 존재하는 '불의 정원'(천연가스 연소) 역시 신생대 신진기에 형성된 젊은 땅이었기에 가능한 현상이다.

세계지오파크로 등재된 호미곶 해안단구는 신생대 제4기, 달전리 주상절리, 여남동 화석 산지는 신생대 신진기 마이오세, 구룡소 돌개구멍(마린포트홀)은 신생대 고진기, 내연산과 분옥정의 퇴적암은 중생대 백악기 지층에 자리한다(그림1). 이 글에서는 경북 동해안 세계지오파크에 포함되지 않았으나, 독특한 지질구조와 아름다운 경관을 자랑하는 천연기념물인 흥해읍 오도리 주상절리와 타포니 전시장을 이루는 포항시 청하면 이가리 해안을 함께 다룬다.

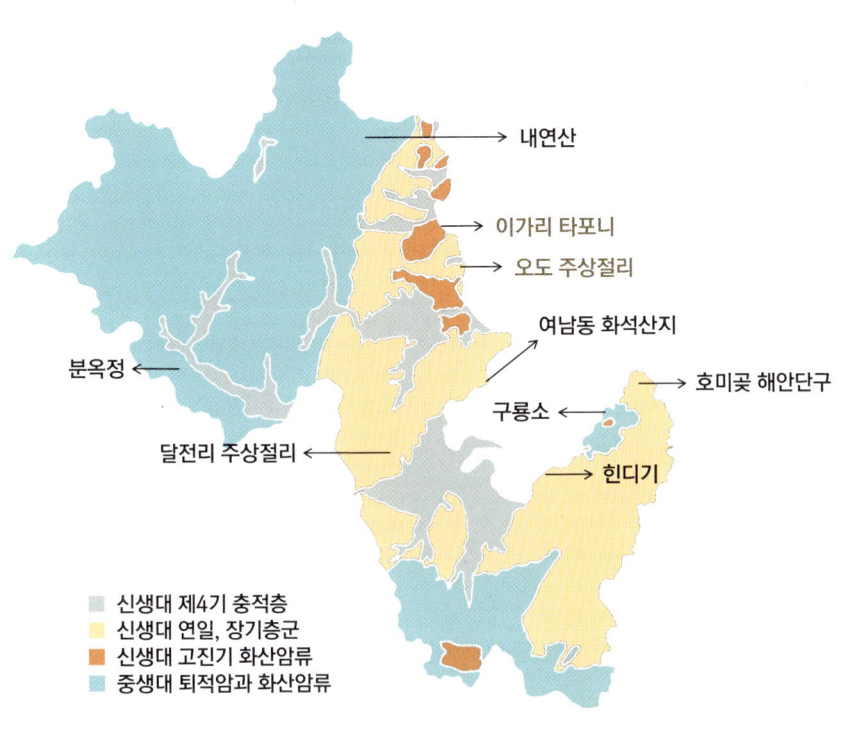

그림 1 포항의 암석 분포

1. 분옥정(噴玉亭)과 혼펠스(Hornfels)

포항시 북구 기계면 봉계리 739 번지에는 봉계천 상류의 작은 계곡을 바라보고 서 있는 분옥정이 있다. 분옥(噴玉)은 '옥구슬을 뿜어낸다'는 의미로, 계곡물이 낙차가 큰 곳에서 떨어질 때 돌에 부딪힌 물방울이 마치 옥구슬처럼 보인다고 해서 붙여진 이름이다. 분옥정 앞을 흐르는 봉계천은 분옥정 정면에서 큰 낙차를 이루며 떨어진다. 계곡은 북동-남서 방향으로 발달한 단열로, 중생대 퇴적암이 갈라진 틈을 따라 봉계천이 흐른다(그림2).

그림 2 분옥정 앞 계곡과 단열

[**백악기 퇴적암**] 분옥정이 있는 계곡은 중생대 백악기 경상계 퇴적암이 시루떡 같은 수평층을 이루고 있어 마치 책을 차곡차곡 쌓아 놓은 것처럼 보인다. 백악기 당시 영남지방은 주변보다 낮은 경상분지를 이루고, 그곳

으로 주변의 토사가 흘러들어 퇴적암이 형성되었다. 분옥정 계곡을 이루는 퇴적암 중 일부는 백악기 화산암류와 불국사 화강암이 관입하면서 열변성 작용을 받아 매우 단단한 암석으로 변했다. 이러한 변성암을 혼펠스(Hornfels)라 한다. 분옥정 계곡에는 층리가 뚜렷한 퇴적암과 층리가 사라진 혼펠스가 섞여 있는데, 두 암석은 육안으로 뚜렷이 구별된다(그림3, 4).

그림 3 퇴적암과 혼펠스

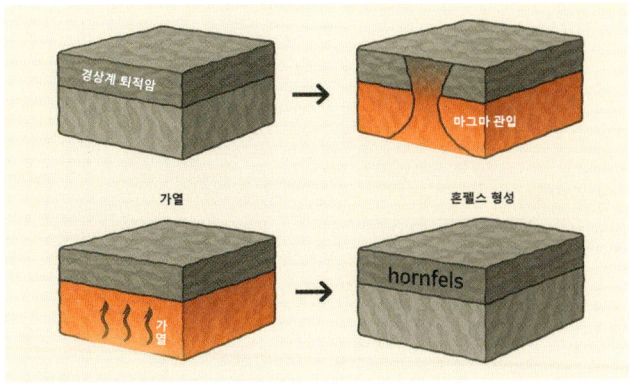

그림 4 혼펠스의 형성 과정

[**혼펠스(Hornfels)**] 혼펠스는 원래 점토가 퇴적되어 형성한 셰일(Shale)이 열변성 작용을 받아 재결정화된 단단한 변성암을 의미하지만, 넓은 의미로는 퇴적암이 마그마와 접촉해 변성된 암석 전체를 지칭한다. 혼펠스는 고온의 마그마와 접촉하는 과정에서 퇴적암 내 광물이 재결정화되며 입자들이 특정 방향 없이 무작위로 배열된다. 이 때문에 암석은 단단하고, 깨질 때 뿔처럼 날카로운 파단(破斷) 면을 가지므로 '각암(角巖)'이라고도 한다. 사진에서 보이는 암석 파편들의 불규칙한 형태는 이러한 특징을 잘 보여준다. 절리를 따라 깨끗하게 쪼개지는 돌조각 형태는 층리가 사라진 혼펠스의 전형적인 비엽리성(Foliation Less) 구조다. 그러나 사진을 자세히 보면 퇴적암의 층리 흔적이 일부 남아 있는데, 이를 유사층리 또는 잔류층리(Relict Layering) 라고도 한다. 잔류 층리를 통해 혼펠스로 변성되기 전에는 이 암석이 퇴적암이었음을 알 수 있다. 또한 혼펠스의 절리 면에는 녹색 광물이 관찰되는데, 이는 접촉변성을 초래한 마그마에서 기원한 열수작용으로 형성된 2차 광물로 클로라이트(Chlorite, 녹니석)나 에피도트(Epidote, 녹염석)로 추정된다(그림5).

그림 5 혼펠스의 비엽리성 조직과 2차 광물

혼펠스는 고온·고압 환경에서 변성된 편마암과 달리 고온·저압 환경에서 형성된 변성암이라 편리, 편마 구조가 발달하지 않았다. 다만 퇴적암 내 광물이 고온인 마그마의 영향으로 재결정화 과정을 겪으며 암석 조직이 더 치밀하고 단단해진다.

접촉변성 조건을 갖춘 분옥정 혼펠스처럼 관입한 마그마와 퇴적암의 접촉면에서만 변성이 일어나는 것을 접촉변성(Contact Metamorphism)이라고 한다. 접촉변성의 범위는 관입하는 마그마의 규모에 따라 접촉 대에서 수백 미터, 수천 미터까지 달라질 수 있다. 분옥정이 자리한 봉계리는 중생대 백악기 퇴적암이 분포하고, 남쪽에 자리한 봉좌산, 운주산 일대는 백악기 주사산 화산암류가, 동쪽과 북쪽에는 불국사 화강암이 분포한다(그림6). 분옥정 일대에 분포하는 혼펠스는 중생대 백악기 주사산 화산암류와 불국사 화강암류의 관입으로 형성된 접촉 변성암이다. 집 내부에 고인돌이 있어 유명한 성계리 고인돌과 영남 최대 규모를 자랑하는 노당재의 고인돌 재료 역시 혼펠스화 된 백악기 퇴적암이다. 분옥정

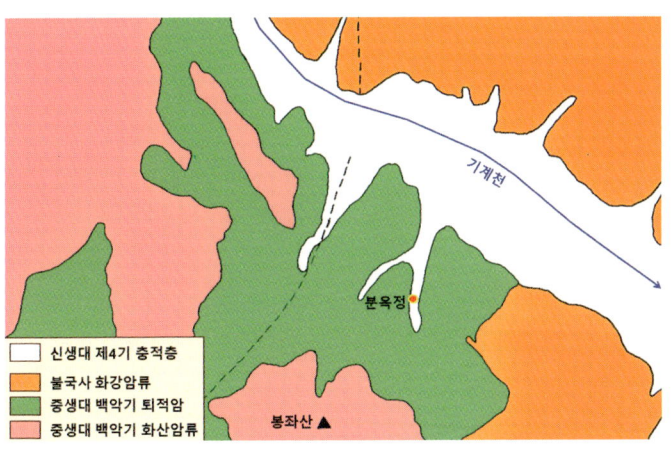

그림 6 분옥정 일대의 암석 분포

에 분포하는 혼펠스보다 변성이 덜 돼 층리의 흔적이 뚜렷하고, 다각형 절리가 발달하지 않아 나무 조각처럼 쪼개지지 않는다. 그러나 일반 퇴적암보다는 훨씬 치밀하고 단단해 거대 고인돌의 재료가 된 것으로 보인다.

2. 달전리 주상절리

  포항시 남구 연일읍 달전리 산19-3번지에는 6각 기둥 모양의 전형적인 주상절리가 발달했다. 자연적으로 노출된 주상절리 절벽이 아니라 과거 채석장으로 이용하는 과정에서 주상절리가 드러난 곳이다. 이후 학술적인 가치와 관광자원으로서의 가치가 인정되어 현재는 포항시의 보호를 받고 있다. 신생대 마이오세 동해의 탄생과 더불어 형성된 포항의 3기 층을 관입한 현무암이 식으면서 주상절리를 이룬 곳이 바로 달전리 주상절리다. 달전리 주상절리의 남서쪽(사진 왼편)에는 나무 기둥 형태의 전형적인 주상절리가 발달했고, 북동쪽은 방사형 주상절리가 분포하나 풍화가 매우 심하게 진행된 상태다(그림7). 노출된 주상절리의 규모는 높이 20m, 폭 100m이다.

그림 7 달전리 주상절리의 2중구조

지질학자들의 연구에 따르면 달전리 주상절리는 신생대 신진기 마이오세인 1,300만 년~1,400만 년 전에 형성된 것으로 알려졌다. 달전리 주상절리는 사진 왼쪽처럼 국수 가락을 줄에 걸어놓은 형태의 전형적인 수직 주상절리가 나타난다. 사진 오른쪽에는 부채를 펼친 것 같은 방사형 주상절리와, 경사가 제각각이고 형태가 불완전한 주상절리가 발달해 있다. 위치에 따라 주상절리의 형태와 방향 경사가 다른 것은 달전리 주상절리가 여러 차례의 현무암 관입으로 형성되었음을 의미한다.

달전리 주상절리의 왼쪽 부분은 기둥 모양의 절리가 수직으로 질서정연하게 늘어선 특징을 보이는데, 이런 구조를 콜로네이드(Colonnade, 기둥열)라고 한다. 용암이 상대적으로 천천히 냉각되면 수축 중심점들이 일정한 간격을 유지하며 규칙적인 기둥들이 생성된다. 마치 로마 신전의 기둥을 연상케 한다고 해서 '콜로네이드'라 불린다. 반면 콜로네이드 오른쪽에는 주상절리 기둥이 짧고 중간이 구부러져 있는 불규칙한 구조가 나타나는데, 이를 엔터블러처(Entablature)라고 한다(그림8). 엔터블러처는 콜로네이드와 반대로 상대적으로 냉각 속도가 빠르거나 수분이 개입

그림 8 주상절리의 콜로네이드와 엔터블러처

됐을 때 형성되는 것으로 알려져 있다. 이처럼 콜로네이드와 엔터블러처 구조를 통해 달전리 주상절리의 형성 과정이 단순하지 않았음을 알 수 있다.

  콜로네이드가 잘 발달한 왼쪽 주상절리에서는 구상풍화가 진행되는 모습도 확인된다. 주상절리 기둥도 자세히 관찰하면 위에서 아래로 내려오며 여러 군데 발달한 수평절리로 나뉜다. 수분이 많은 땅속에서 절리를 따라 풍화가 진행되면 기둥은 여러 개의 돌로 분리된다. 이때 분리된 현무암 덩어리의 모서리가 먼저 풍화돼 둥근 돌이 형성된다. 구상풍화가 진행되는 오른쪽에 주상절리 기둥이 사면 방향으로 휘어진 모습도 관찰된다. 이는 주상절리의 풍화 과정에서 형성된 풍화층이 수분의 윤활 작용과 중력에 의해 매우 느리게 경사면 아래로 이동하기 때문이다. 이 현상을 사면이동(Mass Movement)이라고 한다. 이때 주상절리 윗부분도 사면 아래로 이동하는 풍화층에 의해 당겨져 휘어지게 되었다(그림9). 현재는 주상절리 주변을 단장하고 정리하는 과정에서 구상풍화가 진행되는

그림 9 주상절리의 풍화

노두 일부가 가려졌다.

급경사를 이루는 달전리 주상절리는 풍화로 부서져 내리고 있어 아래쪽에 현무암이 둥근 돌, 각진 돌, 미립토로 분해되어 쌓여 있다. 과거 채석장으로 이용되어 주상절리가 드러난 부분의 경사가 급해 자연적으로 무너질 위험이 매우 크다.

3. 여남동 화석산지

포항시 여남동, 두호동 일대는 신생대 신진기 마이오세에 형성된 지층으로, 대한민국에서 지질학적 연대가 가장 짧은 곳이다. 이 일대는 두호층으로 불리는 매우 부드럽고 고운 연갈색의 이암이 분포한다. 두호층은 신생대 신진기 마이오세인 2,000만 년~1,000만 년 전 얕은 바다에서 형성되었다. 두호층이 분포하는 여남동 일대는 해파랑길 공사로 노출된 퇴적암 단면에서 많은 화석이 산출되고 있다(그림10).

그림 10 화석이 산출되는 두호동의 이암층

두호층에는 층이 형성될 당시 살았던 다양한 생물의 흔적이 화석으로 남아 있다. 참나무 잎, 단풍나무 잎, 단풍나무씨, 식물 줄기, 탄화목 같은 식물화석을 비롯해 어류, 문어, 가리비, 게, 갯가재, 성게, 거미불가사리, 고래 등 다양한 바다생물 화석도 산출된다(그림11). 여남동 해안의 해파랑길 공사로 노출된 두호층의 이암은 지질학적 연대가 짧아 아직 단단한 암석으로 굳지 못해 쉽게 풍화되고 부서져 내린다. 노출된 이암층이 더 이상 훼손되지 않도록 포항시의 적극적인 관리가 필요하다.

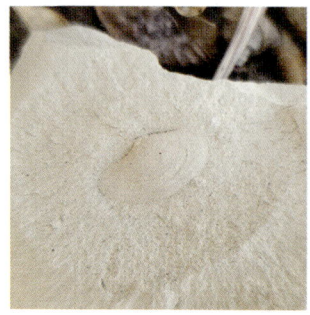 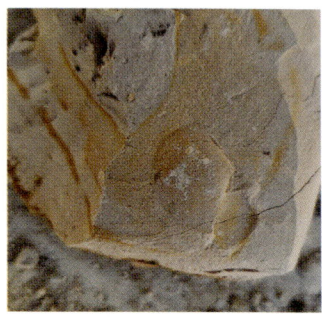

그림 11 조개화석

아래 그림(그림12)의 단풍나무씨 화석은 바람에 멀리 날려가 번식할 수 있도록 날개를 단 형태가 그대로 보존되어 있다. 나무화석(탄화목)은 나무의 섬유질 조직이 그대로 남아 있어, 손으로 만지면 숯가루 검댕이 묻는다. 참나무 잎 화석은 복사기에 복사한 사진처럼 굵은 잎맥과 가늘고 섬세한 잎맥까지 거의 완벽하게 남아 있다. 단단한 화석으로 굳어지기에는 지질학적 시간이 짧았던 포항 신생대 식물화석의 특징이 잘 드러나 있다.

 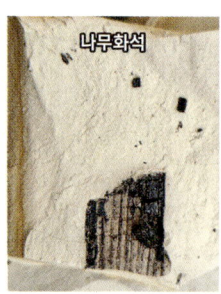 

그림 12 두호층의 식물화석

4. 중생대 백악기 화산활동의 추억을 간직한 내연산

경북 포항시 송라면에는 천년 고찰 보경사를 품은 내연산 시립공원이 자리한다. 기암괴석으로 이루어진 내연산의 깊은 골짜기는 '청하골'로 불리며 향로봉(932.4m)과 삿갓봉(715.7m)에서 발원한 광천이 흐른다. 청하골을 흐르는 광천 유로에는 연산폭포를 중심으로 12개의 폭포와 선일대, 소금강 전망대, 학소대와 같은 기암절벽이 절경을 이룬다. 이 글에서는 12폭포 중 상생폭포, 보현폭포, 삼보폭포, 잠룡폭포, 무풍폭포, 관음폭포, 연산폭포, 은폭포 등 8개 폭포를 중심으로 설명한다.

내연산 시립공원은 보경사 뒤에 자리한 문수봉(622m), 내연산(711.3m), 향로봉(932.3m)으로 이어지는 산줄기가 청하골 북쪽을 감싸고, 남쪽에는 경상북도 수목원과 삿갓봉에서 청하면 천령산(774.8m)으로 이어지는 산줄기가 위치한다. 내연산의 동쪽에는 낙동강 하구에서 경주를 거쳐 영

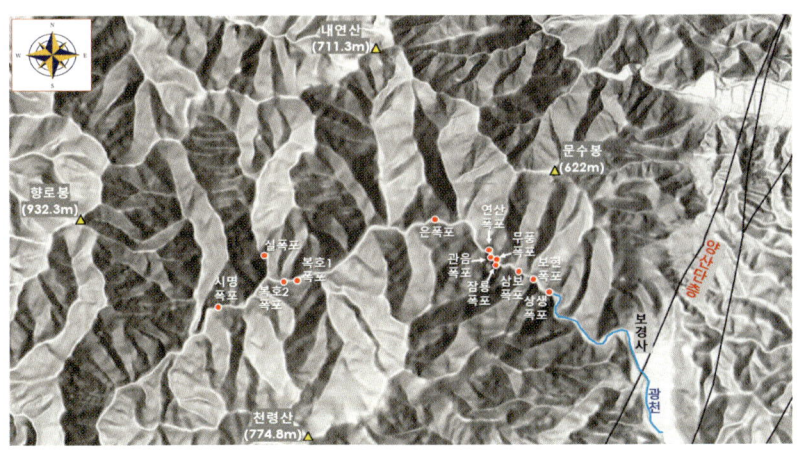

그림 13 내연산 청하골의 지형과 12폭포

덕까지 이어지는 양산단층대가 북북동-남남서 방향으로 통과한다. 이와 동일한 방향으로 형성된 단열은 내연산 청하골의 계곡 형태와 단애(절벽), 폭포의 배열 등 거시적인 지형 윤곽을 결정한다(그림13). 내연산 시립공원의 중심인 청하골은 광천을 따라 구불구불 곡류하지만, 입구에서 연산폭포까지 계곡의 전반적인 방향은 북서-남동 방향이다. 보경사에서 12번째 폭포인 시명폭포까지 12km에 걸쳐 계곡(청하골)이 뻗어 있다.

1) 내연산 용결응회암의 특징

내연산은 중생대 백악기 화산분출물이 쌓여 형성된 응회암이 분포한다. 응회암의 남쪽과 동쪽에는 중생대 백악기 퇴적암, 남동쪽에는 신생대 제3기 포항 분지에서 형성된 신생대 신진기 마이오세 퇴적암이 해안까지 이어진다(그림14).

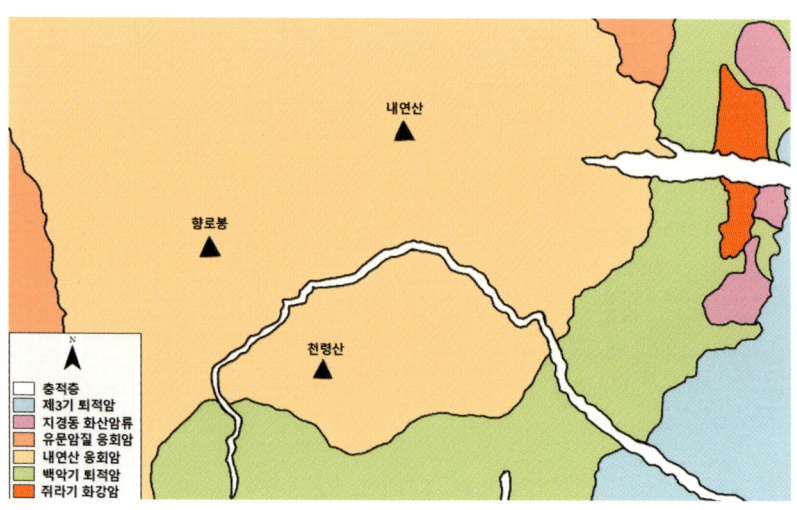

그림 14 내연산의 암석 분포도

내연산 응회암은 분급이 불량하고 괴상(塊狀, Massive)으로 산출되며 대체로 암청색, 청록색, 녹회색을 띠고 간혹 담갈색을 보이기도 한다. 이러한 암색은 내연산 응회암이 용결응회암(Welded Tuff)임을 의미한다. 일반적으로 용결(鎔結)되지 않은 유문암질 응회암은 유백색이나 회백색을 띠지만, 용결작용이 발생하면 유리질 철[1]의 산화상태에 따라서 암색 계통으로 색 변화가 나타난다. 내연산 응회암이 용결되는 과정에서 산소와 결합하지 못한 유리질 철 성분을 많이 함유하면 청록색을 띠게 된다. 산소가 없는 환경에서는 철이 환원이 되어 녹색이나 청록색을 띤다. 반대로 용결 과정에서 공기와 접촉해 산화된 철 성분을 많이 함유하면 청록색보다 어두운 암색을 띤다. 내연산 청하골 계곡에 놓인 응회암 자갈의 색은 환원된 철 성분과 산화된 철 성분의 함유량에 따라 달라진다. 내연산 응회암의 표면을 자세히 관찰하면 무수히 많은 유백색의 반정이 보이는데, 대부분 사장석이다(그림15).

그림 15 내연산 응회암 자갈

---

1 화산쇄설물이 빠르게 냉각돼 광물이 결정을 이루지 못한 것

[피아메 (Fiamme)] 내연산 응회암은 고온의 화산쇄설물이(화산재, 암편, 부석) 쌓일 때 열과 압력에 의해 녹았다 굳어지며 압착(壓搾)돼 형성된 용결응회암으로, 일반 응회암보다 조직이 치밀하고 강도가 높다. 내연산 응회암이 용결응회암이라는 증거는 암석을 구성하는 피아메의 존재다. 피아메는 이탈리아어로 불꽃(Flames)이라는 단어에서 유래된 용어로 주로 유문암질 또는 데사이트질 용결응회암에서 나타난다. 화산 분출 후 고온의 부석(浮石, Pumice)과 화산 유리질(琉璃質) 조각이 지표에 떨어지고, 위에 누적된 화산쇄설물의 무게와 열에 의해 아래쪽의 부석이 압축되고 녹으면서 납작하거나, 휘어진 렌즈형, 방추형으로 변형된다. 원래 둥글었던 부석 조각은 길쭉하고 얇은 피아메가 되어 용결응회암 속에 남게 된다. 내연산 응회암도 피아메가 기질보다 더 어두운 암청색이나 암갈색을 띤다(그림16).

그림 16 내연산 용결응회암과 피아메

2) 절리가 발달한 내연산 응회암

절리(Joint)란 암석 내부에 생긴 균열로, 암석이 갈라진 상태지만 상대적인 변위(變位)가 없는 구조다. 쉽게 말해, 갈라졌지만 변위가 발생하지 않은 틈이라고 이해하면 된다. 절리는 지각 운동의 응력에 의해 형성된 절리와 화산암의 냉각으로 형성된 절리로 구분된다. 응력 절리는 일정한 방향성을 보이지만, 냉각 절리는 상대적으로 방향성이 부족하고 불규칙적이다. 내연산 용결응회암에도 응력과 냉각으로 형성된 절리가 많이 발달해 있고, 청하골의 지형 형성과 지형 요소의 배열에도 큰 영향을 준다.

[응회암의 절리 밀도와 풍화]   고온의 화산분출물이 녹았다 다시 굳어 형성된 내연산의 용결응회암은 냉각 과정에서 많은 절리가 형성됐다. 절리는 암석의 약한 부분이자 수분이 침투할 수 있는 통로이므로, 절리를 중심으로 풍화가 먼저 진행된다. 절리의 밀도가 높은 곳은 수분 침투가 활발해 풍화 속도가 더욱 빠르다. 사진에서도 수평·수직 절리가 조밀한 부분이 밀도가 낮은 부분보다 풍화가 더 심하게 진행된 모습을 보인다(그림17).

그림 17 절리 밀도에 따른 암석의 풍화 모습

[**응회암의 수평·수직절리와 계단 지형**]   수직절리와 수평절리가 교차하면 암석이 절리로 나뉘어 6면체 블록(Joint Block)을 쌓아 놓은 것 같은 형태를 이루게 된다. 내연산 청하골 계곡 대부분은 이런 6면체 블록이 풍화와 유수의 침식으로 떨어져 나와 계단 형태를 이루고 있다. 계단형 지형에 계곡물이 걸리면 폭포가 된다. 내연산 12폭포도 단열과 절리를 따라 형성된 블록에서 계곡물이 떨어지는 지점이다. 사진 왼쪽은 청하골 지류 계곡에 절리로 형성된 계단형 지형을 따라 계류가 여러 개의 작은 폭포를 이룬 모습이다. 사진의 오른쪽처럼 수직절리 간격이 좁고, 수평절리 간격이 넓으면 소금강 전망대, 선일대, 학소대 같은 절벽인 단애(斷崖)가 형성된다. 수직절리는 주상절리처럼 수분이 머물지 못하고 곧바로 통과되어 풍화가 더디게 진행되므로 절벽을 이룬다(그림18).

그림 18 수평·수직절리로 구획된 Joint Block과 조밀한 수직절리

[**절리와 동파작용**]   액체 상태의 물이 얼면 부피가 9% 팽창하면서 암석에 압력을 가한다. 이렇게 바위의 절리 내부에 고인 물이 얼고 녹는 과정을 반복하면 암석이 점차 부서지는데, 이런 물리적 풍화를 동파작용(Frost Shattering) 이라고 한다(그림19).

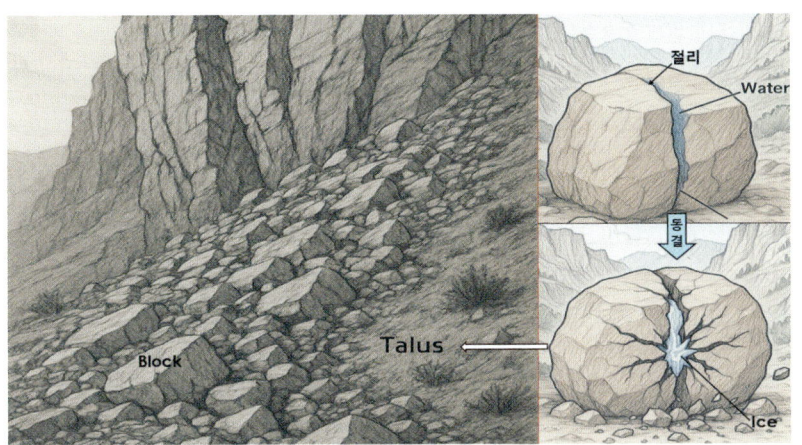

그림 19 동파작용과 테일러스(애추) 형성

아래 사진은 응회암의 수평·수직절리를 따라 풍화가 진행되어 계단형 지형이 형성된 모습이다. 절리로 스며든 수분의 물리적 풍화작용으로 바위 조각이 떨어져 나가면서 계단 모양을 만든다(그림20).

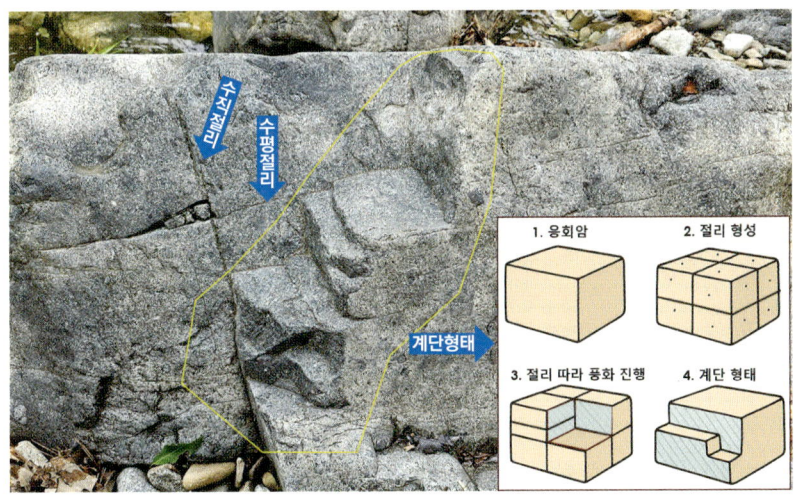

그림 20 수평·수직절리의 교차와 풍화

[**절리와 풍화동굴**] 내연산 계곡 주변과 학소대 정상 부근에 크고 작은 풍화동굴이 다수 발달했다. 풍화동굴은 하천의 침식작용으로 형성된 하식동굴과는 다른 지형 형성 작용으로 만들어진다. 동굴이 발달한 곳은 대부분 수평·수직절리가 조밀한 부분이고, 수직절리를 따라 스며든 빗물이 수평절리를 따라 배어 나와 수분이 상대적으로 풍부한 곳이다. 풍화동굴은 겨울철 절리로 스며든 수분의 물리적 풍화 작용인 동파작용으로 형성된다. 풍화동굴 내부의 각력(角礫)은 절리를 따라 풍화가 진행된 흔적이며, 이는 물리적 풍화가 화학적 풍화보다 풍화동굴 형성에 더 큰 영향을 준 것으로 볼 수 있다. 이러한 점에서 볼 때, 현재보다 겨울이 훨씬 혹독했던 빙하기에는 동파작용이 현재보다 매우 활발해 풍화동굴이 더 많이 생성되었을 것으로 판단된다. 사진의 왼쪽은 절벽 아래 절리가 조밀하게 발달한 부분이 풍화로 움푹 파여 형성된 풍화동굴 초기 모습이고, 오른쪽은 풍화동굴이다(그림21).

그림 21 조밀한 수평·수직절리를 따라 발달한 풍화동굴

[**신생대 제4기 기후 변동의 지시자(指示者) 테일러스(애추)**] 내연산 청하골

양편 급사면에는 최후 빙하기 당시 형성된 화석지형(化石地形, Fossil Landform)인 테일러스가 곳곳에 발달했다. 화석지형이란 현재 더는 활동하지 않지만, 과거 특정한 조건에서 진행된 지형 형성 작용으로 만들어져 지금까지 남아 있는 지형을 말한다. 즉, 지형학적으로 '과거 지형 형성 작용의 흔적'이 남아 있는 지형이다. 청하골 계곡 급사면의 테일러스는 신생대 제4기 지구 평균 기온이 현재보다 약 6℃ 낮고, 한반도 겨울이 지금의 시베리아만큼 혹독했음을 보여주는 기후 변동의 증거다. 내연산 응회암은 용결작용과 단열의 영향으로 형성된 절리들이 복잡하게 얽혀 있다. 절리가 잘 발달한 내연산 응회암은 빙하기 동안 절리로 스며든 물이 얼면서 부피가 팽창해 암석을 부수는 동파작용에 매우 취약했다. 절리가 많은 내연산 응회암이 동파작용으로 부서지기 쉬운 구조라는 의미다. 절리가 잘 발달할수록 암석이 동파작용으로 부서지기 쉬워 테일러스가 만들어지기 유리한 조건이 된다.

테일러스는 절벽에서 동파작용으로 부서진 각력이 중력에 의해 절벽 아래로 굴러 떨어져 원추형으로 퇴적된 지형이다. 절벽 아래 원추 형태로 퇴적되기 때문에 '애추(崖錐)'라고도 부른다. 테일러스를 구성하는 각

그림 22 각력(Block)의 크기가 다른 테일러스

력의 크기는 애추를 형성한 암석의 절리 구조에 의해 결정된다. 절리의 간격이 넓은 암벽 아래에는 큰 각력이 쌓인 테일러스가, 절리 간격이 좁은 암벽 아래에는 작은 각력이 쌓인 테일러스가 형성된다(그림22).

3) 내연산 지형경관의 배열과 단열(Fracture)

단열은 지각 운동의 압축력, 인장력, 전단력, 마그마 활동의 압력, 풍화 및 침식으로 인한 하중 제거 등으로 암석이 깨지면서 생긴 틈이나 금을 말한다. 절리와 단층 역시 단열에 포함된다.

내연산 청하골의 대표적 지형경관인 12폭포, 선일대, 소금강 전망대, 학소대 등 수직 암벽의 형성과 배열은 여러 방향으로 발달한 단열의 영향을 받았다. 내연산의 지형에 영향을 주는 단열은 남북 계열(북북동-남남서, 북북서-남남동, 남북), 동서 계열(동북동-서남서, 동서), 북서-남동 방향이 있다. 청하골은 구불구불 곡류하지만, 은폭포에서 보경사까지 전체적인 방향은 북서-남동 방향이다. 지형의 형성과 경관 배열의 중심은 북북동-남남서 방향이며, 다른 방향의 단열은 보조적인 역할을 한다.

양산단층과 동일한 방향으로 발달한 북북동-남남서 방향 단열은 내연산 응회암에 뚜렷이 반영되어 암석의 풍화와 침식뿐만 아니라, 폭포의 배열과 형태에도 영향을 준다. 청하골 하류부터 상류로 상생폭포, 보현폭포, 삼보폭포, 잠룡폭포, 무풍폭포, 관음폭포, 연산폭포, 은폭포가 있다. 이들 폭포는 북서-남동 방향의 청하골 계곡을 가로지르는 북북동-남남서 방향 암벽에 걸려 있거나, 다른 방향 단열의 영향으로 형성되었다.

북북동-남남서 방향 단열이 청하골 지형과 폭포 배열에 미치는 영향은 연산폭포와 관음폭포 일대에서 뚜렷하게 나타난다. 상류의 연산폭포와 하류의 관음폭포 모두 이 방향의 단열을 따라 발달했다. 연산폭포 정면에 장관을 이루는 수직 암벽인 학소대는 북북동-남남서 방향으로 갈라진 수직절리가 조밀하게 발달했다. 이와 교차하는 동-서 방향의 절리는 상대적으로 드물게 발달했다. 연산폭포와 관음폭포 사이를 흐르는 광천은 북북동-남남서 방향의 단열과 동-서 방향의 단열을 따라 직각에 가깝게 지그재그로 흘러내린다(그림23).

그림 23 연산폭포 일대의 단열 분포

4) 진경산수화를 품은 청하골의 수직 절벽

내연산 청하골에 발달한 수직 단애인 선일대(仙逸台), 소금강 전망대, 비하대(飛下台), 학소대(鶴巢臺)는 그 자체로 경관적 가치가 크고 장관을 이룬다. 예로부터 우리 선조들은 절경을 이루는 지형에 '대(台)'가 들어간 이름을 붙였는데, 이는 해안이나 계곡을 불문하고 수직 절벽을 지칭하는 경우가 많다. 내연산 청하골을 소금강이라 부르게 한 선일대, 소금강 전망대, 비하대, 학소대 모두 이런 수직 절벽이다.

내연산의 네 곳 대(台)는 조밀한 북북동-남남서 방향 수직절리와 드문드문 발달한 수평절리가 풍화·침식을 받으면서 청하골 협곡이 형성되는 과정에서 만들어진 수직 절벽이다. 특히 선일대와 소금강 전망대의 수직 절벽은 다수의 수직절리 기둥을 묶은 다발을 여러 개 세워 놓은 모습이다. 이 기둥들의 방향 또한 절벽을 형성한 절리와 같은 북북동-남남서 방향이다.

수직 절벽을 형성한 북북동-남남서 방향의 수직절리는 간격이 매우 조밀하다. 즉, 이 방향의 단열이 매우 좁은 간격으로 발달해 절벽 형성에 큰 영향을 미쳤다는 의미이다. 수직절리(주상절리 포함)를 따라 물이 스며들고, 동파작용이나 식물 뿌리의 성장으로 절리가 점점 벌어지면서 암석이 갈라지고 부서진다. 내연산 응회암처럼 수직절리와 수평절리가 규칙적으로 발달한 곳에서는 암석이 블록(Joint Block)처럼 떨어져 나가면서 절리를 따라 깔끔한 수직면(절벽)이 남게 된다. 쉽게 말해, 풍화와 침식으로 수직 절리면이 반복적으로 노출되어 절벽을 이루게 된다(그림 24). 제주도 서귀포 지역에 폭포가 많은 이유도 대표적인 수직절리인 현무암 주상절리가 해안절벽을 형성하고, 그 절벽을 따라 하천이 흘러 폭포를 이루기 때문이다.

그림 24 수직절리와 절벽 형성

[**선일대(仙逸台)**]   선일대는 포항시가 겸재 정선 진경산수화 발현지 조성 사업의 일환으로 세운 정자다. 정선이 내연산 경치를 보고 진경산수화를 완성하게 되었다는 역사적 사실을 실감할 정도로 빼어난 경치를 자랑한다. 선일대에 서면 맞은편 소금강 전망대가 자리한 절벽과 관음폭포, 비하대, 학소대 등 절경이 한눈에 들어온다. 선일대 수직 절벽의 주향 역시 북북동-남남서 방향이다(그림25).

그림 25 선일대의 수직 절벽

[**소금강 전망대**]   소금강 전망대는 선일대 맞은편 수직 절벽 위에 아치 형태로 세운 전망대로, 발판이 그물처럼 뚫려 있어 까마득한 절벽 아래 계곡이 내려다보인다. 전망대에 서면 맞은편에 자리한 선일대와 연산폭포에서 관음폭포로 이어지는 협곡 구간, 학소대와 비하대의 절경이 발아래 펼쳐진다. 소금강 전망대란 이름이 붙은 이유를 직관적으로 이해할 수 있는 지형경관이다. 소금강 전망대가 자리한 수직 절벽의 주향도 북북동-남남서 방향이다(그림26).

그림 26 소금강 전망대

[**비하대(飛下台)**] 비하대는 관음폭포 옆에 있는 절벽으로, 뒤편에는 연산폭포가 자리한다. 비하대는 북북동-남남서 방향의 단열을 따라 발달한 단애이며, 절벽 아래에는 관음폭포에서 흘러온 하천수가 침식해 만든 하식동굴이 여러 개 자리한다. 절벽 표면에는 북북동-남남서 방향의 절

그림 27 비하대

리(단열)가 매우 조밀하게 발달했는데, 이는 하식동굴 천장에 잘 드러나 있다. 이 조밀한 절리는 하식동굴의 발달에 큰 영향을 주었다. 조밀한 수직절리와 수평절리가 교차하는 지점은 수분 순환이 잘돼 다른 부분보다 빠르게 풍화가 진행되어 움푹 파인다. 이렇게 파인 곳은 더 많은 수분이 오래 머물러 풍화가 가속화되고, 하천수의 침식에도 민감해 하식동굴 발달에 유리하다(그림27).

[학소대(鶴巢臺)] 학의 둥지라는 뜻의 학소대는 연산폭포에서 관음폭포 상류까지 이어지는 수직 절벽이다. 앞쪽에 비하대가 솟아 있어 드론으로 촬영하지 않으면 학소대 전체를 담기 어렵다. 수직 절벽인 학소대 표면에는 북북동-남남서 주향의 수직절리가 조밀하게 발달해 있다(그림28). 절리 틈새에 뿌리를 내린 절벽의 나무들은 빗물이 절리를 따라 잘 스며든다는 사실을 보여준다. 절리를 통해 암석으로 스며든 물 한 방울이 단단한 바위를 무너뜨리는 풍화의 시작이다.

그림 28 학소대의 수직 절벽과 수직절리

5) 내연산 12폭포

　12km에 달하는 내연산 청하골에는 계곡을 따라 크기와 형태가 다른 폭포가 12개나 있다. 선일대, 비하대, 학소대, 소금강 전망대 등 깎아지른 기암절벽 사이로 이렇게 다양한 폭포가 펼쳐진 경관은 금강산에서도 보기 어렵다. 조선시대 선비인 정시한(1625년~1707년)은 산중일기에서 내연산 폭포를 두고 '기이한 경치이며 금강산에도 없다'고 기록했다.

　1733년 청하 현감으로 부임한 겸재 정선은 재임 2년 동안 내연삼용추 등 내연산 폭포를 소재로 한 그림 4점을 남겼다. 겸재의 진경산수화 중 걸작인 '금강전도' 역시 이 시기에 완성한 것으로 알려져 있다. 조선 후기 정선에 의해 완성된 진경산수화는 우리나라 산천의 실제 경치를 보이는 그대로 그린 화풍을 말한다. 중국에서 들어온 성리학을 국가의 통치 이념으로 삼았던 조선 전기에는 산수화도 중국의 화풍을 그대로 모방한 관념적 산수화(상상 속 경치를 그린 산수화)가 유행했다. 안견이 꿈속에서 본 경치를 그렸다는 '몽유도원도'가 조선 전기를 풍미했던 관념 산수화의 대표작이다.

　조선 후기의 실학은 학문 연구 대상을 중국이 아니라 우리나라에 중심을 둔 자주적인 학풍이다. 이러한 사상적 변화는 조선 후기 예술에도 영향을 미쳐 정선의 진경산수화, 단원 김홍도, 신윤복의 풍속화 등이 탄생했다. 이처럼 중국풍을 벗어나 우리 산천과 삶을 담아내는 화풍이 자리 잡았고, 포항 내연산은 바로 그 미술사적 흐름과 맞닿아 있다. 청하 현감으로 부임했던 겸재 정선이 남긴 내연산 관련 그림들이 이를 잘 보여준다.

　이 책에서는 12개의 폭포 중 청하골 입구부터 차례대로 상생폭포, 보현폭포, 삼보폭포, 잠룡폭포, 관음폭포, 연산폭포, 은폭포까지 8개 폭포의 지형경관을 다뤘다.

[**상생폭포(相生瀑布)**] 청하골의 첫 번째 폭포는 상생폭포라는 이름으로 통용되지만, 물줄기가 두 갈래라 쌍둥이 폭포라는 의미의 쌍폭(雙瀑)이 오래전부터 쓰였다. 정시한은 산중일기에 상생폭포를 사자쌍폭(獅子雙瀑)이라고 기록했다. 상생폭포는 청하골을 가로질러 북북동-남남서 방향으로 뻗은 절벽에 걸린 폭포다. 폭포 서쪽 절벽 아래에는 절리와 단열을 따라 계단 모양의 지형이 발달했다(절리 계단). 절리 계단은 내연산 응회암의 절리가 지형 발달에 큰 영향을 주고 있음을 보여준다. 상생폭포 아래에는 폭포수의 침식으로 형성된 물웅덩이인 폭호(瀑壺, Plunge Pool)가 발달했다(그림29).

그림 29 상생폭포(1)

[**보현폭포(普賢瀑布)**] 보현폭포는 보현암 아래 계곡에 있어 붙여진 이름이다. 보현폭포는 계곡을 가로질러 남-북 방향으로 뻗은 절벽에 걸린 2단 폭포인데, 폭포 옆 남-북 방향의 절벽이 시야를 가려 계곡에서는 두 번째 폭포의 끝부분만 보인다. 서쪽에서 동쪽으로 흘러온 계곡물이 남-북 방향 절벽에 막혀 1단 폭포를 이루고, 이후 남-북 방향으로 발달한 절리를 따라 흐르며 2단 폭포를 형성한다(그림30).

그림 30 보현폭포(2)

[**삼보폭포**] 물길이 세 갈래로 흘러 삼보폭포(三洑瀑布)라 부른다. 삼보폭포가 발달한 청하골 하상에 노출된 바위는 북동-남서 방향의 절리와 동-서 방향의 절리, 다른 여러 방향의 절리로 구획된 Joint Block을 이룬다. 이 Joint Block이 풍화와 침식으로 제거되며 절리 계단이 만들어지고, 북동-남서 방향의 계단으로 세 줄기 폭포수가 흘러 내린다(그림31).

그림 31 삼보폭포(3)

[**잠룡폭포(潛龍瀑布)**] 잠룡폭포는 승천하지 못한 용이 숨어 살다가 선일대를 휘감으며 하늘로 올라갔다는 전설이 전해지는 곳이다. 잠룡폭포는 바로 위에 자리한 무풍폭포에서 떨어진 폭포수가 북북동-남남서 방향의 절리를 따라 형성된 홈을 타고 흘러내려 폭포를 이룬다(그림32).

그림 32 잠룡폭포(4)

[**무풍폭포(無風瀑布)**] 무풍폭포는 주변 경관이 고요하고 아름다워, 마치 바람이 한 점 없는 곳에서 폭포수가 떨어지는 것처럼 보인다고 해서 붙여진 이름이다. 관음폭포에서 흘러내린 물은 계곡을 가로지른 북북동-남남서 방향 절벽에서 떨어져 무풍폭포를 이룬다. 무풍폭포가 걸린 절벽에는 조선시대 사람들이 남긴 한문이 조각되어 있고, 하식동굴도 발달해 있다. 무풍폭포 바로 옆 하식동굴은 평소에는 말라 있지만, 많은 비로 유량이 증가하면 물이 흘러넘쳐 무풍폭포가 서쪽으로 확대된다. 간헐적이지만 폭포가 형성될 때마다 침식을 받아 하식동굴이 형성되었다. 하식동굴 위 암반에는 물이 흐른 흔적과 포트홀(Pothole, 돌개구멍)이 남아 있어 하식동굴이 지금도 유수의 침식으로 형성되고 있음을 보여준다. 무풍

폭포 절벽 아래에도 폭포의 침식으로 형성된 하식동굴이 있다. 무풍폭포의 물은 북북동-남남서 방향의 절리를 따라 형성된 홈을 통해 잠룡폭포로 흐른다(그림33).

그림 33 무풍폭포(5)

[**관음폭포(觀音瀑布)**] 관음폭포와 하식동굴 관음폭포는 주변 경치가 마치 관세음보살이 나타나 중생의 소원을 들어줄 것 같은 느낌을 준다고 해서

그림 34 관음폭포와 주변 경관(6)

붙여진 이름이다. 관음폭포 옆에는 수직 절벽인 비하대가, 상류에는 학소대와 연산폭포가 자리한다. 관음폭포의 경관을 구성하는 핵심은 비하대 아랫부분과 관음폭포 우측 절벽에 연속으로 발달한 여러 개의 하식동굴(Fluvial Erosion Cave)이다. 내연산의 12개 폭포 중 여러 개의 하식동굴이 폭포와 어우러져 독특한 경관을 뽐내는 곳은 관음폭포가 유일하다(그림34).

관음폭포는 비하대 바로 옆을 흐르지만, 많은 비로 유량이 증가하면 계곡물이 옆으로 넘쳐 폭포가 오른쪽으로 확대된다. 이는 관음폭포 좌측의 포트홀과 우측의 연속된 하식동굴, 그리고 폭포 위쪽 암반에 발달한 여러 개의 포트홀을 통해 확인할 수 있다. 수위가 높을 때 물이 흐르지 않으면 풍화작용으로 포트홀이 변형되어 현재처럼 매끄러운 표면을 유지하기 어렵다(그림35).

그림 35 관음폭포의 지형

관음폭포가 걸려 있는 절벽과 폭포 옆에 자리한 비하대 아래에 유독 하식동굴이 밀집해 있다. 이는 북북동-남남서 방향 수직절리와 교차하는 수평절리의 밀도가 다른 지역보다 매우 높기 때문이다. 앞서 풍화동굴 형성에서 설명했듯, 절리 밀도가 조밀한 부분은 수분순환이 활발해 풍화가 먼저 진행된다. 폭포수의 침식 역시 절리 밀도가 조밀해 약해진 부분부터 침식이 시작된다(차별침식). 청하골 내 다른 폭포 절벽들과 비교했을 때, 비하대 주변의 절리 밀도는 월등히 높다.

[건폭(乾瀑, Dry Fall)을 거느린 연산폭포(延山瀑布)] '연산폭포'라는 이름은 폭포 주변의 경치가 마치 연못(연)과 구름(운)이 어우러진 듯한 모습에서 유래되었다. 명칭에서도 알 수 있듯이 내연산(內延山)의 '내(內)'자를 뺀 것이다. 청하골 12폭포 중 가장 으뜸인 폭포로 섬세하고 우아한 관음폭포와 달리 낙차가 크고 웅장하다(그림36).

그림 36 연산폭포(7)

연산폭포는 낙차가 큰 만큼 폭포수의 침식으로 형성된 큰 폭호가 발달했다. 폭포는 북북동-남남서 방향의 절벽에 걸려 있고, 앞에는 수직 절벽인 학소대가 자리한다. 연산폭포 바로 옆에 필자가 제2 연산폭포라고 명명한 지형이 있다. 현재는 물이 흐르지 않지만, 폭포 아래에는 침식으로 형성된 폭호가 남아 있고, 그 앞에 발달한 여러 개의 포트홀은 과거 폭포가 흘렀던 흔적임을 보여준다. 폭호 표면은 유수의 침식을 받아 아주 매끄러우며, 한자가 다수 조각되어 있다. 이곳은 오래전 현재의 연산폭포처럼 물이 흐르다가, 어느 시기부터 연산폭포 방향으로만 물이 흐르면서 평소에는 마른 폭포(乾瀑, Dry Fall)가 된 것으로 추정된다. 상류 지형을 살펴본 결과, 폭우로 강수량이 증가할 때만 일시적으로 폭포를 이루는 듯하다. 곡류하천의 유로가 변화하듯, 폭포도 지형 변화가 심하다는 사실을 알 수 있다.

[**은폭포(隱瀑布)**] 은폭포는 여성의 생식기와 유사해 음폭으로 부르다 현재의 이름으로 바뀌었다고 한다. 은폭포는 폭포 지형의 종합선물 세트라고 할 만큼 폭포의 발달과 변화 과정에서 나타나는 다양한 지형을 관찰할 수 있다. 특히 다른 폭포들과 달리, 폭포 앞에 좌우가 절벽으로 된 협곡이 위치한다.

첫째, 은폭포는 폭포수가 원래 위치에서 오른쪽으로 이동한 흔적이 뚜

그림 37 은폭포(8)의 물줄기 이동

렷이 남아 있다. 현재 은폭포는 폭포수가 오른쪽으로 치우쳐 흐르지만, 자세히 관찰하면 폭포를 반쯤 막고 있는 왼편 큰 바위 아래 폭포수가 침식한 흔적이 뚜렷하다. 절리를 따라 무너져 내린 바위가 원래 폭포가 흐르던 왼쪽 통로를 막으면서, 물줄기가 오른쪽으로 치우치게 변형된 것이다(그림37).

둘째, 은폭포를 공중에서 보면 폭포가 계곡 하류에서 상류로 이동했음을 알 수 있다. 대부분 폭포는 폭포수가 떨어지는 바닥에 강한 압력과 타격을 주기 때문에, 침식작용이 활발하게 진행되어 폭호, 하식동굴 등 침식지형을 형성한다. 이렇게 절벽 아래 침식이 집중되면 절벽이 불안정해지고 마침내 중력과 침식으로 무너지게 된다. 이런 작용이 반복되면 폭포는 양쪽에 절벽이 있는 협곡(峽谷, Gorge)을 남기고 상류로 서서히 후퇴한다. 이를 두부침식(頭部浸蝕, Headward Erosion)이라고 한다(그림38). 세계 3대 폭포인 이과수폭포, 빅토리아폭포, 나이아가라폭포 모두 두부침식으로 수십 km 상류로 이동한 흔적이 협곡 형태로 남아 있다.

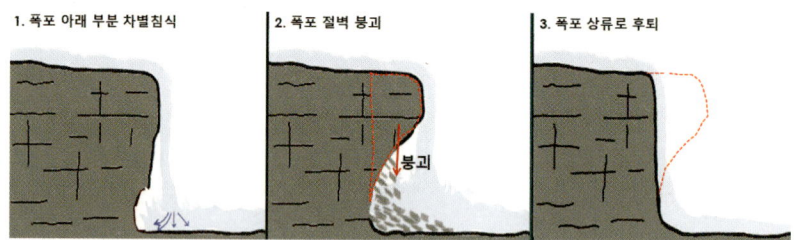

그림 38 두부침식과 폭포의 후퇴

은폭포를 위에서 보면 폭포 앞에 절벽으로 둘러싸인 협곡이 뚜렷이 관찰된다. 이는 두부침식으로 은폭포가 하류에서 상류로 후퇴했음을 알려주는 증거이다. 은폭포가 걸린 절벽은 북북동-남남서 방향의 절리와 동-서 방향의 절리가 교차한다. 두부침식도 두 절리를 따라 진행 되어,

폭포는 폭포수의 침식으로 후퇴하는 북북동-남남서 방향의 절벽에 걸려 있고, 폭포가 후퇴하며 남겨 놓은 협곡은 동-서 방향을 유지하고 있다.(그림39)

그림 39 상류로 후퇴하는 은폭포

5. 힌디기와 천연 콘크리트 선바위

입암(立岩)은 우리말로 '선바위'라는 의미로, 마을 해안에 기둥처럼 서 있는 바위에서 유래했다. 경상도 사투리로 '선바우'라고 하고, 한자로 설 립(立), 바위 암(岩)자를 써서 입암리라 하였다. 마을 이름이 특정 지형지물에서 유래되었다는 점이 흥미롭다.

아래 그림은 입암 2리의 해안에 발달한 지형을 나타낸 것이다. 파랑의 침식이 활발한 곳에는 파식대, 해식애, 시스택 같은 해안 침식지형이, 파랑의 침식이 약하고 퇴적이 활발한 작은 만에는 자갈해안이 발달했다(그림40). 특히 입암(선바우)에서 힌디기에 이르는 구간인 입암 2리 해안에는 파식대와 해식애의 발달이 두드러진다. 해식애에는 해식동굴과 염풍화 지형인 타포니도 잘 발달해 독특한 지형경관을 이룬다. 해식애로 이루어진 해안이라 데크를 설치하지 않았다면 아름다운 해안을 보기 어려웠을 것이다. 현재는 데크가 설치되어 이 아름다운 해안 풍경을 감상할 수 있지만, 역설적으로 데크가 경관을 가리는 요소가 되기도 한다.

그림 40 입암리 해안의 경관.

1) 해안 침식지형

선바우(입암)는 천연콘크리트 암석에 발달한 해식애다! 선바위가 자리한 입암 2리 해안에 해식애가 잘 발달한 이유는 입암리의 눌대리 응회암이라는 암석 때문이다. 이 암석은 신생대 신 제3기의 장기층군에 속하며, 입자 크기가 다양한 화산분출물(자갈, 모래, 화산재 등)이 퇴적되어 형성된 화산역암(Lapillistone)이다. 천연 콘크리트라는 별명답게 풍화와 침식에 강해 파랑의 침식도 이겨내고 해안 절벽을 이룬다. 입암 2리의 선바위도 이렇게 형성된 해식애의 일부이다(그림41). 입암리라는 마을 이름의 기원이 된 선바위 표면에서 다양한 크기의 화산력과 역을 감싸고 있는 화산분출물을 볼 수 있다. 미약하지만 역암층의 기울어진 층리도 발달했다.

그림 41 선바우(입암)

[**여왕 바위**] 해식애 상단에 검은색의 굵은 자갈이 쌓인 화산역 층이 있는데, 그 모습이 왕관을 쓴 근엄한 여왕처럼 보인다고 여왕 바위

라는 이름이 붙었다. 아래 사진을 잘 보면 시루떡 같은 층이 보이는데, 퇴적암에 발달하는 층리이다. 퇴적물이 쌓이면서 형성되는 층리는 당시 퇴적 환경을 파악할 수 있는 중요한 지표다. 사진 오른쪽에 보이는 큰 자갈들은 당시 화산 폭발이 얼마나 강력했는지를 짐작하게 한다(그림42).

그림 42 여왕바위. 퇴적암의 층리가 뚜렷하다.

[타포니가 만든 손가락 바위] 해식애 표면에 손가락 모양으로 움푹 파인 흔적이 있어 붙여진 이름이다. 해식애 표면에 손가락 모양 흔적은 어떻게 형성되었을까? 손가락 바위를 만든 조각가는 바로 바다에서 온 소금이다. 화산분출물이 퇴적되어 형성된 입암 2리 해안의 화산역암은 암석 조직이 연탄재처럼 공극(미세한 틈)이 많아 바닷물이 잘 스며든다. 큰 각력을 감싸고 있는 물질과 경계부도 약해 침투가 쉽다. 이렇게 스며든 바닷물이 증발하면 암석의 공극에 소금 결정이 자라면서 암석을 풍화시켜 타포니가 형성된다(그림43). 이런 과정을 염풍화라고 한다. 화산역암에서 역이 빠져나간 자리는 구멍이 되어 바닷물이 더 많이, 오래 머물 수 있어 타포니가 잘 형성된다.

그림 43 입암 2리 해안의 손가락 바위

[**해안 융기의 증거 힌디기 해식동굴**] 해식애인 힌디기는 상술한 입암 2리의 화산역암보다 입자가 훨씬 곱고 밝은색을 띤다. 이 해식애 표면에는 파랑의 침식으로 형성된 해식동굴과, 벌레가 파먹은 듯한 타포니가 함께 발달해 있다(그림44).

그림 44 힌디기 해식애에 발달한 타포니와 해식동굴

포항시에서 세운 안내문에는 '옛날 노씨가 처음 정착하여 살 때 좀 더 흥하게 되기를 바라는 뜻에서 흥덕이라 하였는데, 음이 변하여 힌덕, 힌디기로 불렸다고 알려져 있으나, 호미반도는 화산활동으로 발생한 지형으로서, 활동 중 화산 성분의 백토로 형성되어 흰 바위가 많은 흰언덕, 흰덕으로 불렸고, 흰덕에서 힌디기로 변화된 것으로 추정됨' 이라고 적혀 있다. 지형적으로는 흰색 바위에서 유래된 지명으로 추정된다. 힌디기의 응회암이 밝은색을 띠는 것은 이산화규소(SiO_2) 성분이 많이 들어 있기 때문이다.

해식동굴은 해식애 중에서도 파랑의 침식에 약한 부분이 차별침식을 받아 형성된다. 힌디기의 해식동굴은 3개인데 높이가 다르다. 해식동굴의 높이 차이가 발생한 이유는 이곳 해안이 융기하고 있다는 사실을 보여주는 증거다(그림45). 이는 이 해안이 융기하고 있음을 보여주는 지형학적 증거다. 맨 위에 자리한 해식동굴부터 먼저 형성된 후, 2단계 해안 융기를 거치며 현재 높이로 상승했다. 2단계에서 두 번째 해식동굴 형성 후 3단계 해안 융기를 거쳐 현재의 높이에 자리하게 되었다. 현재에도 파랑의 침식이 계속 진행되어 해식애 아랫부분에 새로운 동굴이 형성되고 있다(그림45).

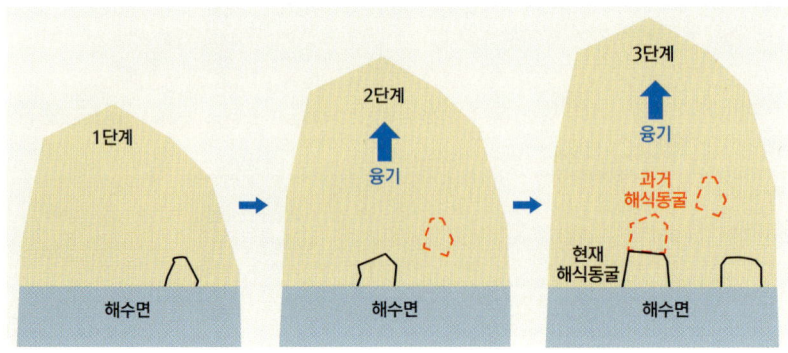

그림 45 힌디기 해식동굴의 형성 과정.

2) 해안 퇴적지형

해식애인 힌디기와 황옥포(한미끼) 해식애 사이의 작은 만에, 길이 78m, 폭 12m 정도 되는 자갈해안이 발달했다. 해안에 퇴적된 자갈은 화산역암을 이루고 있던 자갈(역)이 역암의 풍화로 부서져 바다로 공급된 후 파랑에 의해 퇴적된 것이다(그림46).

그림 46 자갈해안 전경.

6. 용이 살다 승천한 전설이 서린 구룡소(九龍沼)

포항시가 설치한 구룡소 안내판에는 '아홉 마리의 용이 승천할 때 뚫어진 9개의 굴이 있으며, 그중에는 5리 가량의 깊은 굴도 있어 유명한 수도승들이 그곳에서 수도를 하였다고 한다. 파도가 칠 때 굴의 입구로 흰 거품과 같은 바닷물이 쏟아져 나오는 모습은 마치 용이 입에서 연기를 뿜어내는 듯하고, 물을 뿜어낼 때의 우렁찬 울림소리는 천지가 진동하는 것 같아 지금도 이 구룡소를 아주 신성한 곳으로 믿고 있다(영일군사)'라고 되어 있다.

구룡소는 파랑의 침식작용이 활발한 곶(串)에 자리했다. 침식작용으로 해안이 후퇴하면서 시스택, 해식애, 마린포트홀, 파식구 등 침식지형이 형성됐고, 갯바위 표면에는 염풍화로 인한 타포니가 대규모로 발달했다. 구룡소는 침식과 풍화작용으로 형성된 다양한 해안지형이 한자리에 집약된 지형 전시장이다(그림47).

그림 47 구룡소의 지형 구조.

구룡소 안내판에 의하면, 구룡소는 높이 40~50m 정도의 해식애로 둘러싸인, 둘레 100여m 규모의 움푹 파인 지형이다. 구룡소는 구룡소 역암이 분포하는 곳의 약한 부분이 파랑에 침식되어 육지 쪽으로 오목하게 들어간 작은 만입(灣入)을 이룬다. 이 작은 만입을 구룡소라 칭하는데, 파식구와 파식대 표면의 마린포트홀은 용이 드나들던 굴로 여겼던 듯하다(그림48).

그림 48 구룡소의 파식대와 마린포트홀 군.

파랑으로 형성된 파식구를 따라 파도가 몰아치면 밀려온 바닷물이 물보라를 일으키며 위로 솟구쳐 오른다. 이때 하얀 물보라가 일어나는 모습이 용이 입을 벌려 연기를 뿜는 듯한 모습을 연상시킨다(그림49).

그림 49 파식구로 밀려온 파도에 의해 물보라가 일어나는 모습

1) 구룡소는 어떻게 형성됐을까?

육지가 바다로 돌출된 곳은 파랑의 침식작용이 활발하다. 구룡소는 곶 중에서도 암석에 난 상처(갈라진 틈), 즉 단열 부위가 먼저 침식돼 육지 쪽으로 오목하게 들어온 작은 만입(灣入)이다. 단열은 바위가 갈라지거나 부서진 틈을 말하는데, 구조적으로 약하기 때문에 풍화와 침식이 먼저 진행되는 경향이 있다. 해식애와 시스택으로 둘러싸인 작은 만입 지형이 바로 구룡소다(그림50). 구룡소가 형성되는 과정에서 파랑의 침식을 견디고 남은 여러 개의 시스택이 작은 바위섬을 이루고 있다. 구룡소는 단열을 따라 진행된 파랑의 차별침식으로 형성된 작은 만입 지형이다.

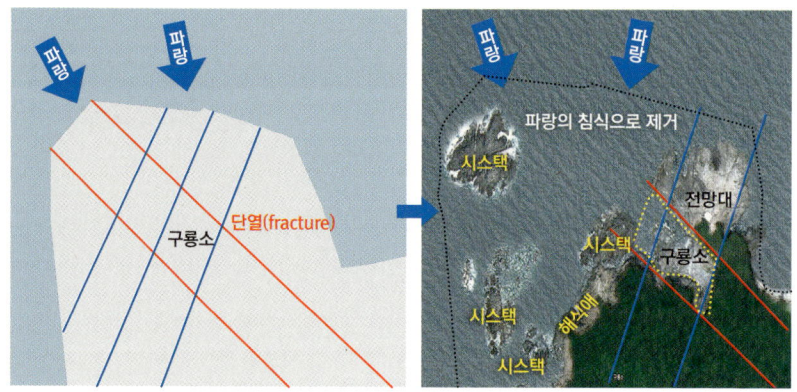

그림 50 구룡소의 형성 과정.

2) 지각 운동의 흔적을 간직한 구룡소의 현무암질 집괴암[2](Basaltic Agglomerate)

구룡소를 이루고 있는 신생대 집괴암층에는 지각 운동으로 형성된 단

---

2 화산 암괴가 무질서하게 퇴적·응결된 암석

열이 곳곳에 발달해 있다. 집괴암이 형성된 후 발생한 지각 운동으로 집괴암에 단열이 형성되는 과정에서 암석 내부에 박혀 있던 자갈들도 함께 금이 갔다. 아래 사진은 집괴암에 형성된 단열(단층, 열하, 절리 등)로 인해, 자갈에 금이 간 모습이 잘 나타나 있다(그림51). 이런 노두를 통해 구룡소 집괴암에 많은 단열이 존재하며, 이 단열을 따라 차별침식이 진행돼 현재의 구룡소가 형성되었음을 알 수 있다.

그림 51 구룡소 현무암질 집괴암의 자갈을 쪼갠 단열

3) 타포니 발달이 탁월한 구룡소

아래 사진은 대동배리에 분포하는 신생대 고진기 퇴적암인 구룡소 집괴암층이다. 이 집괴암은 중생대 백악기 말부터 신생대 고진기에 이르는 화산활동으로 분출된 화산재와 화산역(현무암질) 등이 쌓여 형성됐으며, 분급과 층리가 발달하지 않았다(그림52). 한편, 지질자원 연구원에서 발행하는 지질도에는 중생대 백악기 구룡소 역암으로 표기돼 있다.

구룡소 갯바위 표면에는 벌레가 판 구멍 모양의 풍화혈인 타포니가 잘 발달해 있다. 구룡소 집괴암을 구성하는 역들은 화산암 기원이며, 역을 둘러싼 물질 또한 화산분출물로 암석 조직이 엉성해 바닷물이 잘 흡수된다. 스며든 소금물이 증발하면 암석 조직 내부에서 성장한 소금 결정이 풍화를 유발해 타포니가 잘 발달한다(그림53).

그림 52 구룡소 현무암질 집괴암.

그림 53 구룡소 갯바위 표면의 타포니.

7. 전국에서 가장 규모가 큰 호미곶 해안단구

 구룡반도 동쪽 해안에 대규모 해안단구가 발달한 이유는 무엇일까? 가장 큰 원인은, 사계절 해안으로 불어오는 동풍이 강한 파랑을 일으켜 해안을 침식하기 때문이다(그림54). '샛바람'으로 불리는 동풍은 사계절 내내 동해에서 구룡반도 동쪽 해안을 향해 분다. 이 해안에 분포하는 호미곶층군과 장기층군은, 암석의 구조와 풍화 특성이 서로 다른 여러 암석으로 다시 세분된다. 구만리-대보리-강사리-석병리-삼정리 해안을 따라 발달한 대규모 해안단구에는 신생대 고 제3기의 강사리강력암과 신생대 신 제3기의 연일현무암, 두일포안산암이 분포한다.

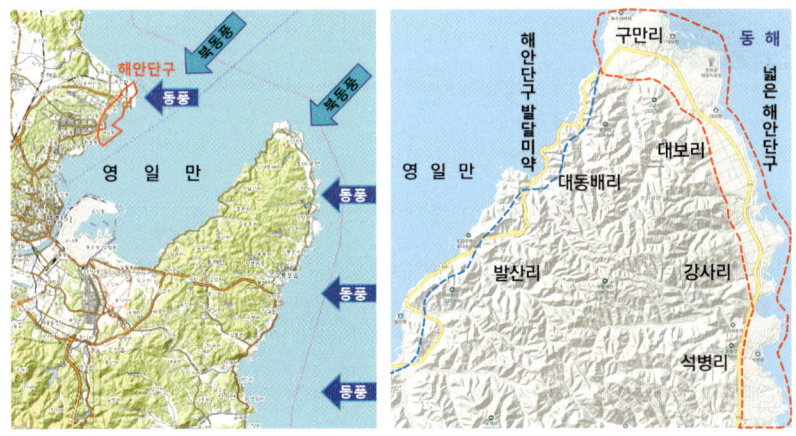

그림 54 구룡반도 동쪽 해안과 서쪽 해안의 해안단구 비교

 구룡반도 서쪽 해안의 대동배2리와 구룡반도 동쪽 해안의 석병리는 동일한 신생대 고 제3기의 봉화응회암이 분포하지만, 해안단구의 발달

모습은 전혀 다르다. 동쪽 해안에 자리한 석병리는 폭이 대략 900m에 달하는 대규모의 해안단구가 발달했지만, 대동배리는 해안단구의 발달을 확인하기 어렵다. 구룡반도 동쪽 해안의 해안단구가 이처럼 암석 종류와 관계없이 동쪽 해안에서 해안단구가 발달했다는 점은, 해안단구의 형성이 암석 차이보다는 파랑의 침식작용이 더 큰 영향을 끼쳤음을 의미한다. 구룡반도 동쪽 해안의 굴곡이 서쪽보다 심한 이유도, 동풍의 영향을 강하게 받아 침식이 더욱 활발하게 진행되었기 때문으로 보인다.

1) 파랑의 침식과 지각의 융기가 만든 해안단구

아래 그림은 구룡반도 동쪽 해안의 대규모 해안단구 형성 과정을 도식화한 것이다. 강한 파랑의 침식작용으로 형성된 파식대가 지각의 융기를 거치며, 해안단구로 전환된다. 오랜 기간 파랑의 침식과 지각의 융기가 반복되면, 해안가에 해발고도가 서로 다른 계단 모양의 평탄한 해안단구가 형성된다(그림55).

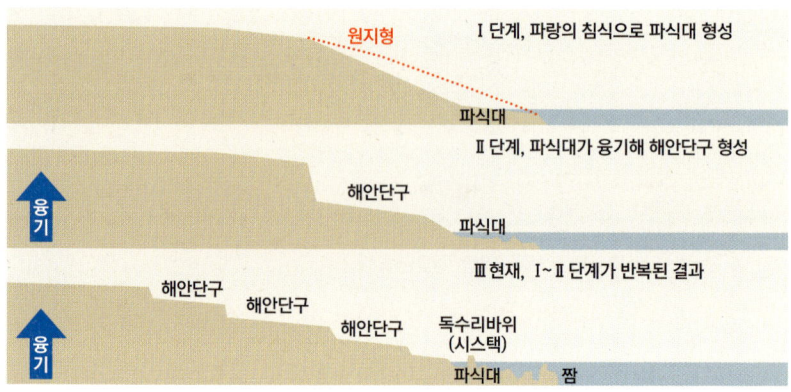

그림 55 구룡반도 해안단구의 형성 과정

기존의 연구에 따르면 구룡반도 동쪽 해안의 해안단구는 4단을 이루고 있는 것으로 밝혀졌다. 독수리바위 안내판에 이 해안단구를 '바다 계단'이라고 표기해 놓았는데, 계단 모양의 평탄한 해안단구를 순우리말로 표현한 것이다. 다만 형성 과정을 함께 설명하지 않아 지형에 익숙하지 않은 일반인에게는 이해가 다소 어려울 수 있다.

2) 융기의 증거 해안단구 퇴적층

　구룡반도가 자리한 한반도 동해안은 지금도 융기 중인 해안이며, 해안에는 수십 미터 높이에 이르는 4단의 해안단구가 형성돼 있다. 이는 과거 해수면에서 파랑의 침식으로 형성된 파식대가 지각의 지속적인 융기로 인해 높아진 결과로, 이 지역이 오랜 시간 융기해 왔음을 보여주는 가장 확실한 증거이다. 이러한 융기의 흔적은 아래 사진과 같은 해안단구 퇴적층을 통해 알 수 있다. 기반암인 장기층군이 파랑의 침식으로 평

그림 56 구만리의 해안단구 퇴적층

탄해지고, 그 위에 파랑의 침식을 받아 형성된 둥근 자갈이 퇴적되었다. 이후 해안의 모래가 바람에 날려와 해안단구 역(礫) 층 위에 쌓여 사구를 형성했다(그림56). 이는 현재의 해안에서 형성되는 사구가 아니라 과거 해수면 높았던 시기의 사구라, 고(古) 사구 층이라고 부른다.

3) 해안단구의 토지 이용

구룡반도 동쪽 해안에는 넓은 해안단구가 해안 가까이에 발달해 있어, 구룡포와 대보항처럼 규모가 큰 어항과 해맞이 광장 같은 대규모 관광시설이 들어설 수 있었다. 넓은 해안단구에서 생산되는 농산물이 상대적으로 많은 인구를 부양할 수 있고, 사람의 거주 공간을 제공해 준 덕이다.

아래 사진은 드론으로 구만리에서 강사리방향으로 촬영한 해안단구 전경이다. 현재 모습을 보면 믿기 어렵겠지만, 사진 오른쪽의 산지와 해안단구(농경지) 사이의 급사면은 과거 파랑의 침식을 받았던 해안절벽(해

그림 57 호미곶 일대의 해안단구

식애) 이다(그림57). 융기한 과거의 해안선은 현재 해발고도 50m에 자리하고 있다. 구룡포로 이어지는 4차선 도로의 왼쪽 소나무 숲이 있는 자리가 가장 최근에 형성된 해안단구로 해발 10m 정도다. 해안가에 파도가 하얗게 부서지는 부근까지 파랑의 침식으로 형성된 파식대가 자리하고 있으며, 그 유명한 상생의 손도 파식대에 있다.

이 지역의 해안단구는 4단으로 이뤄져 있으나, 경지 정리로 인해 각 해안단구 면을 구분하긴 어렵다. 다만 산에서 바다 쪽으로 완만하게 경사져 있어, 고도가 다른 단구면이 존재했음을 추정할 수 있을 뿐이다. 사진에서 보듯이, 평탄한 해안단구에는 지리 교과서의 설명대로 도로, 농경지, 마을이 자리하고 있다.

[**시대에 따라 변화하는 토지 이용**] 1960년대 지도를 보면 구만리에서 석병리에 이르는 해안단구는 대부분 밭농사 위주였다. 우리나라 연평균강수량보다 강수량이 적은 경북 동해안에서 큰 하천이 없는 해안단구는 밭농사를 지을 수밖에 없었다. '대보 처녀는 시집갈 때까지 쌀 서 말을

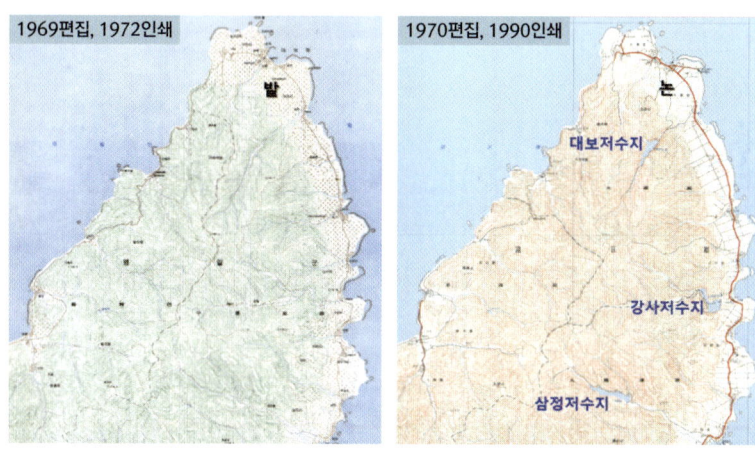

그림 58 시대에 따른 해안단구의 토지 이용 변화.

못 먹는다'라는 말이 나올 정도로 대보와 구만리 해안단구는 밭농사가 중심이었던 곳이다(그림58).

위 지도를 자세히 보면, 대보리, 강사리, 삼정리처럼 작은 하천 변에 논이 표시되어 있다.

1970년대 박정희 정부의 새마을운동과 농경지 확장정책에 따라 대보 저수지, 강사저수지, 삼정 저수지가 축조되고 경지 정리가 진행되면서, 대부분 해안단구는 논으로 전환되었다(그림59). 이는 사회, 경제적 여건이 바뀌면 토지 이용도 함께 변화함을 보여준다.

그림 59 강사리 저수지.

[**해안단구가 관광자원으로!**] 한때 구만리 해안단구의 20만 평 논에 심은 푸른 보리밭은 전국적으로 널리 알려진 풍경이었다. 구만리 청보리밭은 쌀보리가 주종으로, 1970년대 식량 자급을 위해 가을에 벼를 수확하고 파종해 이듬해 늦은 봄에 보리를 수확했다. 이런 재배 방식을 그루갈이라고 하는데, 겨울이 상대적으로 따뜻한 중남부 지방(충청, 경상, 전라)에서 주로 행해졌다. 아래 사진의 청보리밭은 부족한 쌀을 보충하는 식량용이 아닌, 호미곶을 찾는 관광객의 볼거리로 재배되고 있다(그림60).

그림 60 구만리 청보리밭

아래 사진은 과거 보리밭이었던 곳이 유채밭으로 바뀐 구만리 해안단구의 모습이다. 이곳은 원래는 1970년대 경지 정리로 수로와 농로가 건설되어 논으로 이용되었으나, 경제 성장과 소득 증가로 관광, 레저 산업이 발달하면서 변화를 맞았다. 호미곶 해맞이 광장을 찾는 관광객에게 볼거리를 제공하기 위해, 벼 대신 유채를 재배하는 관광형 경작지로 전환되었다(그림61). 이렇게 볼거리를 제공하는 농업을 경관농업(景觀農業, Landscape Agriculture)이라고 한다. 자연이 만든 지형이라도 사회, 경제

그림 61 구만리 유채밭

적 여건이 바뀌면 토지 이용 또한 변화한다는 점을, 이곳 구만리 사례가 잘 보여준다. 논이 청보리와 유채밭, 메밀밭으로 대체된 이러한 변화는 '인간과 대지의 진화'라는 말로 표현할 수 있다.

4) 넓은 파식대와 해녀

파랑의 침식작용으로 형성되는 대표적인 지형이 파식대다. 파식대가 넓다는 것은 파랑의 침식작용이 활발한 해안임을 의미한다. 구룡반도 동쪽, 대보리-강사리-석병리-삼정리-구룡포로 이어지는 해안의 곳에는 넓은 파식대가 발달했다. 아래 사진은 강사리에서 구만리 방향으로 촬영한 드론 사진으로, 해안을 따라 발달한 파식대의 모습을 보여준다(그림62).

[구만리와 대보리의 넓은 파식대] 호미곶면 구만리와 대보리에 분포하는 신생대 고 제3기와 신 제3기의 화산성 퇴적암은 층리의 발달이 불량해 파식대가 매우 울퉁불퉁하다. 파식대 앞바다 밑에는 '짬'이라 불리는 수

그림 62 강사리-대보리(구만리)로 이어지는 해안의 파식대.

중 암초와 바위섬이 많아 항해에 위험하므로 1908년 전국에서 두 번째로 호미곶 등대를 세웠다. 이처럼 넓은 파식대와 수중 암초는 호미곶에 국립등대박물관이 세워질 수 있었던 지리적 배경이 되었다.

수중 암초와 바위섬은 해조류와 어패류가 서식할 수 있는 천연 어초 역할을 한다. 이 때문에 구룡반도 동해안은 포항에서도 해녀가 가장 많은 지역이 될 수 있었다(그림63).

그림 63 구만리와 대보리 해안의 넓은 파식대

아래 사진은 파식대와 그 뒤에 해안단구가 함께 발달한 호미곶 해안의 모습으로, 융기해안의 전형적인 지형 세트를 잘 보여준다. 호미곶 해맞이 광장은 해안단구에 자리하고, 상생의 손 조형물은 파랑의 침식으로 형성된 파식대에 세워져 있다(그림64).

해녀와 파식대 파랑의 침식이 강하게 작용하는 구만리-대보리-강사리 해안은, 조간대(밀물과 썰물의 영향을 받는) 파식대뿐만 아니라 늘 물에 잠겨있는 조하대에도 파식대가 발달했다. 흥미로운 사실은 구룡반도

그림 64 호미곶의 해안지형

동해안에 넓게 발달한 4단의 해안단구처럼 수중의 파식대도 3개의 단(段)이 발달해 있다는 점이다. 해안에서 500m 지점까지 1단에 해당하는 파식대의 수심은 5~6m이고, 2단은 1단보다 급경사를 이루며 수심은 6~20m, 3단은 15~27m에 달한다(그림65).

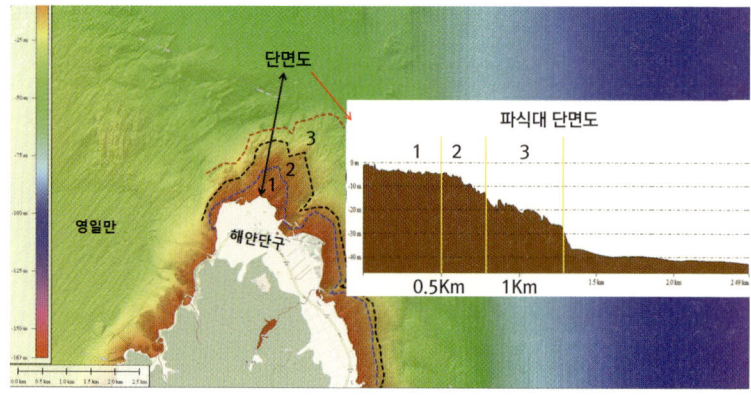

그림 65 .구만리, 대보리 파식대(자료 박요셉 박사)

구만리와 대보리에 넓게 발달한 수중 파식대는 해조류와 어패류가 풍부하게 자라는 천연 어초 역할을 해 해녀들의 해산물 채취 활동이 활발하다. 경북 해녀의 70%가 포항시에 분포하고 있으며, 그 수는 총 1,068명으로 제주, 울산에 이어 전국 3위이다. 포항 지역 해녀는 구룡포읍 251명, 호미곶면 249명, 장기면 102명, 동해면 109명, 청하면 60명으로, 파식대가 대규모로 발달한 구룡반도 동쪽 해안에 자리한 구룡포와 호미곶에 집중적으로 분포한다.

해안단구에서 이어지는 파식대의 수심이 깊지 않아, 이곳 해녀들은 해안에서 상당한 거리까지 걸어 들어가 물질을 하고 돌아온다. 배를 타고 바다 멀리 나가서 물질을 하는 다른 곳의 해녀들과 사뭇 다른 모습이다. '해녀의 물질 형태도 지리다!'(그림66).

그림 66 파식대와 해녀들의 물질(사진 김수정)

8. 천연기념물 흥해읍 오도리 주상절리, 나무화석

오도리의 지형은 북쪽의 곶과 오도리 선착장이 자리한 남쪽의 곶, 그리고 두 곶 사이에 오도리 간이해수욕장이 자리한 만으로 구성되어 있다. 북쪽 곶의 앞바다에는 작도라는 작은 바위섬이 있고, 남쪽 오도리 선착장 앞 바다에는 4개의 바위로 이루어진 오도가 있다(그림67).

그림 67 오도리 해안의 지형경관.

퇴적작용이 활발한 만에는 모래로 된 오도리 간이해수욕장이, 남쪽과 북쪽의 곶에는 해안 침식지형인 시스택, 파식대, 해식애가 발달해 있다. 북쪽 곶의 해식애와 파식대에는 나무가 화석이 된 규화목이 발견되며, 해식애의 단면에는 퇴적암류의 사암층과 응회암층이 뚜렷한 경계를 이루고 있다.

오도리(烏島里)라는 마을 이름은 오도리 선착장 앞에 자리한 4개의 바위로 이루어진 오도에서 유래되었다. 오도는 '검은 섬'이라는 뜻으로, 섬을 구성하는 4개의 검은 바위에서 비롯된 지명이다. 조선 후기 최승우(1770년~1841년)가 오도에 대해 읊은 시를 보자. '강 고을에서 파직되어 말 머리 동쪽으로 돌리고, 바다의 구름 속에서 섬 찾아 나섰네. 멀리서 보니 까마귀 무리 모인 듯하고, 가까이 보니 기이한 바위 모였음을 알겠네' 이로써 오도가 조선시대부터 까마귀 무리처럼 보이는 기이한 검은색 바위섬으로 인식되었음을 알 수 있다. 마을 앞에 있는 오도는 시스택이라는 해안침식 지형으로, 오도라는 지명은 특이한 모양의 지형지물에서 마을 이름이 유래된 대표 사례이다.

1) 검은 바위섬 오도(烏島)

곶에 자리한 오도리 포구 앞에는 4개의 큰 바위로 구성된 오도가 있다. 오도는 파랑의 침식으로 해안선이 후퇴하는 과정에서 침식을 견디고 남아 있는 시스택이라는 해안침식지형이다. 오도는 신생대 신진기의 화산분출물이 굳어서 형성된 화산암으로, 기둥 모양의 주상절리(柱狀節理, Columnar Joint)가 발달했다. 주상절리는 현무암이 지표에서 빠르게 냉각될 때 잘 형성되는 지형으로, 안산암, 유문암, 화산분출물이 굳어서 형성된 용결(결정)응회암 같은 화산암에서도 관찰된다.

오도와 오도리 해안은 어떻게 형성되었을까? 해안선이 단조롭고 파도를 막아주는 섬과 반도가 없는 동해안은 파랑의 침식작용이 매우 활발해 해안선이 육지 쪽으로 후퇴한다. 이 과정에서 곶에는 침식지형인 해식애, 파식대, 시스택이 형성되고, 만에는 모래와 자갈이 퇴적된다. 오도에 분포하는 현무암은 화산분출물이 쌓여 굳어진 응회암보다 암석 조직이 치밀하고 단단해서 냉각 과정에서 주상절리가 형성됐다. 오도리 선착장 주변의 파식대는 상대적으로 약한 응회암이라 주상절리를 이룬 오도의 현무암보다 먼저 침식돼 평탄해졌지만, 더 단단한 오도의 현무암은 침식에 저항해 바위섬으로 남아 시스택이 되었다(그림68).

그림 68 오도리 해안의 지형형성.

2) 주상절리(柱狀節理)

절리는 바위에 생긴 금을 뜻하며, 그중에서도 나무 기둥 모양을 이루는 구조를 '주상절리'라고 한다. 주상절리는 뜨거운 용암이나 화산암(현무암, 안산암, 용결응회암 등)이 지표에서 빠르게 냉각될 때 부피가 줄어든 암석이 갈라지며 형성된다. 진흙이 햇볕을 받아 건조될 때, 진흙 표면이 다각형으로 쩍쩍 갈라지는 것과 같은 원리이다(그림69).

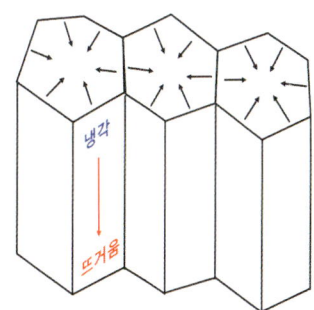

그림 69 주상절리의 형성과 다각형 주상절리 단면.

주상절리의 단면은 흔히 육각형으로 알고 있지만, 실제로는 사각형, 오각형 등 다양한 다각형 형태를 이룬다. 냉각 과정에서 하나의 점을 중심으로 부피가 줄어들기 때문에 다각형의 기둥 모양을 이루는 주상절리

그림 70 오도의 기하학적인 형태의 주상절리 단면(오도 동쪽).

가 형성된다(그림70). 벌이 벌집을 육각형으로 짓는 것처럼 자연 상태에서 공간을 빈틈없이 나눌 수 있는 구조가 육각형이다. 주상절리가 형성되는 과정에도 육각형의 벌집을 만든 것과 같은 자연의 경이로운 법칙이 작용한 것으로 추정된다.

3) 오도의 지형적 특징

3개 또는 4개의 바위섬으로 이루어진 오도는 전체적으로 북북동-남남서 방향으로 길게 늘어서 있다. 오도는 섬의 동서 간 지형적 차이가 큰데, 아래 지도의 붉은 점선을 경계로 동쪽은 동풍의 영향으로 파랑의 침식이 강해 수직 주상절리가 파식대를 이루고 있다. 반면 서쪽은 파랑의 영향이 적어 북북동-남남서(1, 2번 섬)와 북동-남서(3, 4번 섬) 방향으로 뻗은 선구조(Lineament)를 따라 다양한 경사의 주상절리가 발달했다(그림 71, 72).

그림 71 오도 섬의 전체 윤곽

그림 72 오도의 동쪽(파식대)과 서쪽(주상절리)의 차이(사진 김수정)

[오도 동쪽 해저에 자리한 주상절리]   파식대 오도의 동쪽 해저 지형 단면을 보면, 수심 2.5m~7.5m에 주상절리가 침식되어 형성된 넓은 파식대가 존재한다. 이곳은 오도리의 어패류 채취장이기도 한데, 현지 해남(海男)의 증언에 따르면 수면 위로 드러나 있는 오도보다 더 넓은 주상절리

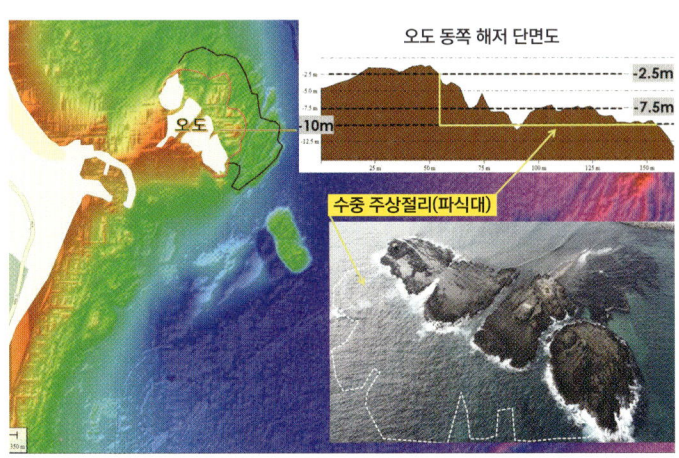

그림 73 오도 수중 파식대 단면도

가 파식대 형태로 수중에 있다고 한다. 해저 지형 단면과 해남의 증언을 종합해 볼 때, 해수면이 현재보다 낮았던 시기에 파랑의 침식으로 형성된 파식대가 해수면 상승으로 현재는 수중에 잠기게 된 것으로 추정된다(그림73). 현재보다 해수면이 낮았던 시기는 빙하기였으므로 오도 동쪽의 수중 주상절리 파식대를 통해 신생대 제4기 기후변화 과정을 추정할 수 있다.

2024년 12월 18일, 기온도 포근하고 바람도 없는 날에 촬영한 오도 사진에 오도 동쪽 해수면 아래에 발달한 수중 파식대 전경이 담겨 있다. 수중 파식대의 존재를 알려준 해남(海男)의 증언처럼 해수면 위로 드러나 있는 오도 보다 훨씬 규모가 큰 주상절리 파식대의 전경을 확인할 수 있다(그림74).

그림 74 오도 동쪽에 자리한 수중 파식대

[오도 동쪽의 넓은 파식대와 수직 주상절리] 연중 동풍이 불어 파랑의 침식이 활발한 오도의 동쪽은 아래 사진에서 볼 수 있듯이 평탄한 파식대가 발달했다. 사진 속 파식대를 이루는 수직 주상절리 단면은 5, 6각형 등

의 다양한 형태를 이루고 있다. 섬 동쪽의 수중에도 같은 형태의 주상절리 파식대가 이어져 있다(그림75).

그림 75 오도 동쪽의 넓은 파식대와 수직 주상절리

[**다양한 방향과 경사진 주상절리가 분포하는 오도 서쪽**] 파랑의 영향이 적은 오도의 서쪽은, 수평 주상절리를 비롯해 각양각색의 각도를 이루는 주상절리를 포함하여 다양한 방향으로 뻗은 경사진 주상절리가 발달했다. 또한 평평한 동쪽 파식대의 주상절리와 달리 단면이 노출되지 않아 약간 뾰족하거나 둥글게 마모된 형태를 이루고 있다(그림76).

그림 76 오도 서쪽의 경사진 주상절리(사진 김수정)

아래 사진은 오도 동쪽 파식대와 만나는 지점에 발달한 주상절리로, 경사가 수평에 가깝다. 파랑의 오랜 침식과 풍화로 주상절리의 각진 부분이 마모돼 마치 설 명절에 먹는 가래떡을 차곡차곡 쌓아 올린 듯한 형태를 띠고 있다(그림77).

그림 77 수평 주상절리(사진 김수정)

[**수직 주상절리와 경사진 주상절리**] 4개의 오도 바위섬 중 가장 북쪽에 자리한 섬(4번)의 남쪽에는 수직 주상절리와 북쪽으로 경사진 주상절리

그림 78 수직 주상절리와 수평 주상절리가 한 곳에 위치

가 한자리에 동시에 발달한 특이한 지형이 눈길을 끈다(그림78). 이 주상 절리가 한 번에 동시에 형성된 것이 아니라, 여러 차례에 걸쳐 형성된 것으로 추정된다.

4) 오도리 북쪽 해안의 나무화석

[**해식애의 규화목**]　규화목(Petrified wood)은 그리스에서 유래되었으며 "나무가 돌이 되었다."는 뜻이다. 규화목은 나무와 식물 등이 화석화되어 나이테 등 나무의 생장 모습이 남아 있는 특수한 유형의 화석으로, 먼 지질시대의 자연환경을 알려주기도 한다. 유기물인 나무가 어떻게 돌이 되었을까? 나무가 퇴적층 속에 묻혀 산소가 차단되면 부패하는 대신 원래의 나무 상태를 유지한다. 이때 지하수에 녹아 흐르던 광물질이 나무의 조직을 이루는 리그닌과 셀룰로스를 대신해 나무 조직을 채우게 된다. 이 과정이 오랜 세월 지속되면 나무의 유기물은 점차 사라지고, 광물질로 치환(置換)된 조직만 남는다. 이러한 광물질 중 이산화규소

그림 79 해식애에 있는 나뭇가지 화석.

(SiO_2)의 양이 상대적으로 많기 때문에 규화목이라고 한다. 이산화규소 외에 철, 망간, 마그네슘 등의 광물이 많이 첨가되면 울긋불긋 다양한 색을 띠는 규화목이 형성된다. 오도리 북쪽 곶에 자리한 해식애에는 숯덩이처럼 보이는 검은 색의 나뭇가지와 나무 조각이 곳곳에 드러나 있다. 화석을 모르는 사람이 보면 해안에서 나무로 불을 피우고 남은 숯으로 착각할 정도로 유사하다(그림79).

해식애에서 발견되는 나무화석 중 아래 화석은 살아 움직였던 생물 화석이라기보단, 규화목이 된 나무의 열매로 추정된다(그림80). 사진으로 남겨 놓았지만, 이 해안에서 발견된 유일한 화석이라 자연적인 풍화와 침식, 사람에 의해 언제든 훼손될 수 있어 보존 조치가 시급하다. 지질학계의 심층 연구와 분석을 통해 화석화된 나무가 살았던 정확한 지질시대와 나무의 종류가 밝혀지기를 희망한다.

그림 80 나무 열매로 추정되는 화석.

해식애에서 발견되는 규화목 화석은 수십 점이 넘으며, 아래 사진 같은 나뭇가지나, 작은 나무 조각들이 주로 발견된다. 화석을 품은 암석의 색깔이 회백색으로 밝은 편이라 숯덩이처럼 검은색을 띠는 규화목이 더 뚜렷하게 구분된다. 이 검은색의 규화목은 나뭇결(조직)이 뚜렷하게 남아 있어, 자세하게 관찰하면 나무가 화석이 되었다는 사실을 바로 알 수 있다. 사진 속 규화목 조각들도 언뜻 보면 숯 조각으로 착각할 정도로 검지만 나무 조직이 매우 선명하게 남아 있다(그림81).

그림 81 나뭇결이 선명한 규화목.

[**파식대에서 발견되는 규화목**] 해식애 앞에 펼쳐진 파식대에서 발견되는 규화목은 주로 직경이 20cm가 넘을 정도로 굵기가 상당한데, 나무 몸통이 화석화된 것으로 보인다. 아래 사진의 규화목은 드러난 부분의 직경이 24cm 정도이며 나무 조직이 선명하게 드러나 있다(그림82). 검은색이 선명해 누가 버린 숯덩이처럼 보이며, 오른쪽 암석으로 덮인 부분까지 화석이 뻗은 것으로 추정된다.

그림 82 나무 몸통 화석.

아래 사진은 파식대가 파랑의 침식을 받는 과정에서 나무 몸통 화석의 일부가 노출된 것이다. 해조류로 덮여있는 부분도 규화목이며, 나뭇결이 매우 선명하게 드러나 있다. 직경은 20cm가 넘고 숯처럼 검은색을 띤다(그림83).

그림 83 나뭇결이 선명한 규화목.

아래 사진의 규화목은 직경이 20cm가 넘고 나이테 같은 동심원상의 나뭇결이 뚜렷하다. 먼 지질시대에 살다가 넘어진 나무의 나뭇가지나 몸

그림 84 나무 그루터기로 추정되는 화석

통이 화석화된 것들과 형태가 매우 다르다. 규화목의 전체적인 형태로 미루어 나무 그루터기 화석으로 추정된다. 지층이 현재보다 더 침식이 진행되면 사방으로 뻗은 나무뿌리 화석도 드러날 것으로 예상된다(그림 84).

이런 규화목을 분석해 나무의 종류를 알아내면 규화목이 발견되는 지층이 형성된 지질시대를 알 수 있다. 또한, 나이테를 분석하면 규화목이 자랐던 수 천만년 전 지질시대의 고기후 환경도 알아낼 수 있어 퇴적암에서 화석의 발견은 매우 중요하다. 규화목은 지구의 과거 자연환경을 추적해 갈 수 있는 일종의 '타임캡슐'인 셈이다.

그렇다면 해식애에서 주로 나뭇가지와 나무 조각 규화목이 발견되고, 파식대에서 나무 그루터기와 나무 몸통 규화목이 발견되는 이유는 무엇일까? 현재 해식애는 태풍이나 폭풍이 불 때 발생하는 큰 파도가 아니면 강한 침식작용을 받지 않기 때문에, 암석 속에 포함된 작은 규화목이 사라지지 않고 남은 것으로 보인다. 반면, 지금도 파랑의 침식이 활발한 파식대에서는 가늘고 작은 나뭇가지와 나무 조각 화석은 빠르게 제거되고, 상대적으로 굵고 큰 나무 몸통이나 그루터기 같은 규화목이 발견되고 있다.

9. 타포니의 전시장 이가리 해안

　이가리 포구가 자리한 만과 월포해수욕장이 자리한 월포만 사이의 해안에 최근 조성된 이가리 닻 전망대는 많은 사람이 찾는 명소가 되었다. 이가리 닻 전망대 남쪽의 작은 만에는 모래가 퇴적되어 형성된 이가리 간이해수욕장이 있다. 전망대에서 조경대에 이르는 북쪽 해안의 곶에는 신생대 고진기 에오세 화산암이 강한 파랑의 침식으로 형성된 파식대와, 작은 만에 자갈과 모래가 퇴적된 해안이 있다(그림85).

그림 85 이가리 해안에서 만날 수 있는 다양한 해안지형

　닻 전망대가 자리한 파식대에는 파랑의 침식을 견디고 남은 큰 바위가 바닷가에 널려 있어는 울퉁불퉁한 해안을 이루고 있다. 이 중 그 형태가 거북을 닮았다는 거북 바위가 잘 알려져 있다. 파식대와 해안의 큰 바위 표면에는 벌레가 파먹은 구멍처럼 생긴 타포니 지형도 곳곳에 발

달해 있다.

  월포해수욕장 남쪽 곶에 자리한 조경대는 수직절리가 발달한 신생대 고 제3기 화산암이 파랑에 침식되며 형성된 해식애로, 절벽 경관이 장관을 이룬다. 또한 이가리간이해수욕장에서 조경대에 이르는 해안의 배후에는 해안단구가 발달했고, 해안단구 면에는 해안의 모래가 바람에 날려 쌓인 해안사구가 형성되어 있다. 이가리 포구에서 조경대에 이르는 1km 남짓 되는 해안에는 해안 침식지형과 퇴적지형, 타포니와 같은 풍화지형 등 다양한 해안지형을 만날 수 있다.

1) 이가리 암석해안의 지형

  이가리 닻 전망대에 서면 발아래에 큰 바위가 흩어져 있는 특이한 해안을 볼 수 있다. 이런 해안은 어떻게 형성됐을까? 육지가 바다로 돌출한 곳에 자리한 이가리 암석해안에는 풍화와 침식에 강한 신생대 고 제3기 화산암이 분포한다. 화산암은 신생대 연일층군의 퇴적암과 달리 침식에 강한 암석이다. 다양한 화산분출물이 퇴적되면서 침식에 강한 단단한 물질과 침식에 약한 물질이 섞여 있다. 따라서 파랑의 침식작용을 받

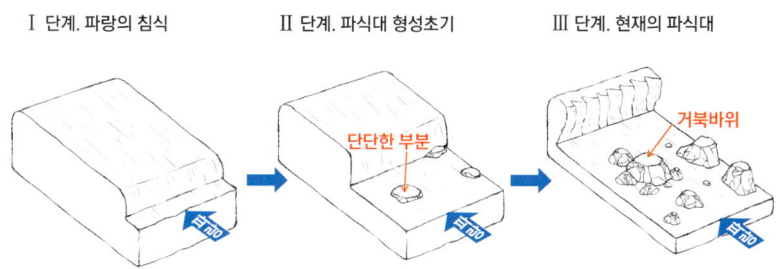

그림 86 이가리 해안의 파식대 형성 과정

으면 침식속도가 다르다. 약한 부분은 파랑에 의해 빠르게 침식되지만, 단단한 부분은 침식이 느리게 진행되어 바위로 남게 된다. 이와 같은 화산암의 구조적인 특징 때문에 평평한 파식대가 아닌, 크고 작은 바위가 파식대 곳곳에 남아 있는 울퉁불퉁한 해안을 형성하게 된다(그림86, 87). 그중에서 침식에 강한 암반들은 거북바위를 비롯해 집채만 한 큰 시스택을 이루고 있다.

그림 87 이가리 닻 전망대와 바위가 많은 파식대.

거북바위는 시스택이다! 이가리 암석해안의 파식대 위에는 파랑의 침식을 견디고 남아 시스택이 된 바위가 모여있다. 닻 전망대에서 보면 영락없는 거북 모양이라 거북바위라고 부른다. 닻 전망대에 설치된 안내판에는 '거북이는 우리 민족에게 장수와 재물을 가져다주는 상서로운 동물로 알려져 있으며, 바다 한가운데 우뚝 솟은 거북바위는 용왕님을 만나러 바다로 들어가는 형상을 하고 있다'는 설명이 쓰여 있다.(그림88). 이처럼 해안침식 지형이 발달한 암석해안에 형성된 기암괴석은 그 형태에 따라 이름과 신화, 전설이 덧붙여지는 사례가 많다. 거북바위 또한 그와 같은 과정을 통해 이름 붙여진 시스택이다.

그림 88 거북바위

[**파랑과 자갈이 만든 구멍 마린포트홀**] 이가리 암석해안의 울퉁불퉁한 파식대 표면에 기묘한 형태의 구멍이 파여 있다. 마린포트홀로 불리는 이 지형은 파랑의 침식으로 단단한 화산암이 깎여 파식대가 형성되는 과정에서, 파랑에 떠밀려 온 자갈이 바위의 약한 부분을 갈아서(마식작용) 형성되었다(그림89).

그림 89 파식대 바위 표면의 마린포트홀

파랑과 자갈이 힘을 합쳐 바위 표면에 구멍이 만들어지는 지형 형성 작용은 하천에서도 이루어지는데, 이때는 포트홀(돌개구멍)이라고 한다. 마린(Marine, 바다) 포트홀은 바닷물과 자갈이 함께 만든 구멍이라는 의미다. 이러한 마린포트홀은 침식에 약하고 잘 부스러지는 암석보다, 침식에 강하고 단단한 암석에서 기하학적이고 아름답게 형성된다. 아래 사진의 포트홀이 발달한 부분 역시 화산암 중에서도 침식에 상대적으로 강한 부분이다.

2) 티라노사우르스 머리 모양의 타포니

이가리 암석해안에 분포하는 중생대 화산암은 입자 크기가 서로 다른 화산분출물이 쌓여 형성된 암석으로, 조직이 거칠고 수분이 상대적으로 잘 스며든다. 염분이 들어 있는 바닷물이 화산암에 스며든 뒤, 수분만 증발하는 작용이 오랜 세월 반복되면 암석 조직 내 소금 결정이 성장하며 암석을 파괴한다. 이러한 소금 결정의 풍화작용으로 인해 이가리 암석해안의 큰 바위 표면에는 각양각색의 타포니가 발달했다. 보는 사람의 시각에 따라 다르게 느껴질 수 있으나, 이 책에서는 필자의 눈에 보이는 인상대로 타포니에 이름을 붙여 소개한다.

그림 90 공룡 머리 모양의 타포니

사진의 타포니는, 이가리 전망대에서 조경대를 거쳐 월포해수욕장으로 이어지는 해파랑길 바로 옆 바위를 촬영한 것이다. 타포니가 발달한 바위의 모습이 입을 벌리고 고개를 숙인 공룡의 머리 모양을 닮았다. 화산암의 거친 표면이 두껍고 울퉁불퉁한 공룡의 피부와 유사한 점도 흥미롭다(그림90).

아래 바위는 공룡 머리 모양의 타포니 바로 앞에 자리한다. 보는 방향에 따라 버섯이나, 혹은 초가집 모양 같기도 하다. 제시된 사진의 방향에서 바라보면 1981년 텔레비전용 애니메이션 시리즈로 제작되어 우리나라에서 인기리에 방영되었던, 개구쟁이 스머프가 살던 버섯 형태의 집처럼 보인다. 일명 스머프 하우스(그림91)!

그림 91 스머프의 집(Smurf's House)

다음 사진의 타포니는 규모는 작지만 한 사람이 들어가 앉아 비를 피할 수 있을 정도의 공간을 이루고 있어, 동굴형 타포니라고 이름 지었다(그림92).

그림 92 동굴형 타포니

3) 진경산수화의 영감이 서린 조경대(釣鯨台)

포항시에서 설치한 안내판에 따르면, 원래는 '물이 맑아 거울 같다'는 뜻의 조경대(照鏡台)였는데, 조선 인조 때 청하에서 귀양을 살았던 유숙(柳潚)[3]이 이곳에서 놀고 있을 때, 마침 바다에서 고래잡이를 하는 모습을 구경하고는 '고래를 낚는다'는 뜻의 조경대(釣鯨台)라 바꿔 부르게 되었다고 한다. 조선조 화단의 대표 화가 중 한 사람인 겸재 정선이 청하 현감으로 2년간 이곳에 머무를 때 '주변 풍광에 빠져 자주 그림을 그린 곳으로 알려져 있다'라고 쓰여 있다(그림93).

---

3 유숙(柳潚, 1595년~1664년) 인조반정 후 정권에 참여하지 않고 비판적 태도를 견지해 청하로 유배됨

그림 93 조경대의 해안 침식지형

　조경대 사진을 보면, 조경대로 불린 해식애가 자갈해안과 월포해수욕장 사이의 곶에 자리하고 있음을 알 수 있다. 해식애 앞에 있는 평평한 바위가 파랑의 침식으로 형성된 파식대이며, 파식대 끝 바닷속에 솟아 있는 바위가 시스택이다.

　현재 조경대가 자리한 해안은, 원래 해안선이 시스택이 있는 앞바다에 형성되어 있었음을 보여준다. 오랜 세월에 걸친 파랑의 침식으로 해식애가 있는 현재 위치까지 후퇴했고, 그 과정에서 시스택과 파식대가 형성되었다. 해식애는 파랑의 침식작용이 집중하는 곳에 잘 발달하며, 파랑의 침식으로 후퇴하는 과정에서 시스택과 파식대를 남긴다(그림94).

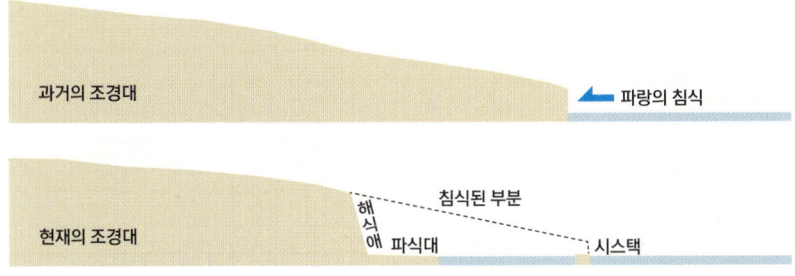

그림 94 조경대의 해안 침식지형 형성 과정

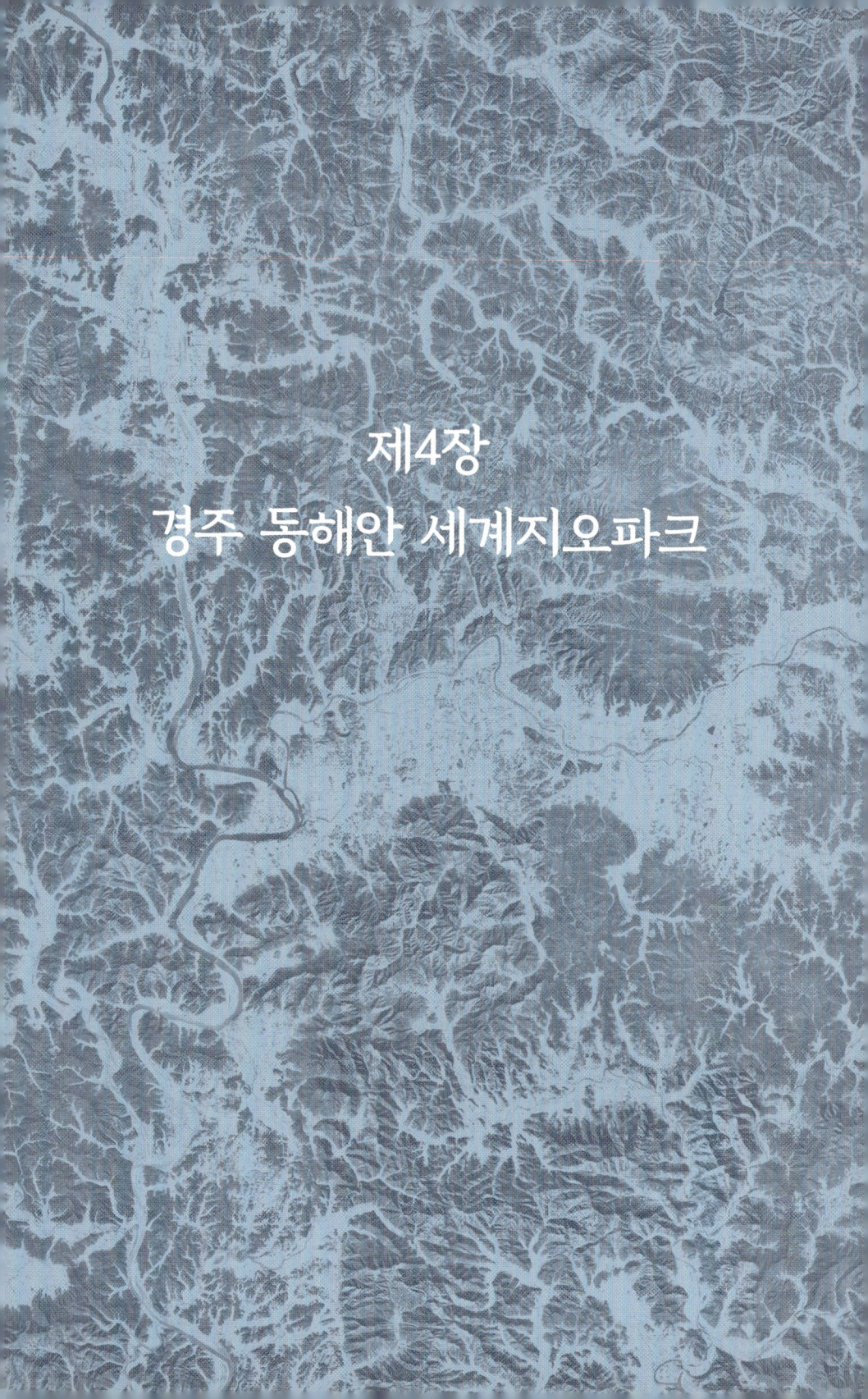

제4장
경주 동해안 세계지오파크

신라 천년고도 경주는 수많은 문화재로 인해 학생들의 수학여행지로 각광 받아 왔고, 현재도 전국에서 많은 관광객이 찾고 있다. 그러나 경주에 아름다운 바다가 있다는 사실을 모르는 사람들이 적지 않다. 경주 동해안은 경북 동해안 World Geopark(세계지오파크)의 가장 남쪽에 자리하고 있다. 경주 동해안의 대표적인 Geosite(지오사이트)[1]로는 양남면 주상절리, 문무대왕 수중릉으로 알려진 문무대왕면의 대왕암, 선무도로 유명한 골굴사, 불교 문화유산이 풍부하여 야외 박물관으로 불리며, 유네스코에도 등재된 남산이 있다. 경주 동해안 지오파크에는 중생대 백악기부터 신생대에 이르는 다양한 암석이 분포한다(그림1).

이제 경주를 찾는다면 시내 문화재만 살펴보는 데 그치지 말고, 아름다운 경관과 뛰어난 지질·지형적 가치를 지닌 경주 해안까지 함께 돌아보길 권한다. 이 장에서는 경북 동해안 세계지오파크의 일부인 양남 주상절리, 대왕암, 골굴사, 남산의 지질·지형적 특징과 가치, 아름다운 경관, 역사적 의미 등을 다루었다. 경주 동해안 지오파크 주변에는 이견대, 감은사지, 골굴사, 기림사 등 역사적 사실과 내용을 담은 문화유산도 많아 자연경관과 문화재를 결합한 지오트레일(Geotrail) 구축에도 적합하다.

---

1   지오사이트(지질 명소)는 지질, 지형적으로 가치가 있고, 경관이 수련한 곳을 의미

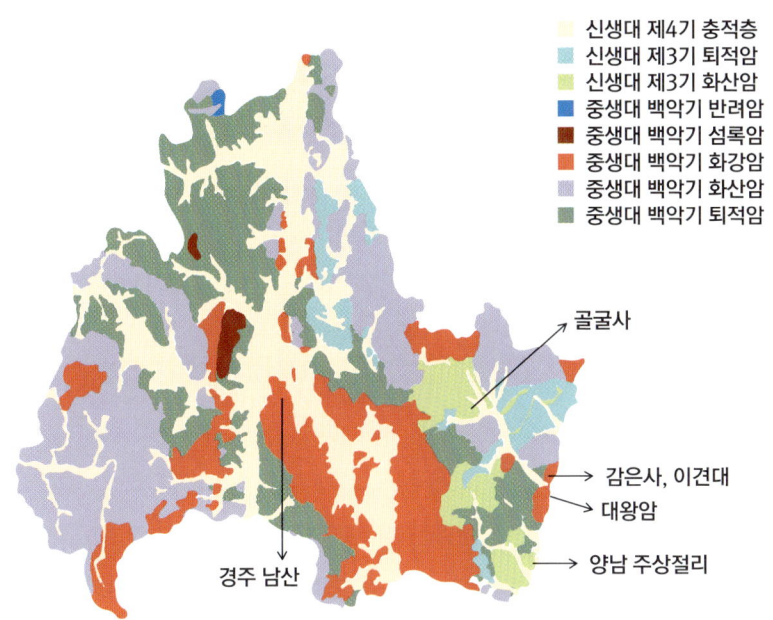

그림 1 경주 동해안 지오파크의 암석분포

1. 양남 주상절리

경주시 양남면 읍천항에서 남쪽에 자리한 하서항까지 바다의 침식으로 주상절리가 드러나 있다. 경주시에서 '파도 소리길'로 이름 지은 1.2km의 탐방로를 따라 해안을 걸으면 부채꼴 주상절리, 수직 주상절리, 누운 주상절리, 여러 방향의 경사진 주상절리 등 다양한 주상절리와 파식대, 시스택, 해식애 같은 해안 침식 지형을 볼 수 있다.

양남면 부채꼴 주상절리가 널리 알려져 관광객이 증가하면서 도로변에 숙박업소, 음식점, 카페 등이 잇달아 들어서고 있는데, 이곳이 해안단구(Marine Terrace)다. 산지가 해안까지 뻗은 경북 동해안에서 파도의 침식과 퇴적으로 형성된 해안이 융기하여 형성된 해안단구는 사람이 거주할 수 있는 매우 중요한 지형이다(그림2).

그림 2 양남 주상절리 지형분포

1) 다양한 주상절리의 전시장

양남면 읍천리 주상절리는 형태와 발달 규모 등에서 희소성과 학술적 가치를 인정받아 2012년 9월 25일 천연기념물 제536호로 지정되었다. 주상절리(柱狀節理, Columnar Joint)란 암석에 발달하는 절리 중에서 다각형의 단면에 기둥 모양으로 발달한 것을 가리킨다. 액체 상태의 뜨거운 용암이 지표로 올라오면 낮은 지표 온도로 인해 빠르게 냉각되면서 부피가 감소하고 암석이 갈라지며 주상절리가 발달하게 된다. 점토로 된 논바닥이 가뭄으로 마르게 되면 부피가 줄면서 다각형으로 갈라지는데, 주상절리도 이와 비슷한 원리로 형성된다.

양남면 주상절리는 읍천항에서 하서항까지 1.2km 길이의 해안에 부채꼴 주상절리, 수직 주상절리, 경사진(기울어진) 주상절리, 수평(누운) 주상절리까지 다양한 형태의 주상절리가 발달한 주상절리의 박물관이다. 수평으로 눕거나 약간 경사진 주상절리 기둥의 직경은 평균 64cm, 최대 80cm, 수직 주상절리 기둥의 직경은 평균 35cm로 차이가 난다. 이는 용암의 냉각 속도가 수평 주상절리가 수직 주상절리 보다, 상대적으

그림 3 현무암에 발달한 사장석 반정(100원짜리 동전)

로 서서히 진행됐기 때문이다.

양남 주상절리를 이루는 암석은 현무암이지만, 표면에 구멍이 많고 검은 제주도 현무암과는 다르다. 현무암 표면에는 주로 사장석(斜長石, plagioclase) 반정(斑晶)이 발달해 있는데, 평균 장경이 2.9mm이며 1.5cm 크기의 반정까지 관찰된다. 반정이란 빠른 냉각으로 결정이 거의 없는 유리질 화산암에 광물의 큰 결정이 들어 있는 것으로, 반정을 제외한 현무암의 나머지 부분은 기질이라고 한다(그림3).

양남면 읍천리 주상절리는 형성된 이후 지각의 융기와 해수면 변동 등 지형 형성 작용을 받아 변형된 모습을 여러 곳에서 관찰할 수 있다. 지각운동으로 생긴 단열(Fracture)을 따라 심하게 풍화되었고, 주상절리 기둥이 절단된 흔적이 읍천리 해안 곳곳에 남아 있다. 또한 주상절리 틈을 따라 관입한 수 백도의 열수(熱水)에 녹아있던 광물이 결정화된 모습도 확인된다(그림4). 현재 우리가 보고 있는 주상절리 경관은 형성 당시의 모습이 아니라, 이후 지각운동과 풍화·침식 등의 작용을 받아 만들어진 것이다.

그림 4 절리 면에 발달한 광물 결정

(1) 부채꼴 주상절리(누운 주상절리)

하나의 중심점에서 사방으로 뻗은 주상절리가 부채꼴 모양을 이루고 있는데, 세계적으로도 매우 희귀한 형태다. 주상절리 전망대에서 내려다보면 부채꼴 주상절리 전체를 한눈에 볼 수 있다. 읍천 주상절리 전망대는 부채꼴 주상절리 전경을 관광객들에게 보여주기 위해 세웠다고 해도 과언이 아니다. 전망대를 세울 만큼 부채꼴 주상절리가 보기 드문 형태라는 뜻이다. 부채꼴 주상절리와 연결된 바위에는 다양한 방향의 경사진 주상절리가 함께 발달했다.

파랑의 침식으로 형성된 부채꼴 모양의 파식대는 썰물과 밀물의 영향을 받는 조간대 파식대(波蝕台, Wave-Cut Platform)에 해당한다. 부채꼴 주상절리에서 이어지는 높은 부분은 파랑의 침식을 견디고 남은 해안 침식 지형인 시스택이다(그림5).

그림 5 부채꼴 주상절리

수평 주상절리가 부채꼴 모양을 이루는 형성 원리에는 두 가지 이론이 있다. 첫째, 용암이 흐르던 당시 지표면 일부가 움푹 파인 연못 형태였고,

그 안에 용암이 고여 용암 연못을 형성했으며, 연못이 가장자리에서 중심부를 향해 냉각되면서 주상절리가 만들어졌다는 이론이다(그림6). 둘째, 화산 폭발 후 형성된 분화구에 용암 연못이 생겼고, 이로 인해 주상절리가 형성되었다는 이론이다. 이 두 이론을 증명하려면 부채꼴 주상절리의 중심부를 드릴로 시추해 암석 표본을 채취해야 한다.

그림 6 부채꼴 주상절리의 형성 과정

(2) 수직 주상절리(위로 솟은 주상절리)

위로 솟은 주상절리는 절리 기둥이 나무처럼 수직으로 서 있는 형태다. 지표로 분출한 용암이 일정한 두께를 이루며 흘러갈 때 지표에 닿은 아랫부분과 공기와 접촉하는 윗부분에서 수직으로 냉각이 진행되거나, 지표 가까이에 용암이 관입해 흐를 때 형성된다.

분출한 용암의 양과 두께, 온도에 따라 다양한 굵기의 기둥들이 만들어질 수 있다. 대체로 고온의 용암이 분출하여 냉각 시간이 길어지면 주상절리 기둥의 직경이 굵고, 저온의 용암이 분출하여 빠르게 냉각되면 주상절리 기둥의 직경이 가늘게 형성된다고 한다. 아래 사진은 파랑의 침식으로 형성된 수직 주상절리 파식대의 표면으로 다각형의 단면이 기하학적인 모습을 보여준다(그림7).

그림 7 수직 주상절리

(3) 수평(누운) 주상절리

누운 주상절리와 다양한 방향으로 경사진 주상절리는 모두 수평 주상절리에 포함된다. 누운 주상절리는 읍천리의 남쪽에 자리한 하서리 해안에 큰 규모로 발달했다. 누운 주상절리 근처에는 수직 주상절리와 다양한 방향으로 경사진 주상절리도 함께 발달했다. 주상절리를 이루는 현무

그림 8 하서항 근처의 누운 주상절리(표면에 발달한 절리)

암은 짙은 회색을 띠며 주상절리 표면에 조밀하게 발달한 절리를 따라 풍화와 파랑의 침식이 진행되고 있다. 주상절리가 처음 형성되었을 당시에는 표면에 절리가 없었으나, 이후 지표의 풍화와 침식을 거치며 점차 변형되어 현재의 형태에 이르렀다(그림8).

하서리의 누운 주상절리에서 읍천리 방향(북쪽)으로 발걸음을 옮기면 해식애 아래 규모가 큰 누운 주상절리가 있다. 앞에서 본 하서리 항구 근처의 누운 주상절리와 달리 표면이 상대적으로 밝고, 약간 분홍색에 가깝다. 주상절리의 표면도 하서항의 주상절리와 달리 절리가 치밀하게 발달하지 않았고, 절리 기둥의 직경이 매우 굵은 편이다. 직접 줄자로 잰 누운 주상절리 중 가장 큰 것은 직경이 무려 80cm에 달하고 기둥의 단면은 5각형이 주류를 이루고 있다.

누운 주상절리에는 주상절리가 형성된 후 발생했던 지각운동의 흔적인 단열이 발달했고, 단열을 따라 빠른 풍화가 진행돼 주상절리 표면에 치밀한 절리가 형성되었다. 단열을 따라 진행된 풍화와 파랑의 침식으로 기둥의 형태가 거의 사라진 주상절리도 관찰된다. 이 단열을 따라 풍화가 진행되면서 표면에는 치밀한 절리가 형성되었고, 이어진 파랑의 침식

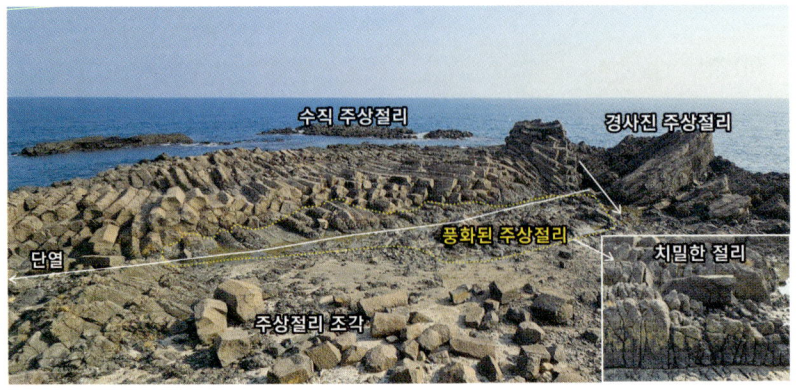

그림 9 단열을 따라 풍화가 진행된 모습

으로 기둥 형태가 거의 사라진 곳도 있다. 앞쪽에는 수직 주상절리가 침식되어 형성된 파식대가 펼쳐져 있다(그림9).

공중에서 촬영한 누운 주상절리 사진에는 북북동-남남서, 동-서, 북서-남동 등 다양한 방향의 단열이 발달했다. 주상절리가 마치 칼로 자른 듯 단열을 따라 절단된 모습은, 누운 주상절리가 형성된 후 지각운동에 의해 단열이 만들어졌음을 보여준다(그림10).

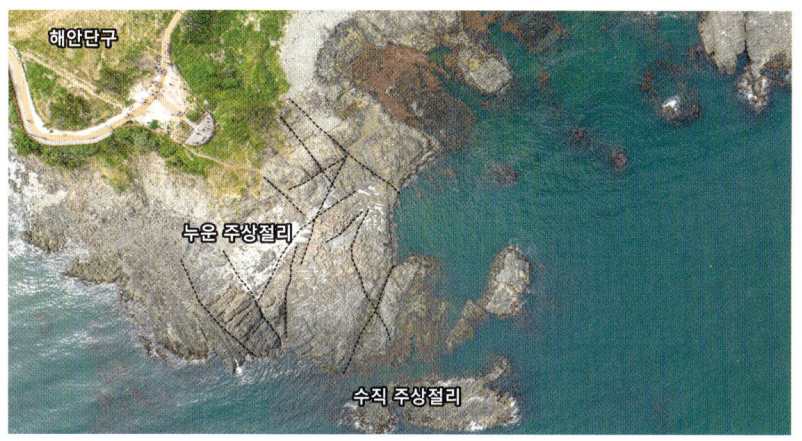

그림 10 누운 주상절리에 발달한 단열

(4) 경사진 주상절리

수평 주상절리 중 다양한 방향과 각도로 경사진(기울어진) 주상절리가 발달했다. 누운 주상절리 바로 옆, 부채꼴 주상절리와 이어진 바위에도 방향과 기울기가 서로 다른 경사진 주상절리가 발달해 신비감을 자아낸다. 경사진 주상절리의 형성 이론은 다음과 같다. 첫째, 현무암이 분출될 당시 지표 자체가 경사져 있었던 경우. 둘째, 경사진 틈을 따라 현무암이 흘러들며 냉각된 경우다. 당시 경사졌던 지표와 틈은 지질시대를 거치며 풍화와 침식으로 사라지고, 주상절리만 남은 것이다. 아래 사진은 하서항 인근의 경사진 주상절리로 경사 방향이 서로 반대이며 풍화가 많이 진행된 모습이 확인된다(그림11).

그림 11 경사진(기울어진) 주상절리

(5) 주상절리의 구상풍화(球狀風化, Spheroidal Weathering)

각진 주상절리가 양파껍질이 한겹 한겹 벗어지듯이 풍화되면서 단면이 원형을 이루는 풍화를 구상풍화라 하며, 용암이 지표로 분출하거나 지표 얕은 곳에 관입해 냉각되어 형성된 화산암에서 잘 나타난다. 하서항 북쪽 누운 주상절리로 가는 입구의 절개 면에 주상절리 단면이 있고, 구상풍화가 진행되는 모습을 관찰할 수 있다. 붉은 화살표는 양파껍질 모양으로 풍화되는 풍화 방향을 나타낸 것이다. 5각형 형태의 현무암 기둥은, 형성 당시 주상절리 표면부터 내부로 차례차례 냉각되었을 것으로 보인다. 이후 시간이 흐르며 지표에 노출된 주상절리가 풍화를 겪고, 암석 조직이 이완되면서 냉각될 때와 마찬가지로 표면에서 중심부를 향해 풍화가 진행되어 구상풍화가 나타난다. 이처럼 화산암이 양파껍질처럼 풍화되는 현상을 지질학에서는 '양파구조(Onion Structure)'라고 부른다(그림12).

그림 12 누운 주상절리의 구상풍화

2) 양남면 읍천리의 해안지형

읍천리 해안에는 주상절리 외에도 파식대, 시스택, 해식애 등 다양한 해안 침식지형과 해수면 보다 높은 계단모양의 평탄한 지형인 해안단구가 발달해 있다. 파식대는 바위가 파랑의 침식을 받아 형성된 해안의 평탄한 바위 지대, 시스택은 파식대가 형성되는 과정에서 침식을 견디고 남아 해안에 우뚝 솟아 있는 바위, 해식애는 파랑의 침식으로 형성된 해안가 절벽을 말한다.

(1) 해안단구

해안단구는 순우리말로 '바다 계단'이라 부르기도 하지만, 일상에서 말하는 지하철이나 건물의 계단과는 규모가 다르므로 '해안단구'라는 용어를 사용하는 것이 적절하다. 동해안은 지각운동으로 융기하는 대표적인 해안인데, 융기의 증거가 되는 지형이 바로 해안단구다.

경주 동해안 지역은 감포에서 지경리에 이르는 해안지역 곳곳에 해안단구가 발달했다. 이 중 감포와 양남면 읍천리는 지형학자들에 의해 일찍부터 연구된 지역이다. 해안단구는 지각의 융기와 기후변화(빙하기와 간빙기)[2]에 의해 형성되는 지형으로, 평탄한 면이 고도를 달리하며 바닷가에 계단 형태로 발달했다.

읍천리 해안에는 적어도 3단 이상의 해안단구가 분포하며, 주상절리를 따라 조성된 '파도소리길'의 일부와 경주에서 울산으로 이어지는 904번 지방도는 가장 낮은 해안단구 면 위를 통과한다. 아래 그림은 읍천항에서 하서항까지 이어지는 배후 지대에 발달한 해안단구를 입체지도와 등고선 지도로 나타낸 것으로, 해발고도가 서로 다른 해안단구가 발달해 있음을 보여준다(그림13).

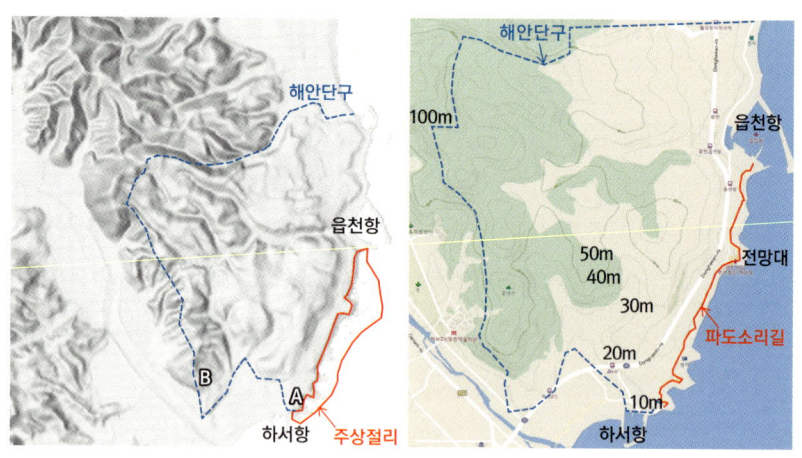

그림 13 읍천항과 하서항 사이 배후에 발달한 해안단구

최근 양남면 주상절리 전망대가 들어서고 일대가 관광지로 조성되면

---

2 추운 빙하기 때는 해수면이 현재보다 낮았고, 현재처럼 따뜻한 간빙기에는 해수면이 상승.

서, 904번 지방도 좌우에 카페, 식당, 펜션 등 관광객을 위한 다양한 시설들이 들어섰다. 이들 모두 해안단구 위에 자리하고 있으며, 이 평탄한 지형은 읍천리 일대가 관광지로 성장하는 데 중요한 기반이 되었다(그림 14).

그림 14 해안단구에 자리한 주상절리 전망대

해안단구가 파랑의 침식과 퇴적작용으로 형성된 지형임을 보여주는 증거는, 해안단구 곳곳에서 발견되는 둥근 자갈과 모래 퇴적층인데, 이를 해안단구 퇴적층이라고 한다. 양남면 주상절리 해안가와 배후의 산처럼 보이는 고지대에서도 해안단구 퇴적층이 발견되었다. 아래 두 개의 사진은 〈그림13〉의 A 지점에서 관찰되는 해안단구 퇴적층이다. 파랑의 침식작용을 받은 자갈과 모래로 이루어진 양남면 읍천리~하서리 구간의 해안단구 퇴적층의 역은 색이 밝고 원마도(圓磨度, Roundness)가 높은 편이다. 퇴적층이 자리한 단구의 해발고도는 14m 정도다. 퇴적층 아래 작은 만입에도 원마도가 높은 자갈이 분포하고 있어, 해안단구가 지각의 융기로 형성된 지형이라는 사실을 직관적으로 알 수 있다(그림15).

그림 15 그림 13의 A 지점(가장 낮은 지점의 해안단구)

〈그림 13〉의 B 지점인 양남면 하서리 신축 공사장의 절개 면에서 발견된 해안단구 퇴적층은 해발 36m에 자리해 있다. 이는 앞서 언급한 파도소리길 단구보다 해발고도가 20m 이상 높아, 형성된 시기가 상대적으로 오래되었음을 알려준다. 해발고도가 높은 해안단구일수록 오랫동안 육지

그림 16 그림 13 B 지점의 해안단구 퇴적층

의 풍화와 침식작용을 받기 때문에, 해안단구 퇴적층이 변형되거나 심할 경우 완전히 사라지기도 한다. 사진의 해안단구 퇴적층은 기반암(현무암) 위에 자갈층-모래층이 교대로 퇴적된 모습이다. 퇴적층을 자세히 보면 처음 퇴적되었을 당시의 모습이 아니라, 빙하기와 간빙기 같은 기후변화와 육상의 풍화와 침식을 겪어 변형된 흔적이 퇴적층 곳곳에 남아 있다. 이 퇴적층에서 주목할 점은, 둥근 자갈 표면에 해양 생물이 붙어 살았던 흔적이 흰색으로 남아 있는 것이다(아래에 확대한 그림)(그림16).

(2) 파식대(波蝕台, Wave-Cut Platform)

상대적으로 풍화와 침식에 강한 현무암 주상절리가 발달한 읍천리 해안의 파식대는 대체로 기복이 큰 울퉁불퉁한 거친 파식대를 이룬다. 전형적인 형태의 평탄한 파식대는 누운 주상절리의 북쪽에서 찾아볼 수 있다. 주로 수평 주상절리(눕거나 완만하게 경사진 형태)가 파랑의 침식 작용을 받은 곳에 발달했다(그림17). 파랑이 수평 주상절리를 침식하는 과정에서 절리면은 퇴적암의 층리처럼 풍화와 파랑의 침식에 약한 부분이라 절리 기둥이 쉽게 떨어져 나간다. 이렇게 절리가 제거되면 아래도 수평 주상절리이기 때문에 평탄한 파식대가 형성된다.

그림 17 누운 주상절리의 침식으로 형성된 평탄한 파식대

(3) 시스택(Sea Stack)

시스택은 파랑의 침식을 견디고 남아 해안에 우뚝 솟아 있는 바위다. 파랑의 침식을 견뎌냈다는 것은 시스택을 이루는 부분이 주변보다 침식에 강하다는 의미이다. 주상절리가 거의 발달하지 않은 해안가에 큰 규모의 시스택이 있다. 상단에 소나무가 자라고 있어 주상절리 해안에서 가장 인상적인 경관을 보여준다(그림18).

주상절리 해안의 파식대는 전망대 앞과 남쪽의 누운 주상절리 지역에 잘 발달했고, 시스택은 주상절리가 거의 나타나지 않는 중간 지점에 발달했다. 파도소리길의 출발지와 전망대 사이에도 규모가 큰 시스택이 관찰된다.

그림 18 시스택과 파식대

2. 문무대왕 수중릉 대왕암

경주시 양북면 봉길리 앞 해안에서 157m 정도 떨어진 동해에 대왕암이 자리하고 있다(그림19). 대왕암이라는 이름을 통해 죽어서도 용이 되어 나라를 지키겠다고 한 신라 문무대왕의 수중릉임을 알 수 있다. 울산에도 같은 이름의 대왕암이 있어 혼동될 수 있으니, 방문할 때 유의해야 한다. 대왕암이 위치한 지역의 행정 명칭은 양북면에서 현재 문무대왕면으로 변경되었다.

그림 19 봉길리 해변에서 본 대왕암

한때 사람들의 기억에서 멀어졌던 대왕암이 신라 문무대왕과 관련된 주요 유적지로 널리 알려진 계기는, 2001년 KBS '역사스페셜'에서 역사 및 지질 전문가들이 참여해 수중릉 여부와 부장품 존재에 대한 정밀 조사가 이루어지면서부터이다. 수중릉인 대왕암은 역사적, 문화적으로나, 지질·지형학적으로도 가치가 매우 높은 유산이다. 경주 동해안 중에서

대왕암이 바라다보이는 봉길리 해안가에서 무속이 성행하는 것도, 대왕암이 갖는 신성함 때문일 것이다. 봉길리 해안은 대종천과 소하천이 운반한 모래와 자갈이 연안류를 따라 해안과 평행하게 퇴적된 형태를 보인다.

1) 대왕암의 지질·지형학적 특징

대왕암은 경북 동해안 지오파크의 지오사이트 중 하나로, 신생대 고진기(약 6,500만 년~2,300만 년 전) 동안 지하 깊은 곳에 관입한 마그마가 천천히 냉각되며 형성되었다. 이후 수천만 년의 지질학적 시간을 거치며 지표에 노출되었고, 지표면의 침식과 융기를 거쳐 현재의 모습에 이르렀다. 중부지방의 화강암 대부분이 중생대 쥐라기(약 1억 8,000만~1억 3,500만 년 전)에 형성된 것과 달리, 대왕암을 이루는 화강암은 신생대 고진기에 관입된 비교적 젊은 화강암이다.

그림 20 대왕암과 봉길리 해안(사진 출처, 한국민족문화대백과사전)

대왕암은 화강암이 파랑의 침식으로 후퇴하는 과정에서 단단한 부분이 남아 수면 위로 솟은 시스택이다. 대왕암 동쪽에서 서쪽을 향해 촬영한 드론 사진을 통해 이러한 지형 변화를 쉽게 관찰할 수 있다. 대왕암에서 봉길리 해안 쪽으로 물에 잠긴 바위 지대가 보이는데, 화강암이 파랑의 침식으로 형성된 수중 파식대이다. 원래는 대왕암에서 봉길리 해안까지 화강암 지대가 이어져 있었으나, 오랜 세월 동안 거센 파랑 침식 작용으로 대부분 제거되고, 가장 단단한 부분인 대왕암만 남아 현재의 모습을 이루게 되었다(그림20).

화강암은 마그마가 지하 깊은 곳에서 서서히 냉각돼 형성된 암석이라 조암광물의 결정이 뚜렷한 결정질 암석이다. 암석 조직이 비교적 고른 편이라 건축재나 석조 문화재 제작에 널리 활용되었다. 반면 층리가 발달한 퇴적암, 편리가 발달한 변성암은 조각상 제작이나 글씨를 조각해야 하는 비석의 재료로 이용하기 어렵다.

화강암은 풍화에 있어 상반된 두 얼굴을 보여준다. 경주 남산, 서울 북한산, 공주 계룡산처럼 괴상(Massive)으로 된 화강암은 풍화에 강해 돌산을 형성한다. 반면, 지각운동으로 파쇄대(Shattering Zone)를 형성하는 화강암은 논산평야, 안성평야, 예당평야, 여주와 이천 분지, 원주분지와 같은 넓은 들판을 이룬다.

대왕암에는 남북 계열(북북동-남남서, 북북서-남남동) 단열(Fracture)과 동서 계열(E-W) 단열이 매우 조밀하게 발달했다(그림21). 덮개돌이 놓인 수중릉의 중심 공간의 틈도 남북 방향의 단열과 동-서 방향의 단열이 교차하는 지점이라 주변보다 먼저 침식되어 형성된 것이다. 대왕암 중심에 자리한 덮개돌도 수직으로 교차하는 단열로 갈라진 큰 바위(Joint Block)를 인위적으로 다듬어 남북 방향으로 재배치 한 것으로 2001년 조사에서 밝혀졌다.

그림 21 대왕암의 수중릉과 형태에 영향을 준 단열

 화강암으로 이루어진 대왕암은 규모가 작은 해안 침식지형이지만, 이 바위를 구성하는 단열 분포를 통해 한반도 동남부 지각운동의 양상을

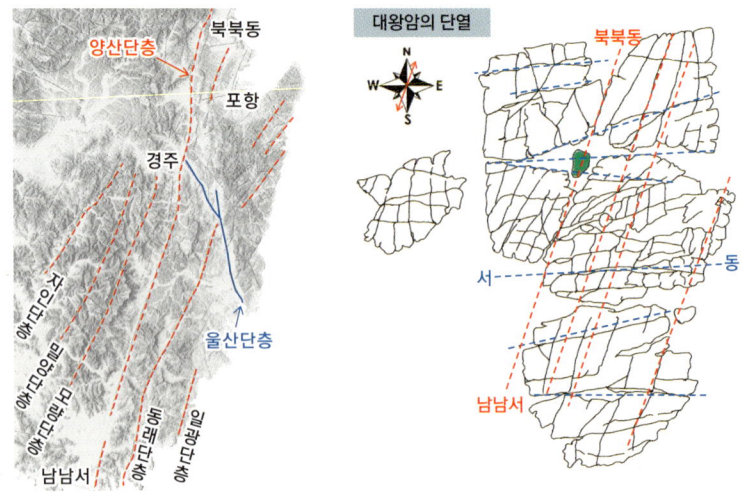

그림 22 포항, 경주, 부산의 주요 단층과 대왕암의 단열 방향

유추할 수 있다. 대왕암에는 포항, 경주, 울산, 부산 일대에 분포하는 주요 단층인 양산, 동래, 일광, 모량, 밀양, 자인 단층과 같은 북북동-남남서(NNE-SSW) 방향의 단열이 다수 분포한다(그림22).

포항, 경주, 부산 일대의 지형에 반영된 북북동-남남서 방향의 단층과 대왕암 단열의 방향이 일치하는 건 결코 우연이 아니다. 태평양판과 필리핀판이 유라시아판 아래로 섭입하며 가한 횡압력이 동해안을 융기시켰고, 이러한 힘이 지각의 단층과 단열, 나아가 대왕암의 형성에도 작용한 결과이다. 대왕암은 삼국통일 이후 전개된 신라 역사의 이해에 단서를 제공할 뿐만 아니라, 동해안의 지형 형성 작용과 지질구조 이해에도 매우 중요한 단서를 제공한다.

2) 해중왕릉(海中王陵)의 진실

삼국통일의 대업을 완수한 문무대왕은 서기 681년 7월 1일 56세를 일기로 사망하였다. 삼국사기 기록에 의하면 서국(서쪽나라=인도)의 예법에 따라 화장(火葬)을 하라(삼국사기 권 제7 신라본기 제7 문무왕). 상복의 가볍고 무거움은 정해진 규정이 있으니, 장례를 치르는 제도를 힘써 검소하고 간략하게 하라는 대왕의 유언에 따라 사후 10일 뒤 화장한 후 이곳 대왕암에 유골을 뿌렸다고 한다.

2001년 KBS〈역사스페셜〉제작진이 전문가들과 함께 진행한 정밀 조사에서, 대왕암 중앙에 놓인 덮개돌이 관의 뚜껑은 아니지만 인위적으로 다듬은 흔적이 발견됐고, 대왕암 동쪽에서 유입된 바닷물이 서쪽 수로를 통해 원활하게 배수되도록 수로를 정비한 흔적도 발견되었다(그림23). 또한, 약 20톤에 달하는 이 덮개돌이 정제된 후 남북 방향으로 재배치 되었다는 사실도 밝혀졌다. 육지에 있는 일반 왕릉처럼 관이나 부장품을

그림 23 대왕암의 중심부(사진 출처, 한국민족문화대백과사전)

묻지는 않았지만(화강암은 단단하여 내부 공간을 파기 어려움), 신라 왕실은 석공을 동원해 대왕암 중심부를 다듬고 정비하는 수고를 마다하지 않았다. 왜 그랬을까? 문무대왕의 유골을 뿌린 이곳을 단순한 산골처가 아닌 문무대왕을 기리는 성스러운 공간으로 만들기 위해, 바닷물이 잘 드나들고 외형도 거칠거나 흉하지 않도록 정돈한 것이라는 학설이 유력하다. 이러한 사실을 바탕으로 대왕암을 문무대왕의 수중릉으로 봐도 큰 무리는 없을 것으로 여겨진다.

3) 호국사찰 감은사지(感恩寺址)와 이견대(利見台)

대왕암 주변에는 문무대왕의 수중릉과 관련된 신라시대 문화유산이 남아 있다. 그 대표적인 예가 대종천 입구 인근의 감은사지와 이견대로, 지오사이트인 대왕암과의 거리도 가까워 지오트레일 구축에도 알맞다.

(1) 감은사지

감은사지는 경상북도 문무대왕면 용당리 55-1번지 일원에 위치한다. 감은사를 글자대로 풀이하면 '은혜에 감사하는 절'이란 뜻이다. 현재는 금당 터와 동서 쌍탑, 배를 대는 선착장으로 추정되는 유적이 남아 있으며, 1961년 서탑 해체, 보수 작업 중에 출토된 정교한 사리장엄구는 현재 경주 박물관에 보관되어 있다. 유홍준 박사가 출간한 나의 문화유산답사기에 등장해 국내에 널리 알려지게 되었다(그림24).

그림 24 대종천 변에 자리한 감은사지

감은사는 삼국통일을 완성한 문무대왕이 창건을 시작해 아들 신문왕이 즉위한 이듬해인 서기 682년에 완공되었다. '삼국유사'에 따르면, 신문왕은 "죽은 후 용이 되어 불법을 받들고 나라를 지키겠다"는 문무대왕의 유언을 받들어 유골을 대왕암에 뿌린 뒤 절을 완공하고 감은사라 하였다. 절 이름에는 아버지 문무대왕의 은혜를 기리는 신문왕의 깊은 감사가 담겨 있다.

금당 바닥 아래에는 약 60cm 높이의 빈 공간이 마련되어 있으며, 그 동쪽 입구에는 용이 된 문무대왕이 드나들 수 있도록 만든 구멍(용혈)이 뚫려 있다. 금당 바닥에 공간을 만들고 출입구까지 마련한 것은, 용이 되어 나라를 지키겠다는 문무대왕을 위한 특별한 상징적 공간이라 볼 수 있다. 역사적 사실이 신화적 의미로 격상된 장소, 그것이 바로 감은사지다(그림25).

그림 25 감은사지 금당 바닥의 주춧돌과 장대석

감은사지는 경주 동해안으로 흐르는 하천 중 가장 유역면적이 넓고 긴 대종천 하류에 자리 잡고 있다. 절터는 대종천 북쪽 구릉에서 완만하게 뻗어 내린 산록대에 자리해 대종천의 범람으로부터 안전한 곳이다. 절터 정면에는 농경지가 펼쳐져 있는데 대종천이 운반한 토사가 범람할 때 퇴적되어 형성된 범람원(Flood Plain)[3]이다.

산록대에 자리한 감은사지에서 나무 계단을 따라 농경지가 있는 범람원으로 내려오면 돌을 다듬어 쌓은 단이 있다. 여러 가지 추측이 있어 왔지만, 2001년 조사를 통해 감은사지가 세워질 당시 바닷물이 이곳까지 들어왔다는 사실이 밝혀졌다. 삼국유사에 翌日感恩寺奏昨日 午時海水

---

3 범람원 – 홍수 때 하천이 운반 해온 토사의 퇴적으로 형성된 평야(우리나라 평야의 대부분)

漲溢至佛殿階前 晡時而還(익일감은사진작일 오시해수창일지불전계전 포시이환, 경덕왕에게 아뢰기를 "어제 감은사 불전 앞까지 바닷물이 넘쳤다가 저녁에 물러갔다.")라고 기록되어 있다. 감은사를 출입하기 위해서 배를 타야 했다는 삼국유사의 기록을 통해 이 구조물이 신라시대 배를 대고 사람과 물건을 옮기던 선착장이었다는 사실을 확인할 수 있다(그림26).

그림 26 선착장으로 추정되는 유적지

 금당 바닥에 공간을 만들고, 용혈을 뚫어 용이 된 문무대왕이 드나들 수 있게 했다는 독특한 금당 구조와 선착장으로 추정되는 유적은, 감은사가 창건될 당시 동해의 물이 선착장 앞까지 드나들었다는 전제가 있어야 그 용도를 이해할 수 있다. 삼국유사에는 '배금당체하 동향개일혈(排金堂砌下 東向開一穴 : 금당 섬돌 아래 동쪽을 향하여 한 개 구멍을 뚫었다.)'라고 기록돼 있어, 용이 드나들 수 있도록 금당 바닥에 공간을 만들었음을 알 수 있다. 그러나 현재 감은사지 앞에는 넓은 농경지가 펼쳐져 있어, 감은사와 문무대왕에 얽힌 전설이나 금당 구조, 선착장 시설의 의미를 쉽게 이해하기 어렵다. 2001년 조사 당시 동국대 지형학 교수였던 고 김주환 교수가 방송에 나와 현재보다 해수면이 1m 이상 높았다는 사실

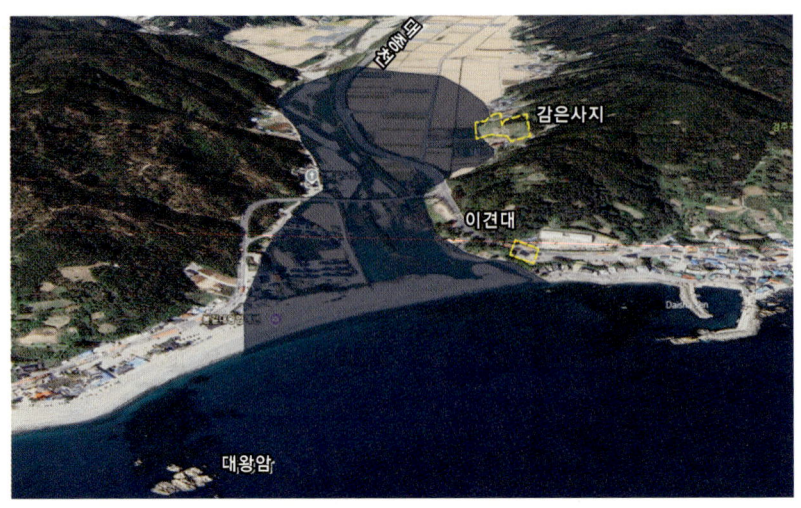

그림 27 감은사 창건 당시의 추정 해수면

을 밝혔다. 아래 그림은 2001년 KBS 역사스페셜과 당시 김 교수의 설명을 바탕으로 감은사가 창건될 당시 해수면을 복원해 본 참고 자료다(그림27). 현재의 지형을 놓고 고대 삼국시대 역사를 해석하면 여러 가지 오류가 발생할 수 있다. 기후와 해수면 변동, 지형 형성 작용은 멈추지 않고 현재도 꾸준히 지표를 변화시키고 있다.

(2) 이견대

이견대는 주역의 문구 '비룡재천 이견대인(飛龍在天 利見大人)'에서 따온 말로, '용을 만나 나라에 큰 이익이 있었다'는 의미를 담고 있다. 전해지는 설화에 따르면 신문왕은 감은사를 지어 용이 된 문무대왕이 드나들도록 한 뒤, 이견대에서 용을 만나 세상을 구하고 평화를 이루는 옥대와 만파식적이라는 피리를 받았다고 한다. '대(台)'라는 지명을 가진 곳은 대개 전망이 좋은 경우가 많은데, 이견대에서는 대왕암과 동해의 아름다운 경관이 잘 보인다(그림28).

그림 28 이견대

　원래 이견대는 현재의 위치보다 위쪽에 있었다는 견해도 있다. 이견대에서 위로 올라가면 2010년 폐교된 대본초등학교 자리에 경주 치즈마을이 있다. 마을 뒷산으로 올라가면 400~500m 규모의 넓은 공간에서 신라시대의 기와 조각과 축성 흔적이 발견되었다고 한다.

　6부가 모여 형성된 신라는 김씨의 왕위 세습이 굳어진 내물마립간(奈勿麻立干) 이후 왕권 강화를 위해 노력했다. 불교를 받아들인 뒤에는 왕이 곧 부처라는 왕즉불(王卽佛) 사상을 이용해 왕권을 강화했다. 귀족은 보살, 백성은 중생에 해당하므로 귀족과 백성이 왕에게 복종하는 것이 당연하다는 논리였다. 진골 귀족의 반대를 무릅쓰고 왕위에 오른 김춘추(무열왕) 사후, 무열왕계가 왕위를 이어받아 왕권 강화를 위해 진골 귀족의 세력을 억압하는 정책을 폈다. 신문왕은 삼국통일을 이룬 문무대왕을 용으로 신격화하고, 자신은 이견대에서 용을 만나 옥대와 만파식적을 받았다는 설화를 통해 무열왕계 왕위 계승의 정통성과 왕권 강화를 도모하려 했던 것으로 보이며, 그 중심에 이견대가 있었다고 추정된다.

3. 타포니(Tafoni, 풍화혈)의 전시장 골굴사(骨窟寺)

골굴사는 토함산 맞은편, 함월산 자락에 자리한 사찰로 경주시 문무대왕면 기림로 105-5에 위치한다. 절 이름에서 알 수 있듯이 절벽에 해골과 유사한 자연 석굴(石窟)이 많이 뚫려 있다. 가장 큰 석굴에는 입구에 지붕이 얹혀 있으며, 관음전이라는 현판을 걸었고, 절벽의 여러 굴마다 불상이 모셔져 있다.

삼국유사의 기록에 따르면 '원효 스님이 혈사(穴寺)에서 입적했다'라고 전해지나, 이곳이 실제 원효의 입적 장소인지 명확한 증거는 없다. 다만 혈사의 혈은 '구멍 혈(穴)'자인데 골굴사가 자리한 절벽에 자연 석굴이 많아 이곳이 혈사일 것으로 추정한다. 골굴사의 독특한 경관을 이루고 있는 자연 석굴은 타포니(Tafoni, 풍화혈)라는 풍화 지형이다(그림29). 거대한 토르, 암석 봉우리를 부처 바위라 이름 짓고 숭배하는 것처럼, 골굴사는 타포니라는 지형이 신앙의 중심지가 된 대표적인 사례다.

그림 29 골굴사와 타포니

1) 골굴사의 안산암질 응회암

골굴사는 신생대 신진기에 분출해 형성된 효동리 안산암질 응회암이 분포한다. 폭발성 화산활동의 결과로 안산암질 파편이 주변 지역으로 넓게 퍼졌다. 공중으로 솟구쳤던 고온의 암석 파편, 화산재 등이 지표로 내려앉아 차례로 쌓이면서 퇴적암의 층리보다 경계가 불분명한 약한 엽리가 형성되었다(그림30). 고온의 화산분출물은 차례로 쌓이는 분출물의 무게로 인해 퇴적면에 수직으로 엽리가 발달한다.

고온의 화산분출물이 쌓이면서 내부의 열로 광물질이 녹았다가 다시 결정화되면 용결응회암이 형성되며, 이 용결응회암에서는 엽리가 더욱 선명하게 나타난다.

주왕산의 응회암은 골굴사 응회암보다 엽리가 상대적으로 뚜렷한 용결응회암으로 이루어졌고 주상절리도 발달했다.

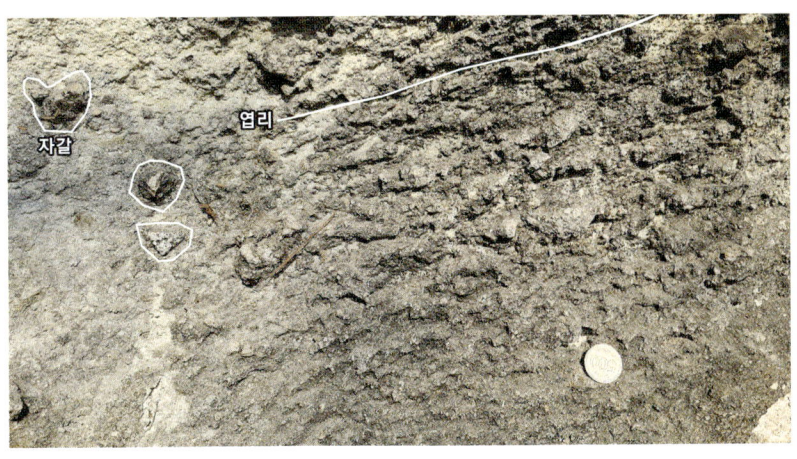

그림 30 안산암질 응회암의 엽리와 안산암 파편

2) 골굴사 타포니의 지형적 특징과 형성 과정

골굴사 절벽에 발달한 타포니의 가장 큰 특징은 옆으로 길게 발달한 신장형(伸長形) 형태가 주를 이룬다는 점이다. 작은 것은 밀리미터 단위에서 큰 것은 수 미터까지 크기가 다양하지만, 형태는 신장형이 대부분이다. 이러한 신장형 타포니가 많은 것은, 앞서 설명한 안산암질 응회암의 엽리와 밀접한 관련이 있다.

해안의 타포니는 암석에 스며든 바닷물이 증발하고 소금 결정이 성장하며 광물을 뜯어내는 염풍화로 형성되지만, 골굴사처럼 내륙에서는 동결·융해 작용과 가수분해 등 물리·화학적 풍화가 주요 요인으로 작용한다. 물리적 풍화든 화학적 풍화든 중요한 요소는 수분(물)이다. 수분이 풍부하고 오래 머무르는 부분을 중심으로 타포니가 생성되고 성장한다. 골굴사의 안산암질 응회암에 포함된 안산암 파편과 파편을 감싸는 물질의 경계에서 풍화가 시작되어 파편이 떨어져 나가면, 남은 구멍에 물이 고이고 그늘로 인해 일조량이 줄어든다. 이로 인해 겨울에는 동파 작용(Frost Shattering), 여름에는 가수분해(Hydrolysis)[4]로 구멍이 점점 확장되며 타포니가 성장한다. 현재보다 지구의 평균기온이 6℃ 낮았던 빙하기(氷河期)에는 겨울철 동파 작용이 훨씬 활발했을 것으로 추정된다.

안산암질 응회암의 불분명한 엽리는 절리처럼 약한 부분이라 물이 잘 스며들어 다른 부분보다 풍화가 먼저 진행된다. 특히 엽리는 가로로 길게 발달한 약한 부분이라 타포니의 형성과 확장도 엽리를 따라 옆으로 진행되며, 그 결과 길이가 긴 신장형 타포니가 발달하게 된다. 사진은 응회암의 엽리를 따라 발달한 타포니와 안산암 파편이 빠져나간 자리를 중심으로 타포니가 형성되고 확장해 나가는 과정을 보여준다. 사진의 타

---

4 가수분해 – 라면이 물에 불어 풀어지듯이, 광물이 물과 반응해 분해되는 현상

포니가 옆으로 길게 발달한 것은 응회암의 엽리 때문이다. A 지점은 작은 타포니들이 지속적인 풍화로 확대되며 이웃 타포니와 서로 연결되는 과정이고, B 지점은 이러한 과정이 더 진행돼 길게 발달한 형태를 보인다. 아래 그림에서는 응회암에 포함된 안산암 파편(자갈=역)의 주변이 먼저 풍화돼 빠져나가기 직전의 모습과, 그 자리를 중심으로 타포니가 형성되는 과정을 볼 수 있다(그림31).

그림 31 골굴사 안산암질 응회암의 엽리, 안산암 파편과 타포니

안산암 자갈과 이를 감싼 물질의 경계에서 풍화가 먼저 진행되는 이유는, 유리질(琉璃質=광물 결정이 없는 부분)로 이루어진 주변 물질에 스며든 물이 자갈에 가로막혀 머무르기 때문이다. 결국 자갈과 자갈을 감싼 물질의 경계는 수분이 많은 환경이 되면서 풍화가 쉽게 일어난다. 사진에서도 자갈의 경계 부분에 띠 모양으로 형성된 풍화층이 보인다(그림32). 골굴사의 타포니는 엽리와 안산암 파편이 포함된 안산암질 응회암의 구조적인 특징에, 신생대 제4기의 잦은 기후변화(빙기와 간빙기 교차)가 결합해 형성된 풍화 지형으로 지형·지질학적으로 가치가 큰 자연유산이다.

그림 32 안산암 자갈과 자갈을 감싼 유리질

(1) 남근바위와 여근바위

관음전 오르는 길에 우뚝 솟은 것은 남근바위이며, 그 오른쪽에 오목하게 발달한 큰 타포니가 여근바위다. 여근바위는 타포니 발달에 단열이 큰 영향을 미친다는 사실을 보여준다는 점에서 중요하다. 단열을 중심

그림 33 여근바위와 남근바위

으로 주변보다 더 풍화가 넓고 깊게 진행된 모습을 통해, 수분의 통로인 단열과 응회암의 엽리가 결합해 큰 타포니로 성장했음을 알 수 있다. 큰 타포니 벽에 작은 타포니들이 옆으로 나란히 발달한 모습 또한, 앞서 설명한 안산암질 응회암의 엽리와 밀접한 관련이 있음을 보여준다(그림33).

(2) 식생이 자라는 타포니

수분이 머물기 어렵고, 흙도 없는 절벽에서 식생이 자랄 수 있는 장소는 극히 제한적이다. 그러나 타포니는 풍화물이 흙을 대신하고, 일조량이 적으며 수분이 오래 유지되어 식생이 뿌리를 내리기 유리한 환경을 제공한다. 골굴사의 많은 타포니 중 일부에서 실제로 식생이 자라는 모습을 볼 수 있다(그림34).

그림 34 식생이 점거한 타포니

인간의 눈으로는 거의 인식하기 어려울 정도로 느리지만, 타포니의 확대는 현재도 진행 중이다. 사진은 타포니 확대 과정에서 풍화된 응회암 부스러기가 오목한 타포니 내부에 쌓인 모습이다. 타포니가 깊어질수록 일조량이 줄어들고 내부에 고인 물이 오래 남아 풍화 산물이 쌓이면서,

절벽에서 식물이 자랄 수 있는 조건이 마련된다. 여름철 고인 물의 가수분해로 풍화 산물이 더 작은 입자로 분해되어 식생의 성장에 유리해진다. 또한 식생이 자라고 시들며 부패하는 과정에서 발생한 유기산이 주변 암석을 빠르게 풍화시켜 타포니가 점점 확장된다. 사진 속 노란색 선 내부에 응회암이 양파껍질처럼 층층이 벗겨지는 박리(剝離, Exfoliation)[5] 현상이 잘 나타난다(그림35).

그림 35 타포니 내부의 풍화물

3) 골굴사 마애불

타포니가 발달한 골굴사 절벽 정상 급사면에 마애불이 조각되어 있고, 눈비의 풍화로부터 보호하기 위해 지붕을 씌웠다. 1974년 12월 30일 보물 제581호로 지정된 골굴사 마애여래좌상의 규모는 높이 4m, 폭

5 　박리 풍화 - 암석의 표면이 얇은 껍질처럼 벗겨지는 현상

2.2m에 이른다.

불상의 몸체 중 머리는 고부조(돋을새김), 상체는 얕은 부조, 다리 부분부터 선각(線刻)으로 조각돼 평면적인 인상을 주어 전체적인 조형미가 다소 부자연스럽다. 마애불 주위에는 율동적인 불꽃무늬가 음각되어 있으며, 불상을 안치한 대좌 부분은 풍화로 인해 심하게 마멸되어 윤곽이 불분명하지만, 구름무늬 같은 선각의 흔적이 남아 있다. 불상의 양쪽 겨드랑이 사이에 보이는 V자형 옷 주름 등을 고려할 때, 통일신라시대인 9세기 후반에 조성된 것으로 추정된다(그림36).

그림 36 마애불

마애여래좌상을 조각한 응회암은 화산쇄설물이 퇴적되어 형성된 암석으로 남산 화강암처럼 암질이 고르지 못하고 풍화에도 약해 불상 조각과 보존에 어려움이 많았을 것으로 보인다. 불상 조각 과정에서 안산암 결정이나 타포니가 발달한 면은 특히 조각이 쉽지 않았을 것이다. 불상 주변의 불꽃무늬 분포 범위가 좌측은 좁고 우측이 넓은 이유도 좌측은 타포니가 넓게 발달해 조각이 불가능했기 때문으로 추정된다. 고대 신라인도 이런 응회암의 특징을 인지하고 있었을 가능성이 높으며, 불상 보호를 위해 지붕을 씌운 것으로 보인다. 불상 좌대 부분에 발달한 타포니는 불상 조성 이후에 형성된 것인지, 아니면 불상 조성 전부터 있었던 것인지 단정 짓기 어렵다. 신앙심이 깊었던 신라인이 타포니가 있는 면을 그대로 두고 좌대를 새겼을 가능성은 낮다. 그렇다면 지금처럼 좌대가 거의 사라진 것은 1,200년 동안 진행된 풍화의 결과로 볼 수 있다. 그러나 지형학적 관점에서 1,200년은 매우 짧은 시간이기에, 이 기간에 타포니가 새로 형성되었는지는 여전히 의문이다.

  골굴사는 중국 소림사처럼 스님들이 수행의 한 방법으로 무술을 연마하는데 이를 '선무도'라고 한다. 현재 골굴사는 선무도를 배우기 위해 국내외에서 많은 사람들이 찾는 사찰로도 잘 알려져 있다.

4. 불교문화 유산의 야외 박물관 경주 남산

신라 천년고도인 경주 시가지 남쪽에 위치한 남산은 단단한 화강암이 노출된 전형적인 돌산이다. 불교에 대한 신앙심이 깊었던 신라인들은 남산 곳곳에 수많은 사찰, 불탑, 불상 등을 세워 산 전체를 불국토(佛國土)로 만들었다. 이런 문화적 가치를 인정받아 경주 남산은 유네스코 세계문화유산으로 등재되어 현재에 이르고 있다. 돌산이면서도 세계자연유산이 아닌 세계문화유산으로 등재된 곳은 남산이 유일하다. 남산의 수많은 골짜기와 능선, 암벽에는 불상과 불탑, 사찰 등 불교 문화유산이 자리해 남산 자체가 하나의 야외 박물관이라 할 수 있다.

1) 화강암으로 이루어진 경주 남산

그림을 보면 남산 지역에 분포하는 불교 문화유산의 현황을 파악할 수 있다. 불상, 불탑 같은 석조 문화유산은 풍화와 침식에 약한 암석에 조각하면 오랫동안 원형을 보존하기 어렵다. 풍화와 침식에 강한 암석이라야 본래 모습을 오래 유지할 수 있다. 경주 남산은 이러한 조건을 갖춘 화강암 돌산이었기에, 신라시대 각종 불교 문화유산이 조성될 수 있었다(그림37).

고대사회에는 거석(巨石)이나 큰 나무에 신이 깃든다는 토속 신앙이 있었다. 불교가 신라에 전해지며 토속 신앙과 결합해, 화강암 거석 속의 부처가 바위 표면에 현신(現身)한 것이 바로 남산의 불교 문화유산이다. 화강암 돌산의 큰 바위(토르)들은 오늘날에도 토속 신앙의 대상으로 숭

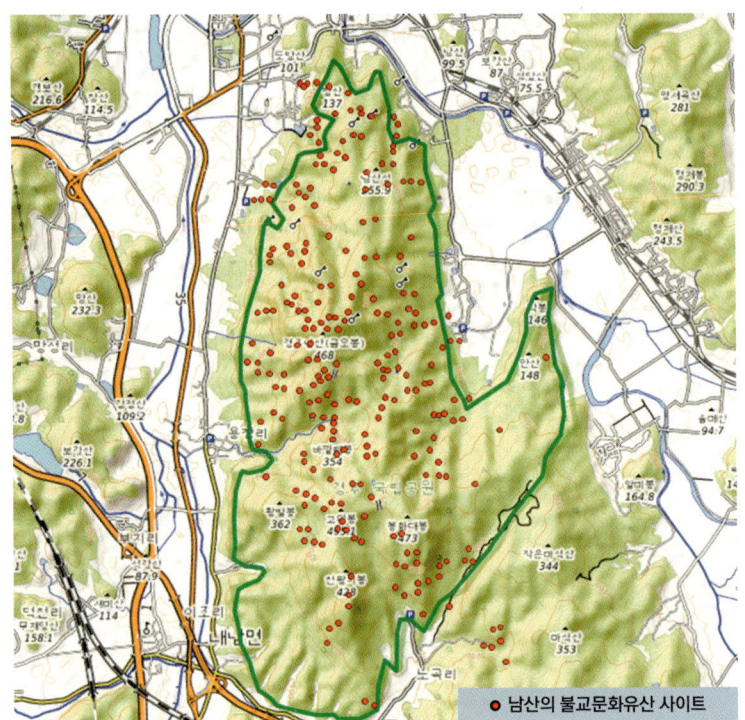

그림 37 남산의 불교 문화유산 분포도

배되고 있는데, 화강암 돌산인 계룡산에서 이런 전통을 흔하게 볼 수 있다. 계룡산의 유명하고 용하다는 굿당들은 대부분 큰 바위나 암벽, 바위 능선 옆이나 아래에 자리한다.

2) 남산의 지질·지형적 특징

경주시 남쪽에 위치한 남산(南山)의 동쪽에는 경주~울산 간 울산단층, 서쪽에는 영덕~경주~양산까지 뻗은 양산단층이 지나고 있다. 경주 시가지는 양산단층과 울산단층이 교차하는 파쇄대(破碎帶, Shattering Zone) 위에 형성된 분지로, 주변보다 먼저 풍화와 침식이 진행되어 차별침식 분지가 되었다(그림38).

두 단층이 교차하는 경주분지는 지진 발생 위험이 큰 지각의 약대(弱帶, Weak Zone)에 해당한다. 역사 기록에 따르면, 신라 말에서 고려 초 사이 경주에 여러 차례 지진이 발생해 큰 피해가 있었다고 전한다.

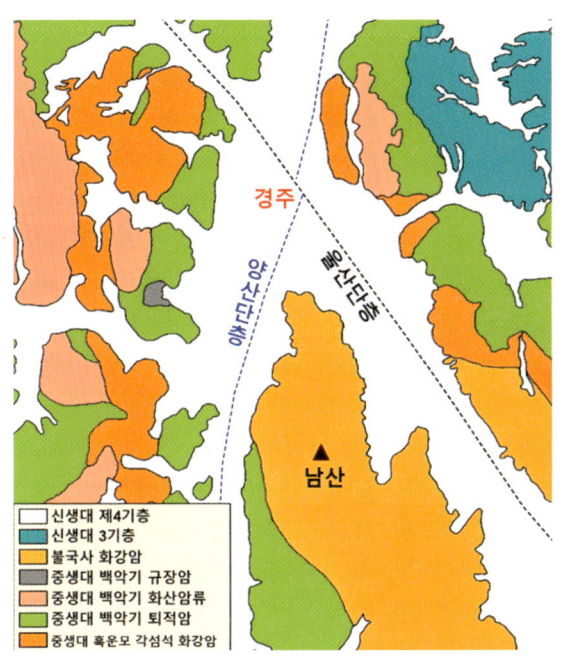

그림 38 남산과 경주의 암석 분포

지진(地震)이란 지각판이 움직이는 과정에서 지각에 쌓인 응력(應力, Stress)이 해소되면서 땅이 갈라지고 흔들리는 현상이다. 나뭇가지를 양손에 잡고 힘을 가하면 휘어지다 나무가 견딜 수 있는 탄성의 한계점을 넘는 순간 뚝 소리를 내며 부러지듯, 지각도 응력이 누적되다가 탄성의 한계를 넘는 순간 부서지며 에너지를 방출하는데, 이 현상이 바로 지진이다. 경주분지는 두 단층이 교차하는 특성상 다른 지역보다 지진 위험이 상대적으로 크며, 실제로 삼국사기에 고대 신라시대 발생했던 다수의 지진기록이 있다(표1).

연도(서기)	월	피해내용	진도(MMI)[6]
34	2	땅이 갈라지고 샘물이 솟았다.	Ⅷ ~ Ⅸ(8~9)
100	10	집들이 무너지고 사람들이 죽었다.	Ⅷ ~ Ⅸ(8~9)
123	5	집들이 땅속으로 가라앉고 연못이 생겼다.	Ⅷ ~ Ⅸ(8~9)
304	8	샘물이 솟았다.	Ⅷ
304	9	집들이 무너지고 사람들이 죽었다.	Ⅷ ~ Ⅸ(8~9)
458	2	남문이 무너졌다.	Ⅷ
471	3	땅이 20장(丈) 갈라지고 탁한 물이 솟아올랐다.	Ⅷ ~ Ⅸ(8~9)
510	5	집들이 무너지고 사람들이 죽었다.	Ⅷ ~ Ⅸ(8~9)
630		궁전의 땅이 갈라졌다.	Ⅷ
779	3	집들이 무너지고 사람들이 죽었다.	Ⅷ ~ Ⅸ(8~9)

[표1] 삼국사기에 기록된 경주의 지진 규모(진도)

고려사에도 경주 지역의 지진기록이 다수 존재하는데, 대표적인 것은 1024년과 1038년의 지진으로 석가탑을 보수했다는 불국사 서석탑중수형지기 묵서지편의 기록이다. 개성, 동경(東京 = 경주)및 상주(尙州), 광주(廣州), 안변부(安邊府) 관내 주, 현에서 지진으로 수많은 가옥이 훼손되었고, 동경에서는 지진이 3일간 이어졌다. 불국사 불문(佛門) 남쪽대제(大梯: 계단의 일종)의 부속시설과 하불문(下佛門) 위 시설, 여러 행랑 시설 등이 무너졌으며, 석가탑은 붕괴 일보 직전이라고 묵서지편에 기록되어 있다.

고려사의 지진기록을 분석해 보면, 서기 1021년(현종 3년)부터 1134년

---

6 수정 메르칼리 진도 계급(Modified Mercalli intensity scale, 약자로 MM 또는 MMI)는 1902년 주세페 메르칼리가 처음으로 개발한 "메르칼리 진도 계급"에서 유래된 척도로, 지진으로 발생한 흔들림이 어느 정도 세기인지 측정하는 데 사용하는 진도 계급이다.

(인종 12년) 사이에 경주로 특정된 지진기록이 10회나 보인다. 이는 고려 초기에 경주 지역에서 지진이 현재보다 상대적으로 빈번하게 발생했음을 알려준다.

남산의 동쪽에는 울산단층, 서쪽에는 양산단층이 지나간다. 단층(Fault)은 지각이 갈라지고 어긋난 부분으로, 지진이나 화산활동이 주로 단층을 따라 발생한다. 남산의 서쪽과 동쪽에 발달한 양산단층과 울산단층은 단층을 경계로 지각이 서로 반대 방향으로 움직이는 주향이동 단층이다. 이 과정에서 지각에 응력이 쌓이며 중간에 자리한 남산의 지형 형성에도 영향을 주었다. 남산 화강암은 단층, 절리, 단열, 선구조(Lineament)[7]가 조밀하게 발달했다. 화강암의 단층면과 절리면을 따라 절벽, 골짜기 등이 발달한 경우가 많다. 절리와 단열은 토르 형성과 발달에도 큰 영향을 미쳤으며, 절리나 단열로 구획된 Joint Block(절리 바위)은 마애불, 불상, 불탑 제작에 널리 활용되었다.

(1) 남산의 지형 형성 과정

우리나라 국토 면적의 25%를 차지하는 화강암은 마그마가 지하 깊은 곳에서 서서히 냉각되어 형성된 심성암(深成巖)으로, 오랜 세월 침식으로 화강암을 덮고 있던 지층이 제거된 뒤 지표에 드러난 것이다. 화강암은 포항 지역처럼 신생대 신진기((Neogene)에 형성된 퇴적암이 분포하는 젊은 땅에서는 볼 수 없다. 중생대 말에서 신생대 초에 화강암이 관입한 지각 변동을 불국사 변동이라 하며 이때 형성된 화강암을 불국사 화강암이라고 부른다. 남산은 신생대 초기 지하 깊은 곳에서 관입한 불국사 화강암이 지표의 침식으로 노출돼 형성된 화강암 돌산(石山)이다(그림39).

---

7 선구조(linearment)란? 분지, 골짜기, 암벽, 등의 지형이 선상으로 배열된 것을 의미하며 단층, 파쇄대, 습곡 등의 지질구조선과 암석 경계를 따라 나타난다. 선구조를 통해 지질구조, 지각운동의 양상 등을 파악할 수 있다.

그림 39 남산의 형성 과정

　남산의 대표적 지형 경관인 토르(Tor), 암벽, 바위 능선이 형성되는 과정이다. 남산은 형성 과정에서 시기와 방향을 달리하는 지각운동을 여러 번 겪었고, 이 과정에서 여러 방향의 단열(절리, 단층, 구조선 등)이 형성되었다. 이후 단열을 따라 차별 풍화와 침식이 진행되면서 단단한 부분이 남아, 토르, 바위 능선, 암벽 등을 형성하였다(그림40). 토르, 암벽, 바위 능선에 고대 신라인이 불상과 불탑 등을 조각해 현재의 남산 지역의 불교문화 경관을 이루게 되었다.

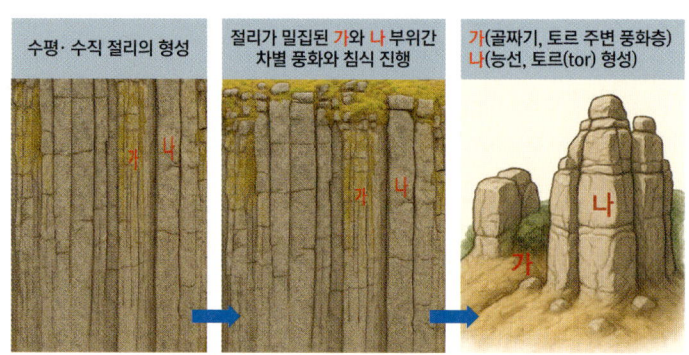

그림 40 남산의 토르, 능선, 골짜기의 형성 과정

(2) 신라인의 불상 조각 재료, 남산 화강암

화강암은 물리·화학적으로 강한 암석이라 돌산을 이루는 경우가 많다. 경주 남산도 서울의 북한산, 충남 계룡산, 강원도 설악산, 전남 월출산처럼 전형적인 화강암 돌산이다. 생태적으로 화강암 돌산은 암반이 드러나 있고 식생의 밀도가 낮아, 물을 저장하는 능력인 생태댐 효과가 미약하다. 남산에서 발원하는 하천은 대부분 장마철을 제외하면 평소에 유량이 매우 적거나 건천을 이룬다. 척박한 환경에서도 잘 자라는 소나무 외에 다른 식생이 자라기 어렵지만, 신라인들에게는 신앙심을 구현하기에 더없이 좋은 장소였다(그림41).

그림 41 남산의 암벽

사진은 삼릉곡 오르는 길에서 볼 수 있는 화강암 돌산인 남산의 특징이 잘 나타나는 경관이다. 남산은 높은 능선과 봉우리일수록 바위 능선, 절벽, 토르 등 화강암이 그대로 노출돼 있다. 마그마가 지하 깊은 곳에서 서서히 냉각돼 형성된 화강암은 암질이 고르므로 불상 조각에 적합하다. 지각운동으로 형성된 단열과 절리를 따라 형성된 토르, 절벽 또한 불상을 조각하기 좋은 조건을 제공한다. 경주 남산의 급경사 면에 마애불이 많은 것도 이러한 화강암 지형 덕분이다. 그러나 화강암은 매우 단단한 암석이기에, 석공이 조각할 면을 모두 인공적으로 다듬기는 쉽지 않았다. 단열과 절리가 자연스럽게 갈라놓은 면을 활용해 조각하는 것이 훨씬 더 수월하고 경제적이었다.

3) 남산 삼릉계곡의 불교 문화경관

삼릉계곡이라는 이름은 계곡 입구에 세 개의 능이 모여 있는 데서 유래했다. 불교 문화유산의 지형적 특징은 삼릉계곡 입구부터 바둑 바위가 있는 능선으로 올라가면서 순서대로 기술하였다(그림42). 지면 관계상, 남산의 다른 지역에 분포하는 불교 문화유산은 다음 글에서 다루고자 한다.

그림 42 삼릉계곡의 불교 문화유산 분포

(1) 삼릉곡 제 1사지 탑재와 불상

계곡에 흩어져 있던 탑, 불상 조각을 모아 놓은 곳이다. 앉은 불상은 약함을 들고 있는 약사여래상이며, 옷 주름이나 양식이 뚜렷하지 않아 정확한 시대를 알 수 없다. 또 다른 불상 조각은 여래입상인데, 허리 위와 발의 대좌가 사라졌다. 옷의 주름 조각 양식으로 보아 통일신라시대인 9세기에 조성된 것으로 추정된다(그림43).

그림 43 제 1사지 탑재와 불상

(2) 냉곡 석조여래좌상

계곡에 묻혀 있다가 1964년에 발견되어 현재의 위치로 옮겨진 불상으로, 풍화에 의한 마멸이 거의 없다. 화강암으로 조각되었으며, 옷 주름과 매무새가 사실적이고 정교하다. 신라 전성기인 8세기 중엽의 작품으로 평가된다. 불상이 놓인 암반 위에 가로와 세로 방향의 단열이 발달해 있다(그림44).

그림 44 냉곡 석조여래좌상

(3) 토르(Tor)에 조각한 마애관음보살상

　토르를 자세히 보면 앞줄 맨 오른쪽 돌기둥에 불상의 얼굴과 몸, 왼손에 정병을 들고 있는 보살상이 뚜렷이 보인다. 머리의 보관에 화불을 배치한 점과 왼손에 들고 있는 정병을 통해 관음보살상임을 알 수 있다(그림45).

그림 45 토르에 조각된 관음보살상

지각운동으로 남산의 화강암 바위에 가로, 세로, 여러 방향의 단열과 절리가 형성되었다. 절리가 밀집된 부위는 수분이 쉽게 스며들어 다른 부위보다 먼저 풍화, 침식으로 제거되고, 절리 사이의 단단한 부분만 남아 토르(돌기둥)가 형성되었다(그림46). 절리로 나뉜 토르를 활용해, 신라의 뛰어난 석공이 돌 속에 계시는 부처님을 불러낸 것이다.

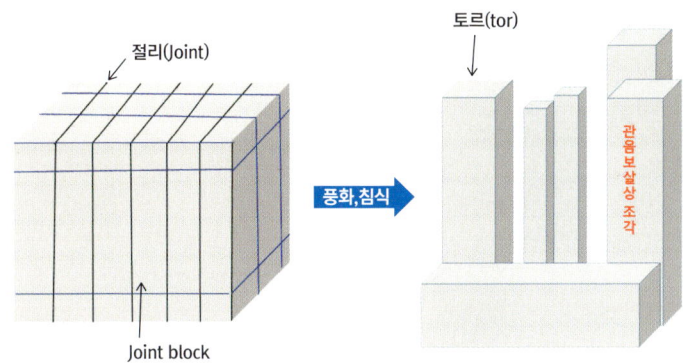

그림 46 토르의 형성 과정

(4) 삼릉계곡 선각육존불

암벽에 불상을 조각한 기법 중 부조나 환조가 아닌, 선각(線刻)으로 여섯 부처상을 표현한 데서 붙여진 이름이다. 왼쪽 암벽에는 중앙의 아미타불을 중심으로 좌측에 대세지보살, 우측에 관세음보살이, 오른쪽 암벽에는 중앙의 석가여래를 중심으로 좌측에 보현보살, 우측에 문수보살이 새겨져 총 여섯 불상이 배치되어 있다. 이 보살상들이 새겨진 화강암 바위는 절리로 나뉜 두 개의 거대한 Joint Block이다. 세월이 흐르며 선각육존불은 마모되고, 암벽 면에 지의류와 이끼가 자라며 광물질이 코팅되어 불상의 윤곽이 흐려졌다. 사진 옆의 그림을 함께 봐야 부처상을 확인할 수 있다.

[**화강암 Joint Block의 형성과 풍화**] 단열과 절리로 구획된 절리 바위 (Joint Block)들이 풍화되고, 지진, 동파 작용 등으로 무너지면서 형성된 암벽에 고대 신라인들이 선각육존불을 조각해 놨다. 그림의 왼쪽 사진을 보면 선각육존불을 새긴 두 절리 바위가 어떻게 형성되었는지 파악할 수 있다(그림47).

그림 47 선각육존불이 자리한 화강암 Joint Block의 풍화

[**화강암 바위 왼쪽 면에 새겨놓은 선각육존불**] 왼쪽 암벽에는 삼존불이 새겨져 있는데, 중앙은 아미타불, 좌측은 대세지보살, 우측은 관세음보살이다. 중앙의 아미타불을 받드는 좌우의 보살을 협시보살(脇侍菩薩)이라고 한다. 비가 내린 다음 날에는 불상의 윤곽이 비교적 잘 드러나지만, 맑은 날에는 선각이 흐릿해져 불상을 구별하기 어렵다(그림48).

[**오른쪽 화강암 벽면에 새겨놓은 선각육존불**] 오른쪽 암벽에도 삼존불이 새겨져 있는데, 중앙은 석가여래, 좌측은 보현보살, 우측은 문수보살이다. 벽면의 불상을 보호하기 위해 바위 위쪽에 홈을 파고 기둥을 세워

그림 48 왼쪽 암벽의 3 존불

그림 49 오른쪽 암벽의 3 존불

지붕을 씌웠던 흔적이 남아 있다. 또한 바위 윗면에는 빗물이 불상이 새겨진 암벽으로 흘러내리지 않도록 배수로를 판 흔적이 뚜렷하다(그림49).

[**선각육존불 위쪽의 배수구와 홈**] 암벽에 새겨놓은 부처상으로 빗물이 흐르지 않게 배수구를 팠고, 지붕을 세울 나무를 끼우기 위해 좌우 측에 홈을 파놓았다. 화강암 표면에는 풍화 과정에서 형성된 절리가 발달해 있다. 암

석은 물리·화학적 풍화를 겪는 과정에서 광물 입자의 결합이 약해지고, 수분이 침투해 동파(凍破)가 진행되면 이러한 균열이 쉽게 생긴다(그림50).

그림 50 오른쪽 화강암 Joint Block 윗면의 배수로와 절리

(5) 토르에 새긴 삼릉계곡 선각여래좌상

높이 10m 정도의 토르 암벽에 여래좌상이 선각되어 있다. 삼릉계곡의 불상은 대부분 신라시대에 조성되었으나, 선각여래좌상은 고려시대 조각품이다. 부처님이 앉는 연화 좌대는 토르를 상하로 가르는 절리의 아랫부분에 새겨져 있다. 부처상이 있는 위쪽 바위의 절리 틈새로 스며든 물은 토르 중간의 절리를 따라 흘러내리는데, 이 과정에서 화강암 속 광물이 녹아 나와 물과 함께 흐른다. 물이 증발한 후 남은 광물질이 바위 표면에 검게 착색된 것이다(그림51). 이곳의 암벽 역시 절리를 따라 풍화가 진행되고 단단한 부분만 남은 토르다. 특이한 점은 여래좌상이 새겨진 주위에 거북 등껍질 무늬처럼 무질서한 방향의 절리가 발달해 있다는 것이다. 이는 풍화작용 중 하나인 겨울철 결빙과 융해의 반복 작용으로 형성된 것으로 추정된다. 지각운동으로 형성되는 절리는 무질서하게 배열되지 않고 일정한 방향성을 띤다.

그림 51 선각여래좌상이 자리한 토르와 풍화층

[**선각여래좌상 앞 화강암의 구상풍화**]　불상이 선각된 바위 바로 아래 풍화층 속에는 둥글게 풍화된(구상풍화) 화강암 Joint Block이 있다. 화강암의 두꺼운 풍화층 속에 묻혀 둥근 형태로 남아 있는 돌을 '핵석(Core Stone, 核石)'이라 한다. 왼쪽 그림은 화강암 Joint Block이 풍화되면서 각진 모서리가 둥글어지는 과정을 보여준다(그림52).

이렇게 구상풍화 된 화강암 바위를 둘러싸고 있던 풍화층이 유수의 침식으로 제거되고 암반 위에 얹히게 되면 흔들바위가 된다. 구상풍화 된 핵석이 노출된 부분과 선각여래좌상을 새긴 토르는 같은 화강암이지만 절리 밀도의 차이와 같은 구조적인 요소에 의해 풍화 속도가 달랐기 때문에, 한쪽은 토르, 또 다른 한쪽은 핵석이 발달한 두꺼운 풍화층을 형성했다.

그림 52 절리와 화강암의 구상풍화

(6) 삼릉계곡 석조여래좌상

선각여래좌상에서 오른쪽으로 난 능선을 따라 걷다 보면 소나무 숲이 울창한 바위 사이로 거대한 화강암 덩어리들이 흩어져 있고, 그 가운데 밝은색 화강암으로 조성된 석조여래상이 연화대 위에 앉아 있다. 불상 뒷면의 광배와 얼굴이 심하게 파손된 것을 2008년 12월에 복원하여 현재에 이르고 있다(그림53).

석조여래좌상이 자리한 능선 끝에 자리한 화강암 Joint Block은 모서리가 둥글게 풍화되었고 길고 얕은 홈이

그림 53 석조여래좌상

파여 있다. 화강암에 발달한 절리를 따라 바위 표면에 홈 모양으로 형성된 지형을 그루브(Grooves, 홈)라고 한다(그림54). 그루브는 화강암의 지중풍화(땅속풍화)가 진행된 후 표면 풍화층이 침식으로 제거되며 드러난 것으로 추정된다. 바위 표면의 빗물이 빠르게 마르는 지표 환경에서는 형성되기 어려운 지형이다. 화강암이 풍화층에 묻혀 있을 땐 스며든 빗물이 오래 머물며 풍화를 촉진하므로, 현재처럼 노출된 상태보다 훨씬 빠르게 풍화가 진행된다. 남산 곳곳에서 이런 지중풍화의 흔적인 그루브, 나마(Gnama)[8] 등 다양한 미지형(微地形)을 확인할 수 있다.

그림 54 절리를 따라 발달한 그루브(풍화 홈)

4) 판상절리에 조각한 냉곡 상선암마애대불

남산 냉곡 상선암마애대불은 서남산 냉곡의 화강암 절벽에 새겨놓은 부처상이다. 부처의 시선은 남쪽을 바라보고 있다. 상선암마애대불은 머리는 부조로 조각해 입체적이지만, 불상의 몸체는 선으로 처리해 아주

---

[8] 나마(Gnama) : 화강암 표면에 팬(Pan)모양으로 형성된 풍화지형

평면적이다. 머리와 몸체의 조각 기법이 다른 이유는, 단단한 화강암의 특성상 머리만 부조로 조각하고 몸통은 상대적으로 쉬운 선각으로 표현했기 때문일 수 있다. 하지만 불상이 새겨진 화강암 Joint Block의 크기나 절리 간격 등 암벽의 구조적 요인 역시 큰 영향을 준 것으로 판단된다. 판상절리에 조각한 냉곡 상선암마애대불은 절벽 붕괴 위험이 커 현재 일반인의 접근이 제한된다(그림55).

그림 55 냉곡 상선암마애대불

[**판상절리에 새겨진 마애대불**]　단단한 화강암에 불상을 조각하기 위해서는 일정한 간격의 절리를 따라 평평한 바위 면이 발달해야 한다. 다시 말해 절리의 규모(간격, 두께, 경사 등)가 불상의 형태와 크기에 직접적인 영향을 준다는 점이다. 냉곡 상선암마애대불은 나무판자 모양으로 발달한 판상절리(Sheeting Joint)에 조각되어 있다. 여러 겹으로 쪼개진 나무판자 모양의 Joint Block이 급경사의 절벽을 이루고 있어, 지진 발생 시 쉽게 무너져 내릴 수 있는 매우 취약한 구조다. 절리의 방향은 동서 방향이고 절리면은 남쪽이라 불상도 자연스럽게 남쪽을 바라보는 구조다(그림56).

그림 56 마애대불이 자리한 판상절리

마애대불의 머리는 부조로 조각되고, 목 아래 몸통은 선각으로 처리되었다. 전체를 부조로 조각했다면 훨씬 품위 있고 위엄 있는 불상이 되었을 것이다. 그러나 몸통을 선각으로 마무리한 이유는 기술적, 경제적인 측면도 있었겠지만, 암벽 구조의 제약이 더 큰 원인으로 보인다. 마애불이 새겨진 화강암 판에는 두 줄의 절리가 발달해 있어, 이 절리 때문에

그림 57 부조와 선각을 병행해 조각한 마애대불

몸통을 부조로 조각하기 어려웠던 것으로 추정된다. 만약 절리를 무시하고 부조로 파냈다면 화강암 판은 절리를 따라 갈라졌을 것이다. 마애불 왼쪽(사진의 오른쪽)에는 정으로 판 흔적이 뚜렷하게 남아 있는데, 이는 당시 석공이 불상 전체를 부조로 조각하려다 포기한 흔적으로 보인다. 단단한 화강암 벽에 부조를 새기는 것은 많은 수고와 비용을 필요로 한다(그림57).

대리석으로 만든 그리스·로마 시대의 조각상처럼 섬세하게 표현하기에는 화강암의 강도가 너무 강해 정교한 조각이 거의 불가능하다. 그럼에도 화강암을 다루는 뛰어난 기술을 지녔던 신라인들이었기에 석굴암 같은 정교한 걸작이 탄생했다.

5) 시대의 흐름에 따른 남산 지역 장소성의 변화

역사는 그 지역의 자연환경을 바탕으로 형성되고 발전한다는 사실을 남산의 불교문화 유산이 잘 보여준다. 화강암 돌산이라는 자연환경(지형, 지질)과 불심(佛心) 깊은 신라인들(인문환경)이 만나 다양하고 풍부한 불교문화 경관이 탄생할 수 있었다. 신라시대 남산은 신라인들이 꿈꾸던 이상향인 불국토(佛國土)가 구현된 신성한 장소였으나, 오늘날에는 국립공원이자 세계문화유산에 등재된 세계적인 관광지로 의미가 변했다. 이렇게 경제적·사회적 변화에 따라 장소의 의미가 달라지는 현상을 '장소성의 변화'라 한다. 장소성이란 특정 장소에 대해 지역사회 구성원들이 공유하는 의미를 뜻한다. 예를 들어 조선시대 성황당이나 당산목은 신성한 장소로 여겨졌지만, 현대인들은 더 이상 그렇게 생각하지 않는다. 이러한 의미 변화가 바로 장소성의 변화다.

참고문헌

울진

김 련, 우경식, 김봉현, 박재석1, 박헌영, 정혜정2, 이종희, 2019, 성류굴 내 호수 구간의 수중통로에서 발견되는 동굴생성물의 고기후적 의미, THE KOREAN JOURNAL OF QUATERNARY RESEARCH Vol. 24. No. 1(2010) 11~24

이광률, 2013, 하도 변위에 의한 폭포의 형성과 변화, 대한지리학회지(615~628)

https://uljin.grandculture.net/uljin/index/GC01800494?category=%EC%A7%80%EB%AA%85%2F%EA%B8%B0%EA%B4%80%EB%AA%85&depth=2&name=%EB%82%98&page=4&search=%EB%82%B4%EC%84%B1%EC%82%B0%EB%8F%99

https://unsplash.com/ko/%EC%82%AC%EC%A7%84/%EB%B0%94%EB%8B%A4-%ED%95%9C%EA%B0%80%EC%9A%B4%EB%8D%B0%EC%97%90-%EC%9E%88%EB%8A%94-%EC%BB%A4%EB%8B%A4%EB%9E%80-%EB%B8%94%EB%A3%A8%ED%99%80-2SIegvrtKzI

https://kr.freepik.com/free-photos-vectors/%EB%B8%94%EB%A3%A8-%ED%99%80#uuid=661a1ad5-ae5d-4a2b-b687-588026d10f4c

https://www.showcaves.com/english/explain/Speleothem/CaveCoral.html

https://www.usgs.gov/media/images/shields-lehman-cave-0

영덕

Zooelnon Abdelwahed Altaher Ali Ahmad, 2020, 한반도 동부에 위치하는 영해 분지의 아키텍처와 지구조, 부경대 석사학위 논문

2013, 이광률, 하도 변위에 의한 폭포의 형성과 변화, 대한지리학회지(pp615~628)

https://yeongdeok.grandculture.net/yeongdeok/toc/GC08500251

https://terms.naver.com/entry.naver?docId=6644882&cid=70001&categoryId=70081

https://www.hankookilbo.com/News/Read/201912311126315693

https://www.grandculture.net/yeongdeok/index/GC08500251?category=%EC%A7%80%EB%AA%85%2F%EA%B8%B0%EA%B4%80%EB%AA%85&depth=2&name=%EC%9E%90&page=7&search=%EC%A0%95%EB%8B%B4%EC%A0%95%EB%A0%A4%EB%B9%84

https://www.gnnews.co.kr/news/articleView.html?idxno=143805

https://www.geotourism.or.kr/yeongdeok/choramsanhttps://www.geotourism.or.kr/yeongdeok/unconformity

https://www.yd.go.kr/yp/photo/originalPhotoRequestView.do?key=273&ctgryNo=127&photoInfoNo=5635&req=68135

https://www.yd.go.kr/yp/photo/originalPhotoRequestView.do?key=215&ctgryNo=116&photoInfoNo=5372&req=65173

Li, Jiaguang ,van der Vegt, Helena ,Storms, Joep E.A. ,Tooth, Stephen2023, Crevasse splay morphodynamics near a non-vegetated, ephemeral river terminus: Insights from process-based modelling, Journal of hydrology,v.617 pt.C,

포항

권혁재, 2006, 자연지리학 제2판, 법문사
김진주, 정종옥, 신영재, 손영관, 2022, 장기분지 데사이트질 응회암의 불석화작용, 자원환경지질, 제55권 제1호 63-76
문성우·김재환·공달용·문동혁·정혜영, 2018, 1포항 장기면 일대에 산출되는 뇌록의 다양성 연구, 암석학회지(p. 195~205)
문화재청, 2013, 읍성 보존 관리 매뉴얼, 발간등록번호 11-1550000-001475-01
민석규, 2022, 포항해안 지형산책, 포항지역학 연구총서9
민석규, 2024, 포항의 지오트레일 사용설명서, 환동해 지오사이언스 아카데미 총서1
박정숙, 1991 포항시 도시화 과정, 경북대학교 교육대학원 석사학위논문
박재용, 김준모, 윤석훈, 2015 이산화탄소 지중 저장을 위한 한국 포항분지의 삼차원 지질 모델링, 지질학회지 제51권 제3호, p.289-302
신성천, 2013, 한국 동남부 마이오세 분지 화산암과 기반암의 피션트랙 연대 재검토와 연대층서 고찰, 암석학회지
신재열, 박경근, 2016 포항시 흥해읍 해안단구 제1면의 구정선 고도와 형성 시기, 한국지역지리학회지
안건상, 2014, 남한에서 주상절리의 분포와 암석학적 특성
양재혁, 2007, 한반도 남해안의 해안지형 특색 및 발달과정, 한국교원대학교 박사학위논문.
오경섭·기근도·김형중, 2002, 양양-속초지역 태백산지 동사면 및 동해안에서 인식되는 지형요소의 선구조, 한국지형학회, 9(1), 61-69.
오경섭, 2006, 한국지형학회 운하심포지움 발표문.
———, 2006, 한반도의 지표피복물의 결빙구조로 인식되는 제4기 주빙하 기후지형 환경, 한국지형학회지, 13(1), 1-17
윤성효, 1988, 포항분지 북부(칠포~월포)에 분포하는 화산암류에 대한 암석학적, 층서적 연구, our. Korean Inst. Mining Geol. Vol. 21, No. 2, p1179-129
최성자, 2016 호미곶 구룡포지역 해안단구와 신기지구조운동, 암석학회지한국지리정보연구회, 2004, 자연지리학사전, 한울아카데미

경주

진광민, 이민정, 김영석, 2009, 경주 남산 열암곡 마애여래입상 붕괴에 대한 지질학적 접근, 지질학회지 제45권 제 3호, p, 235-247
http://www.gjnews.com/news/view.php?idx=76262
https://db.history.go.kr/
https://www.heritage.go.kr/heri/cul/culSelectDetail.do?VdkVgwKey=16,05360000,37&pageNo=1_1_1_0
https://www.heritage.go.kr/heri/cul/culSelectDetail.do?VdkVgwKey=13,01590000,37&pageNo=1_1_1_0
https://heritage.go.kr/heri/cul/imgHeritage.do?ccimId=5876052&ccbaKdcd=13&ccbaAsno=01580000&ccbaCtcd=37
https://flood.firetree.net/
〈사진명〉, 한국민족문화대백과사전
https://www.gyeongju.go.kr/tour/page.do?cmd=2&mnu_uid=2294&area_uid=151
https://www.heritage.go.kr/heri/cul/imgHeritage.do?ccimId=5876087&ccbaKdcd=13&ccbaAsno=01590000&ccbaCtcd=37
https://www.kyongbuk.co.kr
file:///C:/Users/minse/Downloads/%EA%B2%BD%EC%A3%BC%EA%B5%AD%EB%A6%BD%EA%B3%B5%EC%9B%90.pdf

장윤득, 2018, 동해안 세계지질공원 등재를 위한 정밀학술조사 최종보고서, 경북대학교
https://www.geotourism.or.kr/